厦门市教育科研专著资助出版项目

有机课程

来自怀特海的教育智慧

严中慧 著

华东师范大学出版社

·上海·

图书在版编目(CIP)数据

有机课程:来自怀特海的教育智慧/严中慧著.
上海:华东师范大学出版社,2024. —ISBN 978 - 7
- 5760 - 5455 - 2

Ⅰ. G40 - 095. 61

中国国家版本馆 CIP 数据核字第 2024W3N656 号

有机课程:来自怀特海的教育智慧

著　　者　严中慧
责任编辑　彭呈军
特约审读　胡　巧
责任校对　陈梦雅　时东明
装帧设计　刘怡霖

出版发行　华东师范大学出版社
社　　址　上海市中山北路 3663 号　邮编 200062
网　　址　www. ecnupress. com. cn
电　　话　021 - 60821666　行政传真 021 - 62572105
客服电话　021 - 62865537　门市(邮购)电话 021 - 62869887
地　　址　上海市中山北路 3663 号华东师范大学校内先锋路口
网　　店　http://hdsdcbs. tmall. com

印 刷 者　浙江临安曙光印务有限公司
开　　本　787 毫米×1092 毫米　1/16
印　　张　14.25
字　　数　251 千字
版　　次　2024 年 12 月第 1 版
印　　次　2025 年 1 月第 2 次
书　　号　ISBN 978 - 7 - 5760 - 5455 - 2
定　　价　58.00 元

出 版 人　王 焰

(如发现本版图书有印订质量问题,请寄回本社客服中心调换或电话 021 - 62865537 联系)

目　录

序

[美]小约翰·柯布

我很荣幸有机会为这本书写序言。我知道,严中慧在怀特海的著作中找到了许多棘手问题的答案,我也如此。我相信她已经真正地理解了怀特海,所以她能看到他所看到的世界。当这种情况发生时,一个人会发现有更好的方式来思考几乎所有的事情。这个人不是被告知该怎么想,而是被引入新的视野,新的想法,新的观念,新的感觉。

通常,思考生活或世界的某些方面的工作是留给读者的。例如,怀特海没有告诉我们如何有机地组织经济。然而,他告诉我们,世界并不是由现代经济理论所假定的那种竞争性的个体组成的。当然,个体是存在的,但真正的个体性只有通过与他人共同生活、在一个家庭中以及在一个更大的社会中才能实现。在这个社会中当然会有各种各样的竞争。运动就是一个很好的例子。某些技能和积极的习惯是通过竞争培养出来的。但是如果社会本身没有繁荣富强的愿望,社会就会瓦解。现代经济理论所主张的那种经济在摧毁了几乎所有社会之后,在实际情况中仍有一些应用。如果我们像怀特海那样看世界,我们将努力发展真正的社会,让所有人都能为了所有人的幸福而工作。经济将服务于人民及其社会的幸福,而不会为了自己的增长去剥削这些幸福。

社会的功能之一是帮助儿童发展他们独特的个人能力,并致力于为全体的幸福作出贡献。如果学习是一种愉快和令人兴奋的经验,那就再好不过了。当孩子们的眼睛一次又一次地打开新的视野的时候,真正的学习发生了。这既是一种启蒙,也是一种赋能的体验,当这种体验是与他人共同发生时,就会加强我们之间的联结。

这种情况在我们的学校里确实发生过,但是学校往往太过聚焦于其他目标上。孩子们的学校教育主要集中在竞争上,以便在一系列考试中取得比许多其他人更好的成绩。这些考试测试的是回忆大量信息的能力。令人遗憾的是，它们没有检验批判性思维和创造性思维的能力。它们没有测试在不同领域的事实是如何整合的。它们没有测试这些知识是如何指导行动和社会关系的。它们没有测试个人对整体幸福的贡献程度。

一位老师，如果他真诚地帮助孩子充分理解世界和人际关系，帮助孩子学习互相帮助，可能在一定程度上能做到这些。但是，通过这种方式真诚地帮助孩子，并不是通过设定记忆大量事实的目标来鼓励的。

考试是为了选出下一代的领导者。它所测试的是记忆和重复信息的训练。这真的是领导者所需要的基本技能或天资吗？

我必须承认我的偏见。我从来都不擅长记忆，年纪越大，记得的事情就越少，我肯定通不过考试。百科全书很容易得到，这改变了以往人类要知道很多知识的需要。当今大多数人随身携带的小手机提供的信息，比我们这一代人使用的最好的百科全书还要多。如果一个人知道如何获取信息，就不需要记住它。

当然，最终人们会理解，从这种不同的教育（怀特海式的教育）中，作为整体的社会和作为个体的孩子都将会获益更多。这种教育对老师和学生而言都会更有趣。但这并不意味着我们会缺少对事实（facts）的学习。事实被更好地学习了，因为学习是真正的兴趣所要求的。它们不再是孤立的信息，而成为了真正了解我们的历史、环境和我们自己的贡献者。它们成为进一步学习的动力。

怀特海将健全的学习的一个阶段称为"精审"，当我们发现一些我们非常感兴趣的话题，例如"不同食物对我们的影响"时，我们需要并且想要准确而全面的信息。学习细节并记住它们，这样就会使学习变成人为的杂事，这是错误的。学习应该满足我们的求知欲。

怀特海关于教育的书并不是所有教育问题的最终答案。但它清楚地表明，现在主导我们儿童教育的理论不必以目前的形式继续下去。事实上，许多关于教育的著作都提出了与怀特海大致相同的建议。怀特海并不孤独。毫无疑问，怀特海的追随者也可以从他那个时代以来所做的研究中学习，但我推荐的书中没有一本比怀特海的书更受欢迎。令人惊讶的是，鉴于正在进行的实验和研究，（直到今天，怀特海关于教育的思想）几乎没有什么需要改变的。

在我国（美国），学校教育中发生的最糟糕的事情之一是采用康德的"事实"和"价值"分离的观念。目前占主导地位的理论是，学校教育应该局限于事实。在研究生院层面,这一理念在学术弟子中得到了充分体现,德国人称之为"科学"。在其他层面上,常识阻止了价值观从教育中被完全消除。但是,这种观念主张的理想影响着我们幼儿园以外的所有学校。对于怀特海主义者来说,这种二元论是胡说八道。毫无价值的事实没有价值。最重要的事实是价值的事实。

一旦学校放弃了所有价值,甚至真理,它的成功将意味着它的自杀,这将是一个毫无价值的机构。如果我们认识到价值就是事实,事实就是价值,那么我们会把事实的信息视为综合价值体系中的巨大价值,那么许多无法解决的教育相关问题甚至压根不会出现。学校的任务取决于社会的价值。我希望大家能明白:寻求没有价值的信息不是一个明智的目标!孩子们需要学会正确评估。

自 序

——兼叙为什么有机课程思想是"审美—理性—具体化"

严中慧

从小就听人说"真善美",觉得认识这个世界的顺序是从"真"开始的,如果它是"真"的,那么它才可能是"善"的、"美"的;如果它不是"真"的,那么它就不会是"善"的、"美"的。所以"真"成为了最重要的标准。

可是到底什么才是真正的"真"呢? 这不由个体说了算,必须是公正、无偏私的某种科学来定义它、裁判它。当被科学判定为"真",不管它对我来说有没有用,不管我对它是不是感兴趣,只要它是"真"的,那么它就会被放在一个至高的地位上。

当我被迫接受某些"真"的时候,我感觉到不适和困难,却不知道原因。

长大后我发现,我是先从"我是不是感兴趣""我是不是觉得它重要"开始认识世界的。如果我既不觉得它有趣,也不觉得它重要,它"真"或"不真"跟我有什么关系呢?它"真"或"不真"对我来说有什么价值和意义呢?

"真"固然重要,但"我是一个活生生的人"更重要。每个人都是从自身对这个世界的审美判断去开始他的思想和行动。我意识到,在"真善美"前面有一个模糊的、尚未被人充分地认知和开垦的领域。我意识到在"真"的前面还有一重秩序,那就是"美"。

这个世界的顺序,在我这里,变成了"美—真—善—美……",形成了一个循环往复的螺旋进阶。实际上,原来我们常说的"真善美"也是一个循环往复的螺旋进阶,呈现为"真—善—美—真……",好像是同一个序列,似乎没有区别。但还是有区别的,只不过区别很小,就在这一点点幽微之处。

基于教育者的立场和视域来审视,以"真"为始的教育是"要我学";以"美"为始的教育是"我要学"。

为什么我在被迫接受"真"的时候会感觉到不适和困难？因为我感到了一种观念的斩钉截铁、不容争辩，这种斩钉截铁、不容争辩冒犯了"我"、冒犯了人之为人的主体性，而这正是机械主义、科学至上主义、客观主义的问题所在。

为什么我要以"美"为始？因为这让我感觉到自己以有机体的生命形象存在着。这种逻辑更强调人的主体性意志，它更强调了人对价值的判断和人的情感需求。人们只有怀着浪漫的心向，才能推动这个人的认知和实践。求知欲就像难以遏止的浪漫洪流，一定会推动着人去理解和行动。这正是有机主义的智慧和生命力。

对美的感觉是可以无穷地延展的，人们总能在艺术领域里获得更高的享受。但同时，美也可以是很入门、很基础的，就连最小的婴儿也会有自己选择跟哪个大人抱抱的审美意志。审美感是彻上彻下的。

在这个日新月异进步着的社会，知识淘汰更新的速度飞快。今天还像一块基石般矗立的"真"，明天可能就变成"不真"。知识昌茂（甚至泛滥）的时代，跟在不断膨胀的知识后面似乎也变得很难。但是，人的审美情感和人文感受似乎是更共通、更永恒的。世界的基础正是这种对美的理解和感受。

也许，怀特海帮我们打开了一个新世界，至少我们从怀特海那里获得了认识和改造世界的新方式。

2014年，我开始师从哈尔滨师范大学的杨丽老师学习怀特海课程思想，对怀特海思想一见倾心，怀特海的有机哲学正是我心之所属的哲学。

研一时，我就完成了研究生毕业论文初稿，确定了"审美—理性—具体化"的节奏性的进阶。那个时候我还没有意识到我是按"美真善"的秩序在书写，只是从怀特海的字里行间找到了这样一种隐隐约约的投契。随着时间的流逝，这种感觉日益发酵，变得越来越清晰，越来越坚定和深切。

顺便说一句，王治河老师（我的精神导师，也是我的"活的参考文献"）认为在"美—真—善"的循环里，是眷注着"圣"的，也就是"美—真—善—圣"。王老师的观念可以理解为，有一种专注于一的神圣感（或者虔诚的信念）在里面。这个"圣"字琢磨起来也有意思，但是我不敢据为己用。

从最初接触怀特海思想至今，已是十年。用十年的时间去磨一剑，这一定是一个长期主义者做的事情。

十年之间，不断积累下来的思考和能量，使我的文本越来越肿胀、庞杂。怀特海文本的难懂程度比肩康德，有些地方我确实很难找到浅显直白的表达。这些会让我有点困扰。

很多次,我举办线上的怀特海读书会,跟中小学老师交流怀特海,试图让对方明白我在表达什么,然后去调整我的表达。

很多个深夜,我在想,谁会是这本书的读者呢?

你会是我的读者吗? 你会因为读过我这本书而开始走近怀特海吗?

2023 年,我申请到了厦门市教科院的专著出版资助,非常惊喜。

怀特海的思想浩如烟海,想不完,写不完。关于怀特海的有机课程思想,如果我有进一步的思考,争取再以另一个文本去呈现。目前我所能做的,就是以我现阶段的境界和能力水平,把我的书稿改成一个相对完善的样子。更重要的是,我始终还在初中教物理,"身译"怀特海,谋求在自己身上书写出怀特海有机课程思想"具体化"的力量。

第一章　怀特海有机课程思想的特征：审美、理性和具体化

1.1　为什么要谈审美、理性和具体化？

作为一个任教二十多年的教师，教育一点一滴渗入生命而成为我的天职与使命。每个人对世界的关注和省察，都是以自己为观察点向外透视。我个人的教育经验不可避免地成为我的逻辑起点之一。而以我深情的眼睛所看到的，教育还需要我们更多努力，这些努力应该关于审美、关于理性，也关于具体化的行践。

一、审美价值感，常常决定了教育处于困局或美好

怀特海在《意义分析》中说道，"最受忽略而最富成果的起点是那个我们称之为'美学'的价值理论部分。我们对于人类艺术和自然美的价值的欣赏，我们对强加于我们之上的明显的粗俗和毁损的厌恶，所有这些经验模式都被充分地抽象，从而成为相对明显的东西。而它们，显然揭示了事物的真正意义。"①

审美价值感是什么？是一种价值评判，是尚未发生但是已经预定了的和谐。审美是感受和逻辑的起点，是过程还没开始，但已经有了目的和预设，知道要去哪里，以及怎么去到那里。审美是把现实跟理念对照，从而觉知哪些地方好，哪些地方不够好，是一种自我劝导和道德约束。

好的教育不可以降格为技术和手段。好的教育一定要伴生着好的审美，伴生着卓越的价值取向和价值判断。教师对自己的教学有某种超越性的要求，对更好的教学有

---

① ［英］怀特海. 怀特海文录［M］. 陈养正，王维贤，冯颖钦，刘明，译. 杭州：浙江文艺出版社，1999：278.

期待,这本身就是一种改善的力量,会引领着教育朝向更好的地方发展。

一个教育者,如果没有对美的感应,没有对美的追求,或者说审美的等级很低,就会出现得过且过的敷衍。单以一个知识点的讲解而言,其完成度都有一个非常宽泛的空间来评判:

教师讲完要讲的知识点就算讲完;

教师清楚明白地讲完知识点也算讲完;

教师清楚明白而生动活泼地讲完知识点也算讲完;

教师清楚明白、生动活泼、严密深刻地讲完这个知识点也算讲完;

教师清楚明白、生动活泼、严密深刻,同时让学生们感到有进步感,也算讲完;

……

这个讨论可以继续延伸下去。把这个讨论延展为一节课,关于课程的设计与实施就有更多可谈论之处,而且这些谈论是彼此关联的。继续纵向推至一个星期、一个学期、一个学年,横向推至一所学校,要谈论的地方就更多,而这些谈论的关系就更加错综复杂。按照时空的累积,只差一点点儿,累积成了天差地别。不同梯度的差异有时非常明显,所有人都能一眼瞧出来。有时这个差异甚至微妙到难以察觉和描绘,甚至只可意会不可言传,在外行人眼里似乎差不多。而这一切,跟教师的能力不完全正相关,跟教师的心念也不完全正相关。这是教育令人迷恋也令人焦灼的地方。

人们谈及教育中出现种种鄙陋,往往言必称应试教育如何如何。客观言之,相比我刚刚走上教师岗位的二十多年前,教育已经有了很大的进步。我还年轻的时候,任教于东北某个城乡接合部的学校,对课程改革的感觉就是"素质教育的口号喊得轰轰烈烈,应试教育的操练抓得扎扎实实"。一方面,课程内容零零散散,课堂秩序乱糟糟、闹哄哄,课堂充斥着学生毫无价值的提问。另一方面,应试规训的实质并未改变,在关起门来的课堂上题山题海现象愈发严峻。我亲眼见证一些学生在一次次的考试成绩面前确证自己充当着应试竞争当中的失败者,不断地被加重自卑的烙印。机械呆板、讲求竞争的课程机制培养出了大量的失败者。学者邢红军曾撰文《中国基础教育课程改革:方向迷失的危险之旅》,表达忧患。

但是随着课程改革的逐渐深入,情况确实在一步步好转。现在的课程改革,从观念到行动,越来越回到教育本质,真诚朴素,清新自然。师生的素养和能力实实在在地得到提升。考试制度已经有了很多很多改进,包括考试的内容、形式。各个地方的教育局都在尽力多提供学位,为考生们提供定向的配额,且这个配额比例还在增加。再加上网络上的学习资源,学生比原来更容易获得学习的机会。

就在这样的大环境下,如果说教育仍然存在种种问题,已经不单单是应试本身必然带来的问题,而是跟人们已经丧失了教育可能美好的想象力有关,跟教育者不再相信除了课业成绩还有其他教育追求有关。

能说那些教育工作者不努力吗?或许他们很努力,甚至他们也会抱怨自身所处的小环境。但是,在某种意义上,他们操持着旧的教育观念,他们自觉或不自觉地化身为旧文化土壤的一部分。只是他们对教育的变革缺乏感受,对好的教育缺乏理解,对改善自身所处的教育缺乏信心,对教育的未来缺乏愿景。

"莫春者,春服既成,冠者五六人,童子六七人,浴乎沂,风乎舞雩,咏而归。"①曾子这幅师生共游的画卷可视为一份美好的课程愿景,得可教之材,循循善诱之,敩学半,乐在其中。教师是谁?教师应该是心头怀有课程愿景的人,是被教育这门古老而精深的学问迷住的人,他们天然应该比其他人更懂得什么是美、怎么趋向美、怎么追寻美。

诺尔·高夫曾追问:"怎样在一种缺乏课程愿景的状态下预设课程的未来?"②而笔者认为更需要追问的是:失去课程愿景,失去对教育的审美价值感,今天的教师凭何而教?又何以能与教师身份自洽,如何能视教育为自我的信仰,甘之如饴地为教育事业奉献一生呢?

二、多元创进的中国教育,亟需一种有机和谐的理性

我们有理由相信,人们对教育的总的看法和认识越来越细致深入,课程观念也越来越多元。课程的多元创进是时代的机遇与挑战。为什么多元会成为挑战呢?因为多元有时意味着混乱。知识不一定让人更有力量。有时可能会因为认知的冲突而让人更加懦弱,有时拥有知识也可能因为缺乏整体性理解而陷入偏见。教育领域的知识更是如此。

有一项调查发现:一些父母双方均为高学历的家庭,孩子培养得往往还不如那些父母没有文化、不怎么管教孩子的家庭。其原因在于,父母双方对孩子教育的观念冲突对立非常严重,孩子无所适从,总处于很强的撕裂感之中。比如一个家长认定了孩子要过快乐童年,整天玩玩乐乐;而另一方觉得人生先苦后甜,从小就要大量识记和书

---

① 论语·先进篇。
② [美]小威廉姆 E·多尔,[澳]诺尔·高夫主编. 课程愿景[M]. 张文军,张华,余洁,王红宇,译. 北京:教育科学出版社,2004:前言.

写,为头脑和能力增容。高知父母各有自己的教育观念,这种观念不是几句套话,而是有理论和事实支撑的——每种能够通行的教育观念都是如此。正因为如此,他们也很难彼此说服。在这个情况下,你不能说持有某种观念的人缺乏理性,他们固执己见只是因为他们缺乏有机的理性,缺乏对他者观念的接纳和自我观念的省察。

所有教育理论,尤其是承袭下来现在还在流传的理论,一定有其可取之处,一定在某个特定历史时期起到了激励人心、扭转困局的重要作用。例如,"外铄论"在某些人眼里,意味着学生是"任人涂抹"的;而在另一些人眼里,是对教师使命责任的强调。如果有人抓住了某个理论的一片麟角,未曾理解这个理论产生的社会背景,未曾理解这个理论的语境,未曾理解这个理论的全体,就可能使教学行为失之毫厘谬以千里。真理是一面破碎的镜子,每个握着真理碎片的人都认为自己握着全部。

按照艾斯纳和麦克尼尔的归纳,课程取向可分为:学术理性主义取向、认识过程取向、人本主义取向、社会建构主义取向、技术学取向。这些取向以及这些取向的补益杂糅都可以在现实的教育场景中找到例证。不同观念之间的撞击无疑带来了更多契机,也带来了一些冲突。比如,人本主义与学术理性主义,技术主义与人本主义,学术理性主义与社会重建主义等观念的互相冲突。在一个班级里,我们也可能会发现一个强调永恒学科知识的甲学科老师,一个关注学习经验的乙学科老师,他们在教学的追求、课堂纪律的掌控、教学节奏的把握、对学生学业成绩的认识和理解等诸多方面存在分歧。而在一个孩子的心智成长过程中,同一门学科,可能在三年级的任课老师是技术主义倾向的,非常强调有效的教学刺激和教学效果;到了五年级,换了一个对学科知识不甚重视,关注学生情感,强调学生自我概念形成的任课教师。这些都是教育实践中的寻常事,是不是也会给儿童的心灵带来无所适从的撕裂感呢?

从课程内容上来看,学科的种类越来越丰富,并且国家课程还得到地方课程、校本课程的补充。从维护学科专业性的角度而言,当然分科是有利的。但是丰富多元的学科,彼此之间也会有倾轧。身处基础教育现场,例如笔者,你会清晰地感受到,教学的竞争往往不发生在你和同年组同学科其他教师之间,而发生在同班级不同学科的任课老师之间。学生是有血有肉的生命体,只有一个小小的头脑。这一颗小小的头脑每天要迎接数次来自不同学科教师的头脑风暴。后一场风暴来临的时候,前面的头脑风暴的成果可能就会从这颗小头脑里被清除出去了。想让学生学得多,又想让学生学得好,这确实是教育的艰难之一,这也是多元课程要面临的挑战之一。

如果说生活是教育真正的主题,分科之后的再度综合和还原为生活也是多元课程必须面对的挑战。20世纪初,怀特海就在痛心呼喊:"教给学生代数——后面没有了;几何——后面没有了;历史——后面没有了;教给他们几门语言,但他们又从未真正掌握……我们从来没有教过如何把各种知识综合起来运用。这样一系列的课程能代表生活吗?"①时至今日,在知识综合起来运用的方面,我们有进步。受到时代性和人们认知程度等多方的制约,我们的进步还很不够,我们仍需努力。因为怀着理性的不自满,我们仍然需要质疑,要时时问询:我们的课程表"能代表生活吗?"

教学策略方面,"控制先于活动"的做法,也有教者不假思索地拿来使用。夸美纽斯认为,学生是盛放知识的容器,教师是媒介,他们不需要自己去选择学科内容,只要把已经安排恰当的知识灌输给学生就可以了。需要考虑的只不过是怎么给学生适当的任务,只是做什么、怎么做、什么时候做完的问题。而夸美纽斯其他卓越的观念会让有些人想当然地拥护、追随他的一切;广为接受的仍是以"泰勒原理"为代表的课程开发范式,追求的是探究普适性规律,追求效率、公平、民主、平等。但是如果没有辅以必要的人文关怀,这种基底的教育在有的教师那里变得像工业化生产一样,几乎变成了教育心理学的应用学科,使公平、民主、平等成为伪概念。

有一些残忍的教育思想仍有市场,隐现于教育的各个角落。例如,华生坚信动物实验中的"刺激—反应"可运用于人类学习,他甚至把自己的儿子都带到动物实验室中培养。这种"刺激—反应"模式,在戴上温和面具后,仍可以大张旗鼓地用,甚至可以获得一些"成绩",到处"讲经说法";博比特把工业生产中的生产目标改造为教学目标。他的体系中,学生=原料,学校=工厂。虽然这样听上去就会觉得很荒谬,但是你是不是听过老师对"我们学校的生源很差"的抱怨? 其实这个思想很普遍地在心底潜藏着、通行着;芝加哥大学的杰克逊发现,教室这样的场所在物理环境、社会关系、日常生活中,封闭而不断重复某一活动,显示出与监狱、精神病院相似的特征。② 而有的学校在强化这种机械重复方面努力地登峰造极,突出的特征是控制和惩罚。对人的复制,几乎到了规定人的生活轨道的程度,但是这一切会被高分数给掩盖。

还流行着"另一种控制"——控制以活动的形式被掩饰了,但就其本质而言仍是严格的控制,把学生控制在低水平的感性经验阶段。徒有其表的汇报交流、不值得讨论的分组讨论、不值得合作的小组合作,热闹而低效的课堂造成了师生的生命浪费。这一类课堂的理念基础很多都来自于教师曲解了杜威。杜威在课程实施上追求"直接经

① [英]怀特海. 教育的目的[M]. 严中慧,译. 上海:华东师范大学出版社,2020:8.
② [日]佐藤学. 教育方法学[M]. 于莉莉,译. 教育科学出版社,2016:143.

验化",强调"做中学",这当然有其积极的一面,是非常重要的教育理论财富。但是,学习意味着扬弃,不能一股脑儿地、不假思索地运用学到的知识。别忘了,杜威曾因忽视哲学、历史等方面,遭受以贝格莱为代表的要素主义派和以赫尔钦斯为代表的永恒主义派的反对。更严重的反对声音发生在第二次世界大战之后,苏联在贫穷的经济状况中成功发射了卫星,很多学者指出杜威忽视间接经验和训练的实用主义是非理性的,抑制了人在高水平科技的发展。施瓦布曾这样评价说:"我恐骇畏缩于这么多的人和书都在使用和模仿约翰·杜威的一切,不分优劣。"①

"静待花开"式的教育理念也有很多拥护者,行动起来也不免有些走样,有些老师是真的在"静待花开",有些老师是在"静待地荒"放手不管。课也不好好备,美其名曰"原生态课堂",让人不禁替这样的教育捏一把汗。

课程思想的多元本身是一个礼物,但是需要审辩地获取才会让这份礼物真正美妙。我们需要理性地梳理这些多元的课程思想,让她们亲密共融地为我们所用。所以我们需要一种有机和谐的、积极的理性,要批判而又不止于批判,要有建设性,要能和谐地理解这些优秀的教育理论、我们的深切经验以及我们所处的伟大时代之间的联系。

三、背负功利化教育的旧麻烦,以具体化的力量改善世界

有时候我们会在报纸杂志或新媒体看到一些学术垃圾,虚无到没有一点具体化的趋向和能力,却又字字箴言、完美无瑕。实践领域里,高分低能、学识渊博又碌碌无为的人也屡见不鲜。钱理群有一个名词形容精致而平庸、伪善而虚浮的人——"精致的利己主义者"。他们的学识并没有转化为具体化的能力,并没有起到使这个世界变得更好的社会效用。

究其原因,我认为:长期以来,学生的学习都以书本学习为主,评价以纸笔测试为主。学生学到的是抽象的知识,他们不能理解这些知识产生的具体背景,也不能理解这些知识运用起来具体的方式、方法,不能亲身感应这些知识运用的力量,不能建立这些知识和社会的关系。有时老师试图建立情境,也很难建立起来。学生生命的大部分时间都端坐在学校的课桌椅包围的狭小区域里,课余时间也常常是被老师的作业填塞得满满的,他们甚至不能想象这些情境。学生的生命并不能跟真正的生活产生联系,

---

① [美]小威廉姆 E·多尔,[澳]诺尔·高夫主编. 课程愿景[M]. 张文军,张华,余洁,王红宇,译. 北京:教育科学出版社,2004:301.

视野狭窄扁平,缺乏生活的经验和具体化的认知。凭着纸上谈兵来的浅薄知识和匮乏经验,学生容易习惯这种浅层次的学习,甚至形成了纸上谈兵式的生活方式。当这些学生变成了大人,在轮到他们输出他们的价值和行动的时候,他们自然而然地展现出纸上谈兵式的思维方式和行动范式。

再往深究,大概可以追溯到此前教育的"旧包袱"上。即便教育在改善,即便我们现在强调"素养"、强调"双减",曾经的这些旧麻烦仍然困扰着当今的社会。曾几何时,现代性笼罩之下的教育,有着极强的功利主义倾向。"知识就是力量""知识就是财富""知识改变命运",这些话都没有错,但是过分地强调这些给教育滚上一层层金粉。人们往往误以为实利化的教育目的才是真切可及的,唯有实利的填塞才使人们觉得真实。学习是看不见的,分数是能看见的。人们只顾分数而忘了最初关心的是学习。教育变成取得好成绩、考名校、为了找挣钱多的工作而做的准备。分数成为考量学生学习的重要指标,甚至是唯一指标。教育过程也沦为手段,围绕着实利的教育目的运作,直奔应试规训的反复操练。

把物质需求作为人的终极追求,把思维局限在浅薄庸俗的层面,人就会变得自私而贪婪,产生追逐更多物质和更多名利、权力的欲望,并被这些膨胀了的物欲驱驰和折磨,沦为物欲的奴隶,不会真的过上幸福的生活。人们没有从教育中获得正确的指引,那些引人误入歧途的知识正在危害儿童。

每一个实利化教育出来的"精英"都会成为其他人的励志样本。有一个流行词叫做"鸡娃",似乎在每个城市、每个单位都会有几个善于"鸡娃"的令人羡慕的老母亲,似乎孩子成绩好就是幸福。似乎能够考上重点大学、选择了挣钱多的专业,人们就一定会得到幸福。

就像在两个极端之间摇摆,削尖脑袋出人头地的人还在车轮滚滚地"内卷",另一类人喊着要"躺平"。有些人年纪轻轻,看上去很有才华,却忽然什么都不想做了。北京大学心理健康教育与咨询中心副主任徐凯文,在一次演讲中指出:价值观缺陷导致部分大学生心理障碍,并称之为"空心病"[①]。对空心病患者进行生物治疗几乎无效,心理干预也很难奏效。而且空心病的患病人数正在以每年 30%—50% 的速度递增。"空心病"不仅仅发生在大学里,而是发生在整个社会里,很多人都不再能够感受到美、不再能够用理性支撑自己的生命,却得不到很好的纾解。徐凯文认为,"空心病"的产

---

① 整理自第九届新东方家庭教育高峰论坛主题演讲《时代空心病与焦虑经济学》,首发于中国网教育频道,后被各种媒体广泛转发,也引发了学者们大量的讨论文章。

生,功利性的应试教育难辞其咎。

在应试教育中习得性挫败的人们,在现实面前失去激情和斗志的人们,进入一种"低欲望"的状况。大前研一在《低欲望社会》一书中谈到:"大量不婚、不生、不买房的年轻人,已经使日本进入了'低欲望社会'。没有欲望、没有梦想、没有干劲。加薪升职也不愿上班,物价低也不能刺激消费,宁可孤独也不要结婚、生子的麻烦,去趟超市也觉得比手机网购麻烦,又累又多余。低欲望的社会呈现出整体人群的浑浑噩噩,得过且过。如果说经济衰退人们抑制自己的欲望,这尚且有合理的成分。然而事实上,日本近年来经济回暖,但是年轻人群依旧缺乏奋斗的动力,反而更加'丧'而'宅',这就释放出了危险的讯号。"这个讯号不仅对日本国民有所警示,也引发了很多国人的关注,晚婚、少子、老龄化等社会问题也是中国社会面临的问题。

"天下无中立之事,不猛进,斯倒退矣。人生与忧患俱来,苟畏难,斯落险矣。"梁启超的新民观念仍犹在耳。如若甘于平庸、盲目,就是下落的力量,那些关系到人类生存和幸福的重要事实就会因此出现停滞与倒退。而此种猛醒和奋进的具体化力量,终须以教育先行来导引和陶铸。

教室的黑板上面都有国旗,教师的每一堂课都是站在国旗下面教授的。教育强国应该成为每一位教师的生命自觉。就像怀特海说的那样,"一切有效保卫国家的体系中,学校是真正的教育单位"[①],教师要"教导受教育者要担责任、知敬畏",要让学生学习一身具体化实践的本领,为民族的伟大复兴作出应尽的贡献。

1.2 以有机哲学为根基的怀特海课程思想概述

当我们需要改变课程和课程理论,实际上是在寻找一种新的、足以作为课程决策起点的哲学。古德莱德认为:"哲学是课程决策的起点,而且是后继的所有有关的课程决策的基础。哲学已经成为决定课程目标、手段、结果的标准。课程目标就是以哲学信念为基础的价值声明;手段指学习过程中使用的方法,它反映了哲学的选择;结果是指学生习得的关于事实、概念和原理的知识和行为,在这里哲学指示着什么是重要和值得学习的。"

如果我们要寻找一种新的哲学,来对抗或化解功利性的教育和机械化的现代社会

---

① [英]怀特海. 教育的目的[M]. 严中慧,译. 上海:华东师范大学出版社,2020:17.

的种种问题,怀特海的有机哲学不啻为一种很好的选择。

一、怀特海及其有机思想简释

1. 怀特海其人

阿尔弗莱德·诺斯·怀特海(Alfred North Whitehead 1861—1947),著名的数学家、哲学家、教育家。

怀特海出生在英国,晚年移居美国,他的学生罗素在回忆录里说:"怀特海在英国是以数学家著名,作为哲学家他是在美国被发现的。"在其所处时代,无论作为数学家还是哲学家都享有盛誉。

怀特海写下了大量有广泛影响的著作。数学方面,他与罗素合著的《数学原理》可与牛顿的《自然哲学之数学原理》比肩;哲学方面,他的《过程与实在》堪比康德的《纯粹理性批判》。

怀特海曾在剑桥大学、伦敦大学、哈佛大学等著名大学任教。他的学生除了著名的罗素,还有蒯因、凯恩斯等,这些弟子在各自的领域都功勋卓著。

人们把怀特海在哈佛任教的那个年代称之为可以和 W·詹姆士、J·罗伊斯、G·桑塔亚在校期间相媲美的(哈佛大学的)第二个黄金时代。美国最高法院大法官 F·法兰克福特在《纽约时报》上撰文写到:"二十多年来,怀特海教授产生了如此巨大的影响,许多人因为他而来到哈佛。就美国大学而论,在我们这个时代,没有一个人能够像他那样,形成这样广泛的声誉。"①

杜威评价怀特海:"有一点我是相当确定的,那就是他(怀特海)已经打开了一条很广阔且有效多产、又有好结果的新道路,以便后来的哲学去追随,而且他也藉由着把物理经验的观察事实嵌入人类经验的观察事实,而成就了这个伟大的工作。"波兰哲学家

① 朱建民. 现代形上学的祭酒——怀德海[M]. 台北:允晨文化实业股份有限公司,1982:26.

波亨斯基在《当代欧洲哲学》中说："怀海德被视为当代英语世界中最杰出的哲学家，而他似乎也当之无愧。他的确是一位原创性的思想家，具有非凡的心智。"①

高坂正显在介绍怀特海的《过程与实在》时，称其为"七种色彩的神秘之书"。② 田中裕在描述怀特海时，称之为"七张面孔的思想家"：数理逻辑学家、理论物理学家、柏拉图主义者、形而上学家、过程神学创始人、深邃的生态学家、教育家立场的文明批评家。③

当代哲学史家李维指出："当代哲学中逻辑经验论蕴含了一套自然哲学（知识论、方法论及语言哲学），但是它对人类价值的处理是异常脆弱的；存在主义对于人的问题有一套精心泣血构制的哲学，但是它没有自然哲学；语言分析学派有一套关于人类语言表达的哲学，但是它却没有一套关于人或自然的实质理论。在现代世界中，能够抗拒对部分的诱惑，而尝试企图对整体获得精微的透视——即使此种透视是极其短暂——的哲学家，除了怀海德（即，怀特海）外，恐怕也只有杜威和柏格森了……怀氏哲学或许是整个西洋传统的高峰统会。"④

2. 怀特海及其有机哲学

在《科学与近代世界》一书中，怀特海第一次提到"有机论"（the doctrine of organism），最初意在批判 17 世纪开始的科学唯物观的"**机械论**自然观"，要以"**有机论**自然观"取而代之。机械论的自然观把自然理解成无目的、无价值、无生命的物质系统；有机论自然观把握活的自然的方法，认为诸存在既相互包容而又分别多样化实现各自的**目的与价值**。⑤ 生命的目的和价值，生命与其他生命的联系，才构成我们的世界。怀特海把有机自然观做出系统的阐述，有机论自然观也深化为"有机哲学"（也被后来的研究者们称为"机体哲学""过程哲学"）。

在《过程与实在》开篇，怀特海把自己的哲学称之为"有机哲学"，并谦卑地将洛克尊为有机哲学的创设者，他说："有机哲学的基本立场已经在约翰·洛克的著作《人类理智论》，特别是在该书的最后几卷中得到十分明确的预示。"⑥

① 朱建民. 现代形上学的祭酒——怀德海[M]. 台北：允晨文化实业股份有限公司，1982：235—237.
② ［日］田中裕. 怀特海有机哲学[M]. 包国光，译. 石家庄：河北教育出版社，2001：7（引述自《西洋哲学史》第五十七章）.
③ ［日］田中裕. 怀特海有机哲学[M]. 包国光，译. 石家庄：河北教育出版社，2001：3—17.
④ 王锟. 怀特海与中国哲学的第一次握手. 北京：北京大学出版社，2014：4.
⑤ ［日］田中裕. 怀特海有机哲学[M]. 包国光，译. 石家庄：河北教育出版社，2001：87.
⑥ ［英］怀特海. 过程与实在[M]. 李步楼，译. 北京：商务印书馆，2012：前言.

怀特海谦卑地说自己的有机哲学是"重新发现",是对以往哲学大师因为追求体系化所抛弃的成分的"着重强调"①。怀特海这些谦卑语言,传递出的却是怀特海大胆的批判、挑战和重建。这里的"重新发现",就是从机械的、无生命的、脱离生活的理论之外,发现有机的、生机蓬勃而富有情感的、普遍联系生活的新理论。以往因为过于强调体系和实体而被忽略的"尚未发生"的潜能和趋势要被重视起来,要能够预见。

这种强调潜在性、强调情感、强调生机蓬勃地去创造的哲学,落地在教育领域呈现出来的也是积极的、生动的、富有节奏的、尊重生命的底色和质地,更加尊重师生个体的风格,尊重生命性那种永远在成长之中的特点。用怀特海的眼光去思考教育,就不容易因为阶段性的得失被打败,不容易失望沮丧,你总能看到希望在熠熠生辉,你总能找到办法去发扬希望的光辉。

我愿意不断地重申我从怀特海这里获得启发而形成的观念:**仅仅把教育视为过程是不够的,而要把教育视为有机的组织过程**。要把人当作人,像有机体生命成长那样去组织他的学习。

把积木一块一块地垒起来也是过程,一辆汽车在匀速前进也是过程,电脑中输入一个程序获得一个结果也是过程——然而,生命成长不是这样的机械过程,智识发展不是这样的机械过程。在教育中,我们已经犯了太多这样的错误:不管学生是否感兴趣,老师教了很多遍,学生就应该学会;为了考试能拿到高分,不惜线性重复,一遍又一遍地罚抄,诸如此类。

怀特海说:"人们在生产一种机械时,结构的能量来自外部,可以一块、一块地往上装。但是,生命机体的情况完全不同,它自身有自我发展的冲动,这种冲动可以受外界鼓励和引导,也可以被外界的力量扼杀。尽管这种冲动可以从机体外部激励和引导,**但智力发展的创造性冲动来自于内部,而且完全是个体特有的**。"②我们怎么能把活生生的生命和活生生的生活,设想成积木那样一块块的、一片片的? 我们怎么能设想同一个环境中的两个人,就像是两颗螺钉? 我们又怎么接纳我们的理论为了成就某种了不起的体系,从而悖离我们普通人的情感和生活?

我们来想象一株植物的生长,它不同于"建构""排列",不同于儿童搭叠积木块,不同于编织毛衣,不同于工业性的组合和筑造。植物是根、茎、叶子和花的组织。叶片是很多细胞有机组织而成,在进行光合作用。花又有花瓣、有花蕊。动物的有机

① [英]怀特海.过程与实在[M].李步楼,译.北京:商务印书馆,2012:前言.
② [英]怀特海.教育的目的[M].严中慧,译.上海:华东师范大学出版社,2020:49—50.

组织会比植物更高级，人的有机组织又会比动物更高级。最好的电脑也比不上人脑灵动，思想的有机组织，隐含着人们对事物在时空之中的创进性生成、发展的认识、思辨和理解。最好的相机也拍不出眼睛看到的景象，人可以根据自己的心境与想象来创生意象。每一个人，每一个生命都是鲜活生动的，都是独一无二的，也是有机联系的。

一株植物，如若需要把水分公平、公正、恰如其分地分给每一部分，可以顺利地做到，它似乎天然知道哪里需要多少水分，都不需要给各个部分开个会来统一思想。按照我们目前的科学水平，做出公平的平均分配时还是可行的，但是按照科学做出公正的分配就有一定的障碍，如果要做到有机体的分配那么恰如其分几乎就是不可能的。目前有哪一门科学能够达至有机体的境界呢？

学习怀特海，时常会让人有一种美妙的感触，那就是：机械的科学主义者会遇到障碍，而有机主义者拥有活跃的智慧，有机自然界带来的启迪总是**最美、最真实、最善好**。

怀特海机体哲学有三个究极性范畴：创造性、多、一。

"一"和"多"的概念在哲学领域看来并不新鲜。多代表了析取的多样性的概念，一代表一个现实实有的唯一性，多这个词预设了一为前提，一也预设了多为前提。

怀特海的珍贵之处在于，他以**创造性**作为终极事实，把创造性作为普遍性中的普遍性，其哲学生机蓬勃。从多到一是创造，从一到多也是创造，认识是创造，实践也是创造，创造性存在于事物的本性之中，成为一种生生不息的创造性生成。

机体哲学有着生动鲜活的气息，怀特海也显得比以往任何一位哲学家更加积极而有生命热力。亚里士多德曾说："虽然一切科学都比哲学更有用，但惟有哲学是真正自由的学问"，哲学被赋予一种自由但无用的光泽。然而怀特海并不这样看，怀特海认为："假如我对哲学的功用的看法没错的话，它是一切知识中最富有成效的一种。"①

在怀特海的机体哲学世界里，哲学不仅有用，而且无时无刻不在。"哲学是思维和生活的真实基础，我们所注意的那些经验以及我们推到背后的不必在意的那些观念支配着我们的希望、我们的恐惧、我们对行为的控制。只要我们思想，我们就活着。"②

---

① ［英］怀特海.科学与近代世界［M］.何钦，译.北京：商务印书馆，2012：2.
② ［英］怀特海.思维方式［M］.刘放桐，译.北京：商务印书馆，2013：60.

3. 怀特海有机课程思想的突出特质：审美、理性和具体化

怀特海深厚的哲学底蕴，兼具融会贯通的学养，多年著名大学任教经验的累积，及其大胆而谦卑的学术品性，使怀特海形成了自己独特而臻于完善的有机课程思想体系，并主要呈现在《教育的目的》一书中。李文斯顿教授曾在自己撰写的《教育中的未来》一书里引述怀特海《教育的目的》里的句子，并评价说《教育的目的》一书是他所读过的有关该主题的"由内行人所写成的少数书籍之一"。[①]

怀特海的有机课程思想也散见于《怀特海文录》《教育与科学　理性的功能》《思维方式》《科学与近代世界》等著作之中，可以互为参考来阅读。

怀特海的有机课程思想，突出的几个特质即：**审美、理性和具体化**。

除了怀特海，鲜见其他教育家如此强调**审美**价值。怀特海著名的"教育目的学说"，在《教育的目的》开篇谈的是文化，是"对美和人文情感的接受"，是"深如哲学又高如艺术"的理想。审美是如此重要，而又如此难教，这远比培养一个拿高分的人艰难得多，远比培养一个很好地信息化了的人艰难得多。后面谈到"风格"，一个有风格的人，既是美的，又是道德的，也是智慧的。后面谈到"教育节奏学说"时，极言浪漫之美，"奇妙支配一切"[②]，"对价值的鉴赏为生活增加了不可思议的力量"[③]。不管是数学家对数学逻辑之美的由衷的赞叹，还是技术教育与美的亲密关联，或者大学生"站起身来环顾四周"的那种自信之美，都给人以深深的触动。

怀特海的课程思想，也释发着其特有的**理性**气息——那种积极的、生生不息的理性，永远创新、永远历险的理性。具备很多知识的学究，未必具备怀特海意味的理性。在怀特海语境里，最大的反理性就是"惰性观念"和"不自然的方式"。怀特海所说的理性要在不停创进和联系里求真。"少而精""教必透彻"，都是柏拉图理性（寻求理解）的具体表现，要多么精才算精？要有多少才算少？要怎样教才算透彻？这样的追求就是寻根究底没有尽处。"最好的教育是用最简单的工具获得最大限度的知识。"[④]这就是怀特海那种欲求更高阶状态的理性。怀特海在节奏性的创进中，描绘了螺旋上升而又如诗如歌的教育周期图景，从婴儿、到儿童、到青春期的少年、到富有想象力的大学生，

① ［英］普莱士. 怀海德对话录［M］. 黎登鑫，译. 台北：志文出版社，1970：145（怀海德即怀特海）.

② ［英］怀特海. 教育的目的［M］. 严中慧，译. 上海：华东师范大学出版社，2020：42.

③ ［英］怀特海. 教育的目的［M］. 严中慧，译. 上海：华东师范大学出版社，2020：51.

④ ［英］怀特海. 教育的目的［M］. 庄莲平，王立中，译. 上海：文汇出版社，2012：16.

最后成长为具备有机思想（能够科学合理地组织自己的思想）的人，能够剖析（有机）科学观念的人，能够建立相对性时空观的人。如果不是以理性来强力地自我约束，人颓败地滞留在教育节奏之外，人们将失去未来。

与一般课程理论相比，怀特海有机课程思想更追求**具体化**。怀特海强调教育的有用性，人人都应该是某个领域的专门人才——做工人就是有风格的工人，做科研人员就是有风格的科研人员，做工厂主就是有风格的工厂主。怀特海把各呈其貌的生活当作教育唯一的主题，所学知识都能与生活经验贯通。怀特海从不忘记学生是有血有肉的人，认为教育不能排斥差异。他会引导人们思考"究竟是手创造了大脑，还是大脑创造了手?"说那些不事劳动的人会大脑慵懒、胆怯守旧。怀特海强调"通过接触学习"，获得第一手经验。他甚至会意识到因为读经典的原文版本会造成阅读缓慢、语气不连贯的问题，而提出使用译本这样的具体问题。他痛斥那种缺失意义又缺乏实用性的数学教育。怀特海的大学观念是要让教师既教育又科研，把学问和想象力结合起来，以大学引领社会的进步和发展。怀特海这种朝向具体化的特质，这种寻求实践有效性的努力，也是引人注目之处。

按照怀特海有机课程理念，将会培养出懂得追求审美价值，又能保有逻辑理性，又兼备自由行动的魄力与具体实践中获得成功本事的人。后文将继续详述。

二、怀特海有机课程思想的研究价值和意义

1. 研究价值

怀特海课程思想本身具有的高品质，**思之有灵、辩之有道、为之有术**，这间接地使本项研究具有较高的学术价值、理论价值和应用价值，会有比较好的研究价值和应用前景。

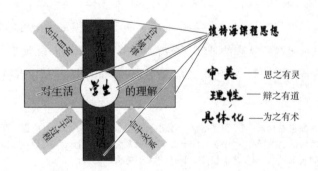

怀特海从有机哲学的视角来看待教育,是以课程所涵,宏观至宇宙,微观至心性之理,莫不符合"过程—关系"①的脉络。教育是生命成长的学问,人群的生命图景该当有机地交织。人自我发展的创造性不仅关注个人的圆满,也关涉着全人类的福祉。怀特海把"现在"看作是神圣之所,现在的教育可以放眼整个人类历史,要回溯并超越过去,展望并创造未来;从时间之流审视人的一生成长,教育的疏导需适切其每一阶段的心智特征;以空间之域省思各学科之间的联系,它们应彼此观照、相互促发。教育与人类的社会生活也密切关联,以人的积极行动涌动出生命的热忱。

怀特海的课程思想,既合于目的性,又合于规律性。他的课程思想体系以教育目的作为逻辑起点,在教育专著《教育的目的》的前言中,怀特海写到:"学生是有血有肉的人,教育的目的是激发和引导他们的自我发展之路。"怀特海对教育的整体构想即把人引向自我发展,他对课程的所有论述也都围绕这一目标节奏性地展开。怀特海既阐发了浪漫——精审——贯通三阶段交替主导、周期性循环的一般性原则方略,又以自由——训导——自由的维度来阐释,使这一原则呈现得更立体化。按照这样节奏性的智识周期螺旋上升,人就会不断扩展自己世界的疆域。

怀特海的课程思想有一种生动流曳的整体性,同时也重视人的生命机体与能动的知识共同生长为活跃智慧的细节。《教育的目的》各章之间看似散漫,实际上都紧扣"自我发展"这一核心目的,课程思想还潜埋着人的心智发展时空上的经纬交错次序的暗线,不断地为自己提出的教育节奏规律做出注解。各部分相互参照着理解,怀特海的课程思想就会"变得"越明晰;对于具体学科中讲什么、不讲什么、如何讲授、如何考试……怀特海有很多直言不讳的建议。人们误解技术是悖离自由的痛苦,他就把技术教育和科学、文学、艺术给联结起来,以"具体化"为本质意义,并赋予其"享乐"般的价值;人们不再学习古典文化,他就把提高古典教育的地位作为主要突破口,并提出让古典教育进入中学课程表的办法,使整个教育界不得不跟着出牌;数学课程因为过于深奥和被剥离了哲学意义而陷入窘境,他就建议数学只教授那些含有深远意义的一般性原理;大学的功能未能得到普遍正确的理解,他就申明大学在传承想象力火炬的功用,提出必须以有想象

精审(训导)

一

创造性   创造性

多

浪漫(自由)贯通

---

① 此说法来自美国学者罗伯特·梅斯勒,他将怀特海哲学解读为"过程—关系"哲学。

力的方式来传授知识。庖丁解牛般,他每一章目都直击教育问题的关键。

怀特海的课程思想有深厚的哲学基础,同时注重实用,浅出而深蕴。他认为教育唯一的主题是各在其所在的生活,所有课程都通过生活而融会贯通地联结在一起:普通课程和专业课程兼顾,文科课程、科学课程和技术课程并重,古典课程和现代新兴课程共存,统一课程与校本课程协同。学生通过经验真实的生活,在过程中获得真实的理解。怀特海有机哲学的基本思想,即:**现实实有由于本来如其所是,因而也就在其所在之处。或者说:现实实有唯有在其所在,才能是其所是。**我们不能只空洞地学习一般性原则,而让学生在生活里找不到这个原则的例证。在其所在、是其所是的生活是各种不同的完美例证,学生要在生活中学习,以一般性原则来经验这些例证就能够形成良好的思维习惯,形成思辨审美和理性逻辑,继而又享有具体化的行动自由。文化广博而专业精深,趋为"哲学般深邃,艺术般高雅"。

怀特海的课程思想深刻而富有创见,合于我国课程改革所需。无论是幼儿期,还是中小学阶段,乃至大学阶段,怀特海的课程思想都直击肯綮。无论是学科的内在属性,还是学科之间应有联系,怀特海也都有过深刻的论述。课程的目标、设计组织、实施和评价各环节,都可以从怀特海课程思想中找到相应的良策。

2. 研究意义

本研究的起点是笔者的教育实践,凭借生命的直觉和本能,凭借对教育的信念,一步步靠近怀特海。

怀特海说过:"真正的发现如同飞机的飞行"。① 从特殊观察的基地起飞,在有想象力的普遍性的稀薄空气中飞行,更新观察而降落在另一个新的基地。取义于此,我的研究路径可以绘制成下图:

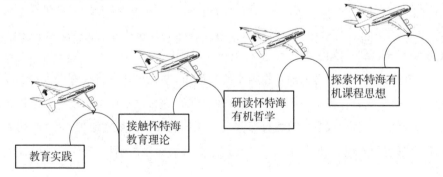

探索怀特海有机课程思想

研读怀特海有机哲学

接触怀特海教育理论

教育实践

---

① [英]怀特海.过程与实在[M].李步楼,译.北京:商务印书馆,2012:12.

在我亲身经验着教育的时候,凭借生命中类似本能的**审美感**,有所为有所不为。大量的"知其然而不知其所以然"的模糊懵懂,促使我想要知道这背后的道理,走向一种更为清晰的理性审辩阶段,并期待理论的学习不仅能够改善我的逻辑**理性**,还能够**具体化**地转化为教育实践行为。

我深深相信,带给我无数勇气、智慧和力量的怀特海,同样会感染其他教育同路人。

我深深相信,通过沉浸怀特海文本阅读,在读书会与同伴讲习怀特海,并以自身的教学实践作为怀特海有机课程思想的现实样本深化理解,我能够不断地走近怀特海。

我深深相信,怀特海有机课程思想可以提供我国课程研究的新视角,课程理论研究也会有所丰富。怀特海的有机课程思想,可宕开人们对课程认识和理解的新思路。教师对课程的认识理解提升之后,会转化为实践中真切具体的教育教学行为,使我国的课程改革更富实效。

1.3 怀特海有机思想体系中的审美、理性与具体化

怀特海本人没有明确提出"审美—理性—具体化"的表述,但是深蕴于字里行间,经由我多年反复阅读得以感应和总结得出。我认为有必要梳理和呈现出来,佐证我的思考,也便于研究者们辨析、讨论和批评指正。

如若不是怀特海的研究者,之前没有读过怀特海的著作,建议先跳过此节,阅读其他内容,回头再读。

一、深蕴于怀特海字里行间的关键词:审美、理性和具体化

我按照三个版块来梳理:一是《教育的目的》中的审美、理性、具体化;二是《思维方式》《过程与实在》中的审美、理性、具体化;三是怀特海其他著作中关于审美、理性、具体化的一些观点。

1.《教育的目的》中的审美、理性、具体化

他谈教育的目的时谈到要让人有专业知识,并且要有文化,艺术般高雅、哲学般深邃。他谈到教育要使人具有的智能,要能够感知风格,要懂得欣赏逻辑,也要有履行责任、完成任务的力量。这些分别是从审美、理性和具体化的方面提出的目标要求。

怀特海谈到教育节奏,浪漫—精审—贯通,或说是自由—训导—自由。浪漫阶段所呈现出的懵懵懂懂但是强烈的兴趣符合审美经验的特点,是以主观判定的重要性(兴趣)去认识未经探索的关系,是自由的选择。精审阶段是把浪漫阶段获得的经验条理化、系统化,这一阶段的训练是内在规定性的,专注地朝向主体目的的满足,符合理性的特点。贯通阶段是从一般概念向具体事例的运用的转变,是具体化所呈现出的现实效果,也由此能得到丰富的自由的机会。

谈到具体的教育节奏时,他的展开顺序是语言教育、科学教育、技术教育、古典文化教育、数学教育、大学教育。可以看出,怀特海并不是设定一个平均使力、号称均衡的课程表,在人的智力发展的不同阶段应该各有侧重。而这个节奏也是按照偏重审美经验的培养、偏重理性的培养、偏重具体化能力的培养这样螺旋式地展开的。

表 1-1

审美	理性	具体化
艺术般高雅	哲学般深邃	有专业知识
对风格的感知	对思想逻辑的欣赏	履行责任、完成任务的力量
浪漫	精审	贯通
认识未经探索的关系的重要性	条理化、系统化	从一般概念转向具体事例的运用
自由的选择	训练,满足对智慧的自然渴望	得到丰富的自由的机会
幼儿期学习语言	青春期专注于科学	具体化是技术教育的力量所在
古典文化教育	数学课程	大学教育
思想的组织	对一些科学观念的剖析	空间、时间和相对性

2.《思维方式》《过程与实在》中的审美、理性、具体化

在《过程与实在》和《思维方式》中出现的三阶过程与教育节奏对比观照,其中隐现的关联会加深对怀特海思想的整体性的把握。

在《思维方式》中,也有与"审美—理性—具体化"相应的比较明晰的表达,尤其是"美学"(审美向度)、"逻辑"(理性向度)这两个词往往成对出现。例如,理解的不相容有时是审美不相容,有时是逻辑不相容,这种认知的冲突会推动理解的深入。

在谈"创造性冲动"时,怀特海的三个话题是"重要性—表达—理解"。其中重要性

的感觉关涉审美价值,会引发一种想要表达的冲动,足以见得兴奋的强度。想要清晰的表达,会带来审慎的思考,引发渗透性的理解。理解一方面需要新的具体化实践来调动新的重要性感觉,一方面也需要理性的进一步约束。"人的生命的价值,它的重要性是通过未实现的理想借以使其目的具体化并使其行动具有色彩的那种方式取得的。"①可见一个个"审美—理性—具体化"叠套循环、螺旋上升的周期。

在谈到创造性"活动"时,怀特海的三个话题是"视域—过程的方式—文明的宇宙"。在这里,更多是从实践的角度来审视。我们如何拥有更理智、更高阶的重要性感觉? 如何让自己偏好的审美价值感更合于宇宙中终极的价值与美? 我们就需要调整自己的视域,使自己处在更美的位置和关系之中。当调整好了视域开始行动时,如何展开过程就需要理性的参与。我们更多时候谈过程都谈得太笼统、太机械,以至于我们在过程中造成了行动的失败。创造性活动最终的具体化的效果会达成一个文明的宇宙。

表 1 - 2

审美	理性	具体化
重要性	表达	理解
视域	过程的方式	文明的宇宙

怀特海还谈到,"作为经验的最高度的生动性的意识并未满足于帷幕之后模糊不明的重要性感觉。其下一个步骤是探求它本身的意识领域内的各种本质联系。这是理性化的过程。这个过程乃是认识外表上处于分离状态的细节的抽象的本质联系。"②又谈到"具体的实在是个体化的经验过程的出发点,它也是意识和理性对经验的提升。"③这些句子里,明确地出现了"审美—理性—具体化"的思维框架。

其中:

审美 这种模糊不明的重要性感觉跟教育节奏中半明半昧、兴奋不已的浪漫阶段是一致的,都是很个体化的审美经验。

理性 探求本身意识领域内各种本质联系,是理性化过程。各种细节,哪怕从外

① [英]怀特海.思维方式[M].刘放桐,译.北京:商务印书馆,2013:28.

② [英]怀特海.思维方式[M].刘放桐,译.北京:商务印书馆,2013:115.

③ [英]怀特海.思维方式[M].刘放桐,译.北京:商务印书馆,2013:116.

表看起来处于分离状态,但是理性的疏导会让人们建立起逻辑的关联,实现系统化的认识。

具体化 具体实在是意识理性化的目的,也是个别经验过程的出发点。达到目的(即,满足)的奖赏是通过意识和理性对经验的提升,审美经验拓宽,更具审美价值感地去构筑经验。

如此,一个一个"审美—理性—具体化"的周期交织着螺旋式地展开。审美、理性、具体化之中分别包含有"审美—理性—具体化"的小周期。因为审美经验得到了扩充,一个周期结束所引发的是更大的周期。

在《过程与实在》中,怀特海谈到微观合生过程的三个阶段:反应阶段——补充阶段——满足阶段。其中:

反应阶段:接受现实世界里审美综合的客体性材料。

补充阶段:补充阶段是合生过程的中间阶段,补充阶段可分为两个从属的阶段,审美的补充阶段和理智的补充阶段。理智的补充阶段,我们可以将其看做是一个偏向于理性训导的阶段。菲利浦·罗斯分析怀特海这一部分内容时说:"审美补充出现于我们认作有生命的事物中,而理智补充则出现于我们认作'有意识'或具有心灵的那些事物之中。若无理智补充,审美补充是'盲目的',因为它缺少从'现实'和'可能'的比较而来的方向。"

满足阶段:未完成的主体统一性活动最终具体化为完成了的活动统一体。①

通过省思怀特海的表述,能够从中找到"审美—理性—具体化"较为清晰的脉络。

表 1 - 3

浪漫阶段	精审阶段	贯通阶段
反应阶段	补充阶段	满足
审美	理性	具体化

3. 怀特海其他著作中关于审美、理性、具体化的一些观点

在《理性的功能》《科学与近代世界》《观念的历险》《怀特海文录》等书中,通过寻章摘句,还能找到怀特海关于"审美""理性""具体化"的一些散谈,有助于深入地理解怀特海有机哲学思想。

---

① [英]怀特海.过程与实在[M].李步楼,译.北京:商务印书馆,2012:239—262.

表 1 - 4

审美	理性	具体化
1. 审美经验是容易被忽略的逻辑基础,"揭示了事物真正的意义" 2. 审美经验的标识性特征为主体性 3. 审美经验是多种多样的 4. 生活中有广泛的审美经验 5. 审美的享受超越纯粹的物理秩序	1. 理性是对历史中创造元素的自律 2. 理性的功能在于提高生活艺术 3. 理性指导和批判使事态合于目的 4. 柏拉图理性要求"完全的理解"	1. 具体化的事态是现实的、也是活跃的 2. 创造是主体通过感摄客体关系来具体地自我组织 3. 内在的自我超越表现为外在的具体形式 4. 人类根本的自由是具体行动的自由 5. 观念必须被维护、理顺、传播并和背景协调,最后具体化为行为

综上所述,"审美—理性—具体化"的确是贯穿在怀特海整个思想体系之中的,也是其体系的特征。

4. 以怀特海的方式来渐进理解怀特海

怀特海卓越的才思使得他的思想体系呈现出螺旋上升的周期性特征。但是,当怀特海的研究者试图要以螺旋式的表达方式来讨论一个螺旋式的课程理论体系,这是很困难的工作。既难于引导他者对怀特海也去做这样螺旋式的理解,又难于以螺旋式地去表达怀特海。以怀特海课程思想中近于常情、易于感受的部分为起始,逐层渲染,渐次深入,或许是一条可行的通路。

在怀特海的课程论领域,也必然有着这样的一种螺旋式的过程。

在我看来,从最大的周期上看,分别是:

① 充当审美价值判断的哲学基础(可能对所选择的哲学模模糊糊,但是对取向有强烈的兴趣或"重要性"的感受)。

② 充当理性逻辑的一些课程理论(据审美价值而来,具有更为广泛的指导意义,力图对课程的设计、实施等诸多方面有效用)。

③ 充当具体化内容的实践理论(针对学科的特点给予恰切的建议,对人们对于课程的理解有审美提升)。

怀特海的有机课程思想需要通过这样螺旋式的结构展开,具体化给更多研究课程论的人看。这种结构与表述方式是本研究的创新,形式的改变有时本身就应看做改变本身非常重要的部分。

二、对审美、理性、具体化的概括和说明

以下这一部分差不多是对审美、理性和具体化做出概念的界定和说明,这或许是很有必要的工作。

(一)审美

1. 审美是最基本也最普遍的概念

审美在怀特海语系中是绝对重要的概念。"对怀特海而言,他的后期哲学是从审美观点出发的,是从价值论出发的(怀特海实际上把道德价值也包容于审美价值中)。因此,有评论家甚至称他的哲学为'审美主义'。"①

美本身和审美不同。"日落是壮丽的,但它属于自然的一般流动。百万次的日落,也不会使人趋向文明。"但是当一个人面对落日,"啊——"的感叹,文明就产生了。如果我们缺乏审美的能力,没有价值感的判断,即便是美的事物也不能激起我们的热情。但是,人类普遍有审美感,审美成为了我们生存在这个世界的一个基础。

"好好色,恶恶臭",这就是人的本性,是人的逻辑起点。因为喜欢,所以想要接近。不喜欢而又不得不接近,就会厌恶、会抗拒。在《意义的分析》中,怀特海也说到:"我自己的信念是,在现阶段,因最受忽略而最富有成果的起点是那个我们称之为'美'的结论理论部分。我们对于人类艺术或自然美的价值的欣赏,我们对于强加在我们之上的明显的粗俗和毁损的厌恶,所有这些经验模式都被充分地抽象,从而成为相对明显的东西。而它们显然揭示了事物真正的意义。"

尤其在教育的领域,如果我们不能把学生的审美价值经验作为思考教育教学的基础,不能在课程设置和实施的过程中充分尊重符合学生审美价值的经验,我们就很难获得成功。

2. 审美是价值与目的内在的原因

审美可以熏染陶冶,但是究其根本而言,审美是内在性的,有很强烈的主观性。

怀特海在《思维方式》当中说:"人的心灵是有机体的核心,它所关心的主要是人的存在的细枝末节,它并不轻易去沉思身体的基本功能。它不是注意身体对植物性食物的消化,而是抓住阳光照在叶子上的光彩。人的心灵是诗歌的源泉。"②审美有时需要想象力的洞察,像是宇宙给予人的隐喻。

是那种"太美了"的心底的惊叹!是那种"这非常重要"的判定!是那种"为了这

① 陈奎德. 怀特海哲学演化概论[M]. 上海:上海人民出版社,1988:259.
② [英]怀特海. 思维方式[M]. 刘放桐,译. 北京:商务印书馆,2013:31.

个,我怎么样都值了"的信念! 审美价值感化为一股浪漫之情,一旦起心动念,那必然是兴奋到足以忘记其他所有,而专注集中于眼前的事项。审美是价值判断,并因为这种价值判断而内在地成为了过程的终极原因。

3. 审美是个性化的宇宙

怀特海认为,"对美学的经验有两个侧面。首先,它包括一个关于个性的主观的含义,它是我的兴趣。我可以忘却自己;但是这兴趣仍然是我的,快乐是我的,并且痛苦也是我的。美学兴趣要求一个个性化的宇宙。其次,有一个美学的对象,它在经验中被辨认出来,作为主观的感觉的源泉"①。

李白浪漫雄奇,杜甫沉郁顿挫,两者各有美感,倾心于哪一种美都很合理。对于每个人来说,审美是各有差异的。所谓"萝卜白菜,各有所爱",所谓"甲之蜜糖,乙之砒霜",都是这个道理。一个人不能把自己的审美强加于人,不能强迫别人按照自己的审美价值观来要求别人。"己所不欲,勿施于人"是一个重要的金规则,但是"己所欲,勿轻施于人"也是重要的规则。很多时候,孩子对成人的厌恶就来自那一句"我都是为了你好啊!"教师要比任何人都更应该尊重和保护差异性,保护一个个审美的小宇宙。

"美和美的各个类型中有不同的层次"②。欣赏梵高作品《吃土豆的人》,每个人的感受肯定有所差异。在情感的调子上,应该是相似的,这幅画能唤起观者的悲悯。但是,悲悯的程度取决于观者的生命经验。饱食终日的人,是无法真正共情看到这幅画所产生的悲悯的;一个曾经除了土豆没有其他食物,整天只有土豆可以吃的人,看到这幅画是有身体感受的。米勒有一幅画《晚钟》,是描绘一对农民夫妇在田野劳作,听到钟声时祈祷的画面。这幅画,一个没有曾经在田野上劳作的人,感受的程度就会差一些,无法更深幽地体察到:劳碌了一天精疲力尽的人的祈祷,跟教堂里安闲的贵族的祈祷,是不同的。张炜的小说《九月寓言》,里面的人物整天只能吃地瓜干,大男人在喊:"瓜干烧胃啊!"我们偶尔吃一次地瓜干,吃一点点,可能会感觉地瓜干甜甜的。在现代读者的观感中,大男人们也在喊瓜干烧胃的画面,就像是撒娇,可能会显出荒诞,还有一点可笑,而饥饿的痛苦却被减弱和消解了。

课堂也一样,无论老师的课上得多么精彩,也可能会有学生不能欣赏和接纳,或者没有达到老师预期的层次。我们还是要回到学生的原点去思考,去尊重学生是有自己个性化宇宙的人,去尊重一个个有血有肉的生命体。

---

① [英]怀特海. 怀特海文录[M]. 陈养正,王维贤,冯颖钦,刘明,译. 杭州:浙江文艺出版社,1999:279.
② [英]怀特海. 观念的历险[M]. 洪伟,译. 上海:上海译文出版社,2013:240.

4. 审美是关系性的

尽管审美是个性化的，但是审美同时也是关系性的。我们常常会提到"课堂氛围"这个词，当很多学生的热情被老师点燃时，其他同学也会被这股热情感染。因为关系性的审美，所以爱屋及乌。因为关系性的审美，所以会追随大众。有时候同仇敌忾、众志成城可能并不是理性觉醒了，仅仅凭借着关系性的审美，仅仅因为一种唇亡齿寒、兔死狐悲的审美价值观念。

怀特海认为，事物具有价值，而且事物与其他事物处于一种审美性的价值关系之中，这是实在本身根本的客观条件。现实存在物都是关系性的存在物，是由事物之间的关系价值所规定的存在物。怀特海把审美关系定义为综合和建构活动的创造性中心之间的客观的或实在的关系，即"审美角度""定向中心"和"观点"之间的关系。

在《观念的历险》中，怀特海说到："当构成现象的本质性的客体以一定对照的方式交织在一起时，现象是美的，从而对部分的整体把握产生了相互支撑的最完善的协和。这意味着，整体和部分的质的特征进入了把握的主体形式中，整体提高了对部分的感受。部分提高了对整体的感受，也提高了相互之间的感受，这是感受的和谐。伴随着感受的和谐，其客观内容是美的。"

"在一个事态中实现的美，既依赖于事态由此产生的客观内容，又依赖于事态的自发性。""因为美通过与其他材料的联结而实现，同时通过把握它的事态使自发性幸运地发生。"我们找不到一个可以自在自为的美着的事物，是在事物的联结的关系中才有可能实现美。

5. 任何事物都可以是美的、有价值的

在各种具体情境的经验中，人们都可以辨识到美的对象，使自己的经验变成审美性、充满价值感的经验。比如，尘埃里也可以开出花朵，悲伤的人可以发出"抱抱自己"的温暖。在积极的、有建设性的观念体系里，任何情境都不会真正绝望，也可以焕发生机和希望，任何事物都可以是美的、有价值的。

怀特海在《观念的历险》中谈到："经验的任何部分都可以是美丽的，宇宙目的论的导向就是产生美。所以任何在宽泛意义上是美的成系统的事物在此程度上以自己的存在证明了其合理性。"①

不存在什么必然没有趣味的知识，不存在完全没有美感的知识。既然如此，我们

---

① ［英］怀特海. 观念的历险［M］. 洪伟，译. 上海：上海译文出版社，2013：252.

的教育为什么可以容忍有的教师把有些知识切割得支离破碎、讲得干干巴巴？为什么没有捍卫这些学习经验自身的合理性？为什么没能守卫这些学习之美？这是需要反思的。

（二）理性

1. 理性是朝向审美积极改造的欲望

怀特海发现，在进化中有这样一个现象，那就是：越低等的生物越是靠着对环境的适应来生存，等着食物游向自己；但是越高等的动物，越是为了自己的目的积极地改造环境。这种显著的事实是理性对经验的指导和批评的结果。怀特海认为，高等生命体对于环境的积极改造可以用一个强烈的三重欲望来解释：活着；好好活着；更好地活着。[①]

为什么人们不能满足于仅仅是活着呢？为什么人们在已经能够以满意的方式活着的情况下，仍然还要进一步增加自己对生活的满意程度呢？这不得不说到理性那种高贵的不满和批判性。因为这种理性，有机体积极地改造环境，使环境越来越适于自己的生存，越来越令自己感到满意。

理性固然是欲望，并非所有欲望都是理性。

理性不是低级的欲望。低级的纯粹盲目欲望是偶然的产物，不能通向任何地方。

理性是自然之中向上的趋势，与物理衰退的方向是相反的。这种相反，就好比是"在灼热的沙漠里，有一种奔向水源的欲望"。[②] 正是这种理性和思辨的想象，把人们以适合人类的特殊智能的形式引向相反趋势的某种知识。而正是这种趋势，见证了一种秩序的衰退和另一种后继秩序的诞生。这种超越纯粹物理秩序之外的欲望，是审美性的。理性通过一种美的享受也朝向这种审美的满足。

2. 理性是对目的的启蒙

在《思维方式》中，怀特海说到"一个人的生命，从尚未实现的理想来塑造其目的、影响其行动的方式中获得它的价值和意义"。如果人们对生活境况全无所谓，对所拥有的知识不假思索，人就容易进入到一种惰性观念中去。又因为这些惰性观念的流行或者"权威"，人们无法觉察，走向了蒙昧。蒙昧主义拒绝思考传统方法的局限性，甚至否定这种反思本身的重要性；相反的是，有时蒙昧主义会支持偶然的盲目冒险。因为"想当然"，因为对日常的舒适安稳缺乏省思，所以对冒险的风险缺乏辨析，所以行动起

---

① ［英］怀特海. 教育与科学　理性的功能［M］. 黄铭，译. 郑州：大象出版社，2010：133.

② ［英］怀特海. 教育与科学　理性的功能［M］. 黄铭，译. 郑州：大象出版社，2010：172.

来会相对盲目。

不只是那些没有受过教育的人会蒙昧，一些受到过很好教育的人因为学到了惰性的知识，习得了惰性的思维方式，反而更武断蒙昧。"任何时代的蒙昧主义者大体上由占统治地位的方法论实践者中的大部分人所组成。"怀特海提到了科学蒙昧主义，很多科学家就是那种蒙昧主义者。几百万年的历史积淀，蒙昧主义是实践理性的惯性阻力。"蒙昧主义比任何特殊的利益主题都更深地植根于人性之中。"

理性所要求的那种"好的生活"，其中包含一个元素就是思辨的理解。如果浑浑噩噩，人们会无法确认目的，把自己的欲望降为仅仅是活着，生活就会导向不可避免的下堕。我们很清楚，想要"上一节课"跟"上一节好课"根本不是一回事，想要"办一所学校"跟"办一所卓越的学校"根本不是一回事。人们需要以理性为基础来充满热情地追求思想的自由，在热气腾腾的生活中树立目的。

"理性是对目的的启蒙；在一定限度内，它使目的生效。当它使目的生效时，它也履行了功能并使自身在自我满足中平静下来。"①如果目的是无效的，理性就是不可解释的。

3. 理性训练追求的是进步性而不是稳定性

《过程与实在》中有一章《广延连续体》，在那里怀特海写到："人们常说：'人是有理性的。'这句话明显是错的。因为人只是间或有理性的——知识倾向于有理性。"

怀特海在《理性的功能》中谈到了有条不紊的理性和思辨的理性。有条不紊的理性对于提高精神灵敏程度是一种训练。思辨的理性作为可辨识的力量产生时，会呈现为零星的灵感。怀特海提出："我们必须寻求关于思辨理性的一种训练。它提升思辨理性超越当下事实的本性。这种训练是让思想对于未来具有创造性。"

我们可以从历史中分析提取关于实践训练和思辨训练的原理。根本不存在真正的稳定性。所以我们训练追求的不是稳定性，而是进步性。

4. 理性有强调新颖性的功能

当一种关于生活的方法论耗尽了新颖性的时候，惯例替代了思考，就从一种良好的生存状态下降到了一个底线性的生存状态中，新鲜感没有了，拒绝冒险。如果运行得顺利，没有突发的严重的偶然因素的打击，就会进入一个延长的"晚年时期"。时间的流逝中，物种消失的痕迹甚至都会被无情而缓慢地覆盖。

---

① ［英］怀特海. 教育与科学　理性的功能［M］. 黄铭，译. 郑州：大象出版社，2010：147.

理性需要活动空间,理性需要非固化的空间。就算理性处于最低等的形式之中,理性的本质会保持住那种新颖性的闪光的判断。"这种新颖性的闪光出现在当下的现实中,出现在尚未行动的欲望中。"

5. 理性用节律性对抗疲乏

"疲乏"是理性的对立面,指代排除新颖性冲动的作用。疲乏的作用产生了理性的失败。当理性强烈的欲望受到了惯性的阻碍,生命失去了曾经非常强烈的冲动,进入纯粹重复的回归原状的生活倾向,仅仅关心活着,而没有朝向更好地活着的动机和努力。然而这种静态生活又不能达到真正的稳定,最多是一种缓慢而不察觉的下坠。

节律性的方式贯穿生命始终,同时也遍及生活的各个方面。"在节律性的方式中,经验的不断反复形成了关于对比的一个确定顺序,而一种明确的方法使这些对比形成,不断反复的经验被如此汇编起来,以致一个这样的循环的终止对于另一个这样的循环的开始是恰当的条件。"①因为能量一直在流动,而不是静止在某处,消除了重复的疲乏。每个循环自我修复,对过去的经验做出一个高水平的协调。在这种节律性的方式之中,人们既能把握通盘,又能处理各细节之间的关系,认识变得体系化,行动也变得更有力量。

(三) 具体化

1. 人类根本的自由是具体行动的自由

怀特海极为重视具体化行动的力量。他夸赞伯利克利说:"伯利克利的理想是行动将自身织入说服性的美的神韵之中,这种美与自然中的精美相似。"②他对柏拉图批判说:"但在《柏拉图对话集》的大部分中苏格拉底和柏拉图都致力于思想的表达方式,几乎没有什么篇章可以直接转化为具体的行为,《理想国》的结论只有在天国才有作用。"我们逻辑也要有现实的落点,我们的认识需要有利于现实并富于成效。

"人类根本自由是具体行动的自由",我们不需要纸上谈兵的自由,不需要不着边际胡思乱想的自由。我们需要具体的行动,需要满足一些具体的需要。人的基本的需要,尽管在思想中不占主导地位,但是十分必要和重要。比如取暖和吃烹饪过的食物,应该得到满足。这也是人们赞颂希腊神话中普罗米修斯的原因。悠闲地享用着精致美食的人们,对灾难之中饥饿的人无法感同身受地理解——那个"饿"是一件多么具体的事情。望梅不能止渴,画饼无法充饥,唯有具体的行动才能让愿望达成和起效。

---

① [英]怀特海. 教育与科学 理性的功能[M]. 黄铭,译. 郑州:大象出版社,2010:140.
② [英]怀特海. 观念的历险[M]. 洪伟,译. 上海:上海译文出版社,2013:51.

2. 并不存在漂浮于虚无之中的事实

我们感知和认识到的事物都现实的依据和意义，并不存在漂浮于虚无之中的事实。在《过程与实在》中，怀特海提出，"有机哲学在所关注的事实方面，可以依靠洛克的深刻见解来支持自己。"怀特海引用洛克《人类理智论》的观念："本质可以看作是一件事物据以成为该事物的存在（being），这件事物之所以是这件事物，就是凭着这个存在"。怀特海进一步地发展了有机哲学的认识，"这个现实实有由于本来如其所是，因而也在其所在之处。"所有的现实实有，都是关系性的现实实有。一个事物的存在，有诸多与其相依存的事实的关系。一个事物总有与其相关的环境背景可以作为材料。那些具体可辨的，清晰可感的整个环境，是我们认识世界的基础，也是我们认识这个事物的基础。

3. 事实具有至上性的权威

怀特海在谈论现代科学起源时，谈到了威廉·詹姆士在写完《心理学原理》后写信给其兄弟亨利·詹姆士时说："我必须面对着无情而不以人意为转移的事实铸成每一个句子。"①一旦事实形成，就变得十分"顽强"。如果没有能够很好地预见，导致事件朝向消极乃至恶性的方向去发展，形成了糟糕的结果。人们就不得不去面对这个结果，哪怕是积极的理性主义者，也不能完全罔顾事实去建构社会生活，必须付出更大的努力，承受更多的波折。"将来要经过许多世纪，顽强的事实才会被理智驯化。"②

"事实的这种至上性是权威的基础。我们环顾这个世界为阐明事实的一种力量寻找证据。"怀特海提出"事实高于思想"。所谓事实高于思想指的是，即使思辨的思想飞到最远处，也应该有对于真理的测量。我们必须尊重具体化了的事实的权威。

怀特海认为：最能体现具体化力量的教育是技术教育，其代表人物是圣·本笃。圣·本笃"重视平凡事物的意义"，使隐修院成为实际农艺家、艺术家、圣哲、学者的家园。多亏早期本笃会人的实际精神，科学与技术才能结合起来，学术也就因此与不以人的意志为转移的"无情"事实建立了联系；如果说现代社会在进步和发展，现代世界产生了一些新奇观，是因为那些富有哲学头脑的人们，他们"对详细事实的这种热烈兴趣，以及对抽象结论的同样倾心"，孜孜不倦地致力于创造普遍法则来造就了这些成果。

---

① ［英］怀特海. 科学与近代世界［M］. 何钦，译. 北京：商务印书馆，2012：6.
② ［英］怀特海. 科学与近代世界［M］. 何钦，译. 北京：商务印书馆，2012：17.

4. 具体化的事态是现实的、也是活跃的

《近思录》卷四第9条谈操存,"古之人,耳之于乐,目之于礼,左右起居,盘盂几杖,有铭有戒,动息皆有所养"。茅星来集注引陆氏之说,"朱子《白鹿洞学规》无诚意正心之目,而以处事接物易之,其发明《大学》之意最为深切。盖所谓诚意正心者,亦说处事接物之际而诚之正之焉耳"。说诚说敬都是义理,但是真正的存养还是要有着力下手处。

空中楼阁的设想往往因为实践而让人失望,真正现实而活跃的因素反而是具体化的事态。比如在教育之中,扎实的教育教学工作是教育改善的真实力量。在《教育的目的》里,怀特海说到:"凡有经验的教师都知道,教育是一种掌握种种细节的过程,需要耐心,一分钟又一分钟,一小时又一小时,一天又一天。"[①]1917年,怀特海在伦多绍斯沃克的市工艺学校颁奖大会上做了题为《战争期间的工艺学校》的演讲,在表扬取得的成绩的时候,也不忘归因这些成绩的取得是因为"它显示了有效的教学、努力的工作和学生方面有秩序地上课"。[②]

众所周知,时值第一次世界大战期间,英国民众对国家未来的忧心与期待,对公民使命与责任的寄望都是那样深切真实。除了满怀勇气克服战争的危险之外,还需要制造业实实在在地发展。只有具体化的现实力量才能在那个时期起到富国强民的作用。"一个在职业中使自己成为有技能的并在生活中为自己做得很好的人,一般有很好的理由让人相信,他是一个有利于国家的人。"[③]现实的、活跃的力量,正是那些能够有具体化行动之力的人。

三、怀特海螺旋形的理论体系

多数人都从阅读其所著的《教育的目的》一书开始来了解怀特海。这是一本可以被看成是课程论的著作。至今,怀特海仍影响着中西方的课程理解。他在《教育的目的》中阐述的观点常被很多外国教育书籍引述,这些书籍被翻译并在中国流行,如《教学勇气》《追求理解的教学设计》等。

从生硬的条目框架式课程理解模式,进入螺旋式的课程理解模式。

从支离破碎的课程论表达方式,转为有机生动的课程论表达方式。

---

① [英]怀特海.教育的目的[M].严中慧,译.上海:华东师范大学出版社,2020:8.
② [英]怀特海.教育与科学 理性的功能[M].黄铭,译.郑州:大象出版社,2010:35.
③ [英]怀特海.教育与科学 理性的功能[M].黄铭,译.郑州:大象出版社,2010:36.

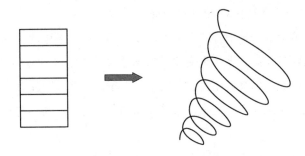

不同于一般的课程论著作。很多论述课程思想的书,是一行一段地"摆"出来的,有着平面板滞的冰冷面孔;怀特海对课程思想的论述,是有机地"长"出来的,立体整全,舒盈灵动。受制于文字表达的局限,所有的思想和内容都需要一行一行、一段一段、一页一页地展现出来。然而,在读怀特海的书目时,这种扁平的感觉却变得立体起来。虽仍是一行一行、一段一段、一页一页地读下来,阅读的感受却是圆融的"圈",感到自己像是在一圈一圈螺旋上升的绿色藤蔓。

1. 怀特海尊重普通人对周期性的认识

周期性这个概念早在老毕达哥拉斯学派时就有了,它使人们注意到数字能说明音乐中音符的周期性。当欧洲哲学和欧洲数学建立起时,就幸运地获得了关于周期性的推测。我国也素有周期性地认识世界和理解世界的文化传统。《道德经》第二十五章:"有物混成,先天地生。寂兮寥兮,独立而不改,周行而不殆,可以为天地母。吾不知其名,强字之曰'道',强为之名曰'大'。大曰逝,逝曰远,远曰反。"生生不息,是为天下大德。

怀特海的哲学,尊重普通人的常识。在我们日常经验中,事物的一般重复现象是很明显的。生活中的主要重现事物是极常见的,纵使是最没理智的人也不能不注意到。甚至于在理性还没有出现以前,它们就存在于动物的本能上了。从大体上说来,某些自然现象是重复产生的,我们的本性也适应了这些重复现象。无需上升至一种理性的思考,我们便能从经验中感觉到诸如日子、月相、四季、心跳、呼吸等都是重复出现的,星球重复在自己的老位置绕行。

怀特海诗意地评价了欧洲哲学和欧洲数学对"周期性"的推测,他说:"这会不会是神圣的天才的显现,洞察到事物最奥秘的本性中去了呢?"[①]怀特海深化了这个概念,并将其发展为一个内涵丰富的"周期性"理论。

---

① [英]怀特海.科学与近代世界[M].何钦,译.北京:商务印书馆,2012:45.

人类的实用哲学只是预见大体上重复现象,例如可以预测太阳从东方升起。没有重复现象就不可能有知识。因为没有重复现象就没有任何东西能根据以往的经验推断出来。同样的,没有某些规律性的重复现象,就不可能有度量。重复现象是我们精确经验的基础的东西。

这种重复使事物的进展呈现出周期性。在《科学与近代世界》中,怀特海总结到,现代物理学的诞生,全都依靠周期性的抽象概念在诸实例上的应用。十六、十七世纪,周期性理论在科学中占了主要地位:

开普勒发现行星循着自己轨道环行时的周期与行星轨道半长轴的关联。

伽利略发现了单摆的振动周期。

牛顿认为声音是稀密相间的周期性波动通过空气发生的振动形成的。

惠根斯认为光线是以太的横振动波周期性的振动而形成的。

麦西尼发现了提琴琴弦的振动周期与琴弦长度、密度、张力的关系。

……

在更微观的领域,一个持续发音的音符被解释成空气振动的结果,一种稳定的色彩被解释为以太振动的结果。以同样的原则,我们若要解释物质的稳定持续状态,我们就会意识到每一种初始要素都是潜能或潜在活动产生的振动波,每一基本要素都是有组织的振动能流系统,每一基本要素都具有一个周期,在这个周期里,能流系统从一个极限摆动至另一极限。物理的定律就等于人生命运的律令。如果没有一种本能的信念,相信事物之中存在着一定的秩序,尤其是相信自然界中存在着秩序,那么现代科学就不可能存在。

怀特海对周期性的认识,照进教育的领域,就表现在对人的心智发展周期的认识。浪漫(自由)—精审(训导)—贯通(自由)—更大的浪漫……这种在重复中创进的节奏性周期,这种朝向更高也更深的节奏性周期,揭示了好的教育应该的样子。

2. 要素需要置于本身的整个周期才能显示和理解

组成基本要素的体系,在某一个瞬间来说不成体系,必须置于其自身的整个周期里去显示和理解。就如一个音符离开其整个周期,它便失去意义,在任何瞬间都不再是音符了。唯有在音乐的整个周期里,这个音符才是音符。如果只是白天,没有黑夜的轮回,白天也就失去了白天的感觉。

怀特海的哲学是一种有机的哲学,强调关系性。在怀特海所描述的一个智识周期之中,可以大致分为"浪漫—精审—贯通"三个阶段。然而,这三个阶段不仅不能生硬切分,也不能分别独立存在。在基础教育学段,为了达到应试的要求,教师们往往不得不紧紧地抓住"精审"这一个阶段,而忽略对学生浪漫心向的唤醒,忽略对学生学科实践能力的培养。脱离了浪漫和贯通,精审阶段既无意义又缺乏来源,这正是我们现代课程的痛点,也是目前课程改革非常关注的切入点。

关于教育节奏,怀特海还有一种表述,智识周期被表达为"自由—训导—自由"。无规则、无秩序,自由无从谈起——这是对自由主张的要求,我们需要审辩什么是真正的自由。

怀特海在描述那尚未被人们普遍认识的微观流变时,谈到"微观合生"概念。一个微观合生过程包含"反应—补充—满足"。没有反应和补充,一个微观合生过程就不可能实现满足。

同理,我将怀特海思想分析归纳为"审美—理性—具体化"。审美要置于完整的周期中去理解,才有审美价值感。如果没有理性和具体化的能量,审美也无从谈起。

3. 创造性活动的自然搏动是历史事实的自然单位

周期性的重复是自然的馈赠,是给予人类的一次又一次认知和发现的机会。

宇宙中的这些要素并非止于简单的重复。尽管每一基本要素都有周期,但是每一个周期会发生新变化,任何两天或者任何两个冬季都不完全相同。因此,周期性不只意味着单调的重复,尤其在人类社会生活进展中,在反复再现的周期性循环中,也有差异的存在。我们必须认识到,这些重复着的周期并不是步调一致、匀速前进的,而是节律性的、脉冲式的、富有新颖的创造性。单纯的重复会使人陷入疲乏,失去了新颖性的感觉会让人产生对生命的厌倦。怀特海极力强调在不同周期中新颖性的重要。

对事物的探寻,根本上是"彻上彻下"的,同时也是"为学有渐"的。按照一个目标方向,拾阶而上,逐步靠近理解。在实际事态中,这种复杂概念所牵涉的永恒客体的个体本质形成了一种美学的综合体。这种综合体能产生一种"事态—自为"的经验。当我们经过一系列的阶段向可能性领域中得出的一定抽象样态前进时,在思想上便要经历一系列愈益提高的复杂性等级。其中,较高等级会出现对较低等级的复现。"习,重习也。时复思绎,浃洽于中,则说也。"说见《论语》,学者于所学之事,时时往来绎绎,不骤不辍。久而久之,圣贤所言义理,思量透彻,乃有所得。譬之浸物于水,水若未入,只是外面稍湿,里面仍显干燥。必浸之久,透内皆湿,自然悦豫也。

怀特海认为,创造性活动的自然搏动是历史事实的自然单位。按照这样一种积极建设性的观念,我们永能在一个看似重复的事件当中产生新发现和新希望,甚至会在重复了很多次之后仍有发现新大陆的感受。比如在一个自我更新的故人身上,看到了从未发现的让人眼前一亮的新品格。比如看一本看过了很多很多遍的书,有时会感觉到这一次读书挖到了宝。**"读书千遍,其义自见"并不意味着前面的九百九十九次是无用的,而是意味着这种重复是创进性的。**

教育更是如此,每一个心智发展的周期都不是均匀前进的。教育者必须把握住教育的节奏,有效地进行教学。

1.4 怀特海自身显现的审美、理性和具体化①

怀特海的个人生平堪称一部精神发展史。怀特海在《自传》中谈到:"这些个人回忆的重点在说明我人生中有哪些有利的因素,帮助我发展潜在的能力。"②如果我们能够学习与领会怀特海精神发展史当中那些生机活泼的要素,我们对课程、对教育就会有更为宽广而深刻的理解,进而绵延为我们教育善好的种种可能。

一、怀特海那审美性的精神发展史

怀特海身上有一种壮阔之美。有时我们临大山、涉大川,或者看到壮美的草木生灵,忍不住赞叹:"太美了!"我们实际上是被这种美背后的力量震撼了,被有生自然的强度给震撼到了。怀特海的生命强度所返照的美,就如同这山河壮阔,让人赞叹:"太美了!"

美的各个不同的类型中,又有着不同的层次。那些能够被人们发现的美,背后都会有着力量——实现其美并且约束其美的力量。与其思考我们如何去培养怀特海这样的人,不如我们去创建一种利于"怀特海"成长的外在环境,美的教育背景。

正如怀特海所言:"这种美的背景是教育中的一个要素,正如解释惯性和潜在的理想主义。如果没有认识到教育阐明了我们下意识的生活中一个始终存在的梦想世界,就不可能理解什么是教育。"③

---

① 此节内容多出自《怀特海文录》中《往事随想》篇章,包含《自传》《回忆》《一个英国人受到的教育》《英格兰、英吉利海峡和爱尔兰海》《呼吁保持明智》五则。
② [英]怀特海. 怀特海文录[M]. 陈养正,王维贤,冯颖钦,刘明,译. 杭州:浙江文艺出版社,1999:14(稍有修改,陈养正版原译为"这些个人忆旧情怀的要点是我生活的有利环境挖掘潜能的方式").
③ [英]怀特海. 怀特海文录[M]. 陈养正,王维贤,冯颖钦,刘明,译. 杭州:浙江文艺出版社,1999:36(篇名《一个英国人受到的教育》).

1. 美妙的英国古典家园

怀特海于 1861 年 2 月 15 日生于英国肯特郡。由于年幼时身体脆弱,由父亲为其教读。10 岁起学拉丁文,12 岁起学希腊文。除了兄长的陪伴之外,一位老园丁还常带他去户外活动,使他的生命富于活力。老女仆惠雪,为蜷缩在炉火旁的膝垫上的怀特海朗读狄更斯的小说。他享受过家庭成员给予的爱,也享有好的家庭教育环境,那是一段欢乐温暖的日子。童年是人生宝贵的记忆,对比罗素不幸的童年、混乱的婚恋和时常涌动的要自杀的念头,而怀特海始终保持着生命的热情,不难理解美好的童年对任何一个人的意义。

风景如画的肯特郡是怀特海童年生活的美的背景。此地滨海,是兵家征战的要道,留有许多古迹。幼年的怀特海就随处可见古罗马城堡的断壁残垣、诺曼式的壮丽建筑,也会游历奥古斯丁首次讲道之处。3 岁时的秋天(1864 年),怀特海亲见了白金汉宫、荒疏政务的维多利亚女王以及她的卫队,以孩子的目光抓住了历史盛大场面的一瞥。深刻的历史感不需寄赖后天的灌输,从小的耳濡目染如烙印一般驻留于怀特海的内心。

他出生在一个从事教育、宗教和行政管理的家族,祖辈父辈在教育管理上卓有成就。其父与坎特伯雷的大主教泰特交往甚笃,并深受广大民众的爱戴。父亲在担任牧师后响彻教堂的传道声,父亲对宗教的虔诚,对怀特海有很深的影响。怀特海深切地意识到,他不是因为他父亲有知识才敬重父亲,而是以父亲关心当地事物的个性起到主导作用。若说怀特海日后追求的是一个万在有情的和谐世界,那么他第一次领略"和谐"一词的涵义也是因为他的父亲。当旧约派的父亲去为洗礼会派牧师离世而诵经时,英格兰人在宗教上的强烈对立情绪和人际之间的亲密情感使怀特海深受震撼,这使怀特海对教育和历史产生了兴趣。

2. "一便士阅读"

19 世纪中叶,受到民主运动的影响,英国的文化经历了大约 50 年的改革,其中的一个现象就是"一便士阅读"。在坎特伯雷行政堂区的教室里,每天晚上都有"一便士阅读"的活动,人们可以只花一便士阅读众多文学佳作中精选的读物,这一便士的收益用于支付煤气费和管理员工资。在那时的英国,教堂是培育进入人类生活中的深层的最高价值的全国性机构。作为阅读的休息,中间还会安排两三次带有钢琴伴奏的歌咏和独唱以及小提琴独奏。行政堂区还会为参加"一便士阅读"的读者寻求名家人物,比如受人尊敬的牧师、医生、律师,就文学问题的为大家做出释疑。怀特海的父亲就经常充当"一便士阅读"活动的释疑者或主持人。

这种教育面向一切人。怀特海在《回忆》中记录了一位傻老先生,他每晚花上一便士来堂区的教室读书。与这位傻老先生同等阶层的人也可以接受教育,而不仅局限为受过高等教育的上层阶级。各个阶层的人都需要得学习足够的知识,得到智识的启蒙,才能推进社会的文明。并且教育也不仅仅是学校的事,"一便士阅读"无声地招引着人们终身性地学习。怀特海说:"我最宝贵的记忆之一是,在我有生之年,我已目睹英国的教育,以及它给英国人生活所带来的变化。"

3. "狭窄而适合现代世界"的基础教育

14 岁(确切地说差 4 个月就要 15 岁了),怀特海才开始接受正规的学校教育。学校在多赛特郡的舍伯恩镇,这里的地理、历史与人文同样利于人的成长。来自南大西洋的温暖而潮湿的风,使得多赛特郡土壤肥沃,富庶多产。若要种植灌木的话,随意哪一头插在地上都能够在一年内长到 6 英尺高。苹果园、林地、蕨类植物和草丘也自然很茂盛。这里民风淳朴,如果一个中学生在乡村路上要喝水就会得到免费的苹果汁。"人的性格大半归于地理",这样的地理大半也可用以归因一所学校的"性格"。

舍伯恩学校由圣阿尔德海姆所建,与杰出的学者阿尔佛列德王也颇有渊源。因为爱德华国王六世在 16 世纪改建了这所学校,学校里的学生又被称之为"国王的学子。"新房屋也被修成古式的,用古老的石料建造。校钟是破旧的,叮当响着,它是亨利八世从金衣农场带来的,是若干个世纪的生命的声音,因而成为学校的一项传统。这里还有另一项传统,那就是"最大的老地主"为一切付钱,有钱人担任校董事会的董事长,投资教育慷慨大方。支配着这个学校的与保守党为伍的最大的地主们都是有良知的人,他们知道如何培养有教养的人。——这一切莫不体现出英格兰学校教育中浸润着的优良的文化。

舍伯恩学校尽管处处闪耀着慈爱宽和的一面,却不会失之过柔。这里有着严格的班长制,对学生品德的管束可谓纪律森严。怀特海在舍伯恩上学时当过级长,是六位负责学校管理维持校规的高班生之一。作为学生领袖,他曾杖责过一个偷窃的儿童。如果不在全校面前杖责,那个偷窃的儿童就会被开除。

怀特海所受的教育是古典式的,怀特海坦言:一种古典式的教育对这些英国儿童的未来生活产生了极其实际的影响。怀特海认为他所受的基础教育是狭窄而适合现代教育的,因而也是幸福的。在那里,怀特海学习古典文学、历史、地理、数学和科学。舍伯恩学校给予学生运动和自修的时间,这时的怀特海已经是一个体育健将。在舍伯恩学校的最后两年,历任院长所住的房间成为怀特海的私人书房。闲暇时,他喜欢阅读华兹华斯和雪莱的诗篇。他凭直觉意识到罗马与英国人缺乏真正亲密的关系,而希腊人却占据着至高无上的地位。严格的古典博雅教育,奠定了怀特海日后的学术研究的基础。普莱士认为,多数科学家所学发生严重偏差的20世纪,怀特海在科学家与人文学方面所具有的良好的平衡正是他的特征之一,怀特海在舍伯恩学校的教育或许为其日后发展打下平衡的基础。

4. 大学教育——剑桥大学

1880年秋天,怀特海开始了他三十年未中断的剑桥大学生活。怀特海的大学时间是勤勉的,除了每天课堂学习之外,每天都还要花两三个小时的时间来学习数学。在剑桥大学,他先是当学生,后来当研究生,1885年获得研究生奖学金还获得了教学工作。

剑桥大学的正式教学由具有第一流能力的风趣的教师承担,怀特海对这些教师的教育很满意。尽管如此,怀特海仍直言:不能夸大受惠于剑桥大学在社会科学和智力方面的培训。怀特海所听的大课都是关于数学的,他从未进入过另一间大课教室,这不能不说是一种缺欠。怀特海认为剑桥大学的习惯做法只适用于非常专门的环境,即只适合第一流的天才,却未提供适合一般大学生的课程。

剑桥毕竟英才济济,学风醇厚。怀特海在剑桥的晚饭时光常常是与教授、同学高谈阔论的时间,一般从下午六七点钟一直到晚上十点左右。政治、宗教、哲学、文学,无所不谈,也因此读了大量各类图书报刊。那时怀特海对康德十分着迷,《纯粹理性批判》的一些段落几能成诵。每周六晚,怀特海还与师友们进行"使徒会"(Apostles),以柏拉图式的对话来切磋交流。核心成员是年轻的学人,然而一些史学家、法学家、科学家和国会议员们也如长了翅膀的天使一般,成为这个活动的资深会员。怀特海曾说,他之得益于交谈并不亚于书本中。

怀特海走的是一条漫长的成长路程,他的前半生都在扎实地积淀。他在剑桥大学的最后一个职位是高级讲师,那时他已经快50岁。剑桥大学期间,怀特海大量阅读,为建立自己庞大的哲学体系扎实准备,失眠曾严重困扰他。迁居伦敦后,有八年他居住在乔叟提过的老磨坊附近,那里有种古朴天然的美。或许因为这种美,怀特海的失眠渐渐消失。在伦敦大学期间,怀特海担任多项教育行政职务,经常参与伦敦高等学校教育的视导。哈佛大学的年代是怀特海创作最为高产的年代,谱出了最具创造活力的乐章。有一次,有人问他如何能够在哈佛任教却能按照每周一章的进度写完《科学与近代世界》,他回答说:"书上的一切,在过去四十年里都谈论过了。"

5. 来自妻子、学生的教育

妻子韦德有外交官家庭背景。妻子的审美趣味总是为其增添奇妙神秘非凡的魅力。怀特海的妻子之美,以及她的审美品位之高,曾令警察产生疑惑,向怀特海的女仆打听"他看到的是一个真人,还是圣母玛利亚。他简直不能相信穿着一身漂亮衣服的那样美的一个真人就会住在那里。"怀特海常言道,妻子的勃勃充溢的生命力刺激着他,使他懂得存在的目的就在于追求道德和审美方面的至善至美。在《自传》中,怀特海向妻子表达了感谢之情,感谢妻子"她以生动的生活教我:道德的、审美意义上的美是存在的目的,善良、爱、艺术上的满足是达至这种美的形式。逻辑和科学是相关模式的揭示,避免离题的空论。"

怀特海晚年著述不断,却从不觉得跟年轻人谈论是浪费时间。在哈佛,他每周至少三次演讲。他给学生讨论的时间不是二十分钟,而是一个下午或一个晚上。怀特海家的夜谈至少持续了十三年。巧克力饮料,饼干,彼此交谈,怀特海夫妇巧妙的鼓励,激发年轻人的思想火花。怀特海认为"从那里所得到的启发可以使人改变气质"。跟年轻的心灵接触,使自己的源泉长流不息。在《现代形上学的祭酒——怀德海》中记载,哈佛的同事哈金这样评价怀特海:"他来哈佛时已经六十三岁了,他比我们都年长,但是他很少作出年长的样子,他随和而热情地参加系里的活动,有位同事甚至说,怀特海是他认识的最年轻的人。他从未自以为是权威,当他说话时,他以一种平稳、平等的立场,而不带独断权威的口吻,此外,他经常带着机智的幽默。"[①]

1947 年,怀特海在哈佛大学去世,享年 86 岁。

二、骨质峥嵘的理性何以养成

怀特海甘愿大器晚成,不肯在思想不成熟时草率发表;宁愿撕毁不严谨的手稿,也不依仗自己的声望换取名不符实的喝彩;从不肯在出版物上印发自己的肖像……这个骨质峥嵘的怀特海让我肃然起敬,而这份敬意很美也很理性。

怀特海的一生并不是一首平和时代里的宁静悠长之歌。怀特海的人生,不是时下流行的"小清新""小确幸"式的人生。他经历过战争,并因此失去了一个儿子。他也经历过经济大萧条,见过那种民不聊生的惨剧。在这样的苦难之中,怀特海活过了他 86

---

① 朱建民. 现代形上学的祭酒——怀德海[M]. 台北:允晨文化实业股份有限公司,1982:25.

岁的人生。在困境之中,怀特海有着超越直接现实性的气度,没有自怜自艾,而是让自己的生命强韧地活下来,并且保持了一个学者的积极和优雅。

1. 从悖论中发现万在有情

怀特海在《自传》和《英格兰、英吉利海峡和爱尔兰海》中,都记述了教区洗礼会牧师去世时,由怀特海父亲为他读《圣经》的往事。超越不同教派之间信仰与立场的差异,爱与关怀令人彼此理解。怀特海说:"这就是那个时代的英格兰,由当地具有强烈对立情绪和亲密同感的人物治理。这种看法是我对历史和教育产生兴趣的一个来源。"

若说怀特海日后追求的是一个万在有情的和谐世界,那么他第一次领略"和谐"一词的涵义也因为他的父亲。当旧约派的父亲去为洗礼会派(不同宗教派别)牧师离世而诵经时,英格兰人在宗教上的强烈对立情绪和人际之间的亲密情感使怀特海深受震撼,这使怀特海对教育和历史产生了兴趣。

我认为,怀特海的有机哲学和有机教育思想跟他从父亲那里获得的认识有一定的关联。这种关联不能被简化为单一的归因,但是从小习染父亲的行事,对于形成一个骨质峥嵘的怀特海不无益处。来自父性的教育,让怀特海拥抱那些既强烈对立又亲密同感的人,以一种类似中国"天下兴亡,匹夫有责"的心态积极参与政治事务,坚决守持观念同时包容观念不同的他者,始终处于仁爱、理性的状态。

怀特海希望教育能够培养既有专业知识又有广泛文化的人,其实学识的精专与广泛就是既有冲突并且亲密联系的,是一组关于生命经验的窄度和宽度的悖论。教育节奏中,自由和训导也是强烈对立而又亲密统一的。自由会激发想象力,但容易失之散漫无着;训导能够约束、节制,但是可能会阻碍想象性热情的发挥。就连浪漫—精审—贯通也是这样,强烈对立而又亲密统一。在我们对某一个事件处于精审的时候,无意中对别的事件产生了新的浪漫,这时候是要专心致志地不忘初心,还是另辟蹊径来异曲同工呢?在精审阶段的末尾,既有付诸实践的冲动,又有新的浪漫产生,这时要追求行动还是追求进一步的理解呢?

怀特海意识到:喜与忧,善与恶,分与合,流动与永恒,伟大与卑微,自由与必然,等,都是对立的。包括新年的时候,我们说:"新年快乐!"我们既希望季节更替带来新的希望,同时又唯恐失去过去的联系,希望能够保持一些稳定的事实——友谊、爱情和同伴。怀特海没有在对立中陷入撕裂,而是积极地走向了有机哲学,在《过程与实在》中,他提出,光有秩序是不够的,所需要的是某种更为复杂的东西。那就是具有新颖性的秩序。真正的"有机",不是回避差异,不是掩饰冲突,不是抹平对立,而是把不同的观点和要素做出美善的调和。

2. 奇异的调和

怀特海在舍伯恩上学时当过级长,是六位负责学校管理维持校规的高班生之一。舍伯恩学校尽管处处闪耀着慈爱宽和的一面,却不会失之过柔。这里有着严格的班长制,对学生品德的管束可谓纪律森严。在《一个英国人受到的教育》中,怀特海记述了这样两件惩戒的事件。一个是"当我担任学校的'头头'时,我曾在全校师生员工面前杖笞一个偷窃的学童",因为校长说,如果不这样就要开除这个学童。另一个是"我记得我打了一个大孩子的脑袋一巴掌,因为我看见他拧一个小孩子的胳膊;但后来我向他道歉,因为我发觉那个小孩子管那个大孩子叫'瘦猴队长'——这在英国的学校里是不允许的无礼行为"。

我们可以看得见惩戒,然而这些惩戒是有理有节的,并不关联飞扬跋扈的态度和高人一等的特权。我们甚至可以透过这些惩戒,看到背后的关切与温润。在这里,真诚自然的惩戒,呈现出一种奇异的调和。

3. 被赋予的温和音调

怀特海的父亲年轻时骑马打猎,晚年时为年轻人洗礼,在教堂布道,也在群众大会演讲。他父亲的精神状态如此亲和,赢得了东肯特郡人的喜爱,很多村民会挤在教堂里听他演讲,镇民们会从几英里远走来听他演讲,度假的伦敦人也常常出现在教堂里听他演讲。怀特海的父亲差不多是那个时期老学派神职人员的一个缩影,他们了解人们生活境况、提出友好的建议、设法使每个孩子都能上学。怀特海称其父亲"具有了一个常常担任领导者的一切思考习惯,并非因为他想要那样做,而是因为那样做是一件自然的事情"。

在这些自然而然的习惯之中,有一个值得注意的点,那就是怀特海父亲的音调。怀特海说自己的父亲:"他完全不善于'提高'音调。实际上他不愿意那样做,而直接用撒克逊人的活力表达他的意见,在他那一代人中,已被赋予了温和的音调。"

在《一个英国人受到的教育》中,怀特海说道,当我们讨论国家的不幸时,要知道受到时代与环境的限制,"每个国家总有它自己的不幸"。怀特海提出,讲到国家生活的一个方面,必须阐明两点:"为什么这个国家像它现在这样好,为什么这个国家现在这样不好。如果谈论的是我们自己的国家,那么这种联合的复杂的事实是,我们爱的这个国家既有优点又有其缺点。我们潜在的理想建立在我们能清醒意识到,我们爱的这个国,何以如此好,何以不够好。"受过教养的心智至少应该使人被赋予温和的音调。

或许温和的音调恰能体现力量的控制,既不是沉默无声,也不是歇斯底里的嘶吼。最有力量感的人,最善于持以温和的音调。论语里形容孔夫子"温而厉,威而不猛",大约也是类似的道理。

4. 从"臭鸡蛋"和"烂橘子"里看见活力

在政治事务方面,怀特海不会漠不关心。他不是一个闷声不语的自了汉,也不是随风倒的人,他旗帜鲜明地拥有自己的主张,认真地表达自己的立场。

怀特海在剑桥大学求学期间,参加了大量政治上的辩论。在妇女解放运动中,怀特海支持大学中男女平等地位,例如为女性争取上大学的权利。大概是在 1898 年,"但暴风雨般的讨论和学生们聚众闹事之后,我们失败了"。在自由党和保守党的争斗中,怀特海一直站在自由党温和派一方。从这样严谨的表述中,我们可以想到,自由党中应该是还有比较激进的派别,怀特海不是支持所有的自由党,而只是支持自由党的温和派。怀特海很认真地决断自己站在哪一方。

在《自传》中,怀特海写道,剑桥会馆的一次集会中,新工党领袖基尔·哈迪(Keir Hardie)发表演说时,闹事的大学生朝他扔烂橘子。烂橘子没有打中基尔·哈迪,却打中了坐在讲台上的怀特海和他妻子。但是我们来看怀特海的态度,他说:"臭鸡蛋和烂橘子是正当的有效武器,我时常遭其劈头盖脑的袭击。但它们是活力的象征而不是坏感觉的象征。"《观念的历险》中有一章叫《自由的方方面面》,怀特海也谈到:"因为所有的组织都有可能衰亡,允许外界的批评是对专业工作的最好保护。"

臭鸡蛋和烂橘子是什么呢?不是枪弹、不是火、不是刀剑也不是大棒。在被击中的人身上,不会产生致命的伤害——这是一条底线。即便是强烈对立的人,也去保全这个人的生命安全,尊重这个人活着的权利,这是一条底线。

但是,投掷者通过使用臭鸡蛋和烂橘子表达了情感。一个人的情绪是个体性的,可能对时代与世界的影响不大。但是群体性的情绪和意见,可能会引起理智的思考。在这样的看似带来破坏感的事件中,可能会引发调整和改变。不满的人通过扔臭鸡蛋和烂橘子,情绪得到了一定的纾解。与此同时,被砸臭鸡蛋和烂橘子也不一定是坏事。被投掷了臭鸡蛋和烂橘子的人也很可能因此改善自己,而最终赢得人群的支持,赢取选举最终的胜利。怀特海能够从臭鸡蛋和烂橘子里看见活力,也给我们带来启示。可错、可修正的系统,永远具有生机和活力。

5. 战争中肯特郡人的倔强

怀特海说:"人的性格大半归于地理。"怀特海身上有着肯特郡人的倔强。生,则尽力生长;死,也无所畏惧。为了社会的安定,不畏牺牲但也珍惜牺牲,运用智慧免于社会和人民蒙受不幸,在灾难中积极寻找应对之道。

英吉利海峡和爱尔兰海是一个短语,那个地方单从地图上看似乎容易穿越,但是实际上罕有征服者。雾和大风,使得英格兰人有四百年蛮族经历。风和洋流把人带到险境。夹雪夹雨的雾和让人睁不开眼睛的大风暴使人不辨方向。在大风浪来临时,你无法信赖船桨,因为无法逆风航行。能够在这样险峻的环境中生存,性情之中可能就带着某种骁勇和强韧。

处变不惊的果敢,是那个时期的英国人的精神风貌。

怀特海在《英格兰、英吉利海峡和爱尔兰海》中描述了可怕的场景。第一次世界大战期间,在怀特海出生的那个房屋上落下一颗炸弹,一颗在他童年游玩的花园里,还有一颗是怀特海小时候上船去游泳的码头上。这听起来实在让人害怕。任何人都有足够的理由因为惊恐而离开这里,但是东肯特郡人没有,他们不搬家。他们把炸坏的窗玻璃修整一下,继续住在那里。

有一天,约克郡的斯卡伯勒镇的海边出现了三艘德国巡洋舰,6点钟开始,向他们炮击了一个小时。那天上午9点到12点就是当地学校儿童的大考。地方政府从来没想因为早晨的炮击而推迟考试,而这些父母们也没想让孩子们离校回家,孩子们自己也没有放弃考试。镇民们继续做他们的日常工作,一如往常。

这个事件最后的结果是:英国的护卫队也及时赶来了。到了学生大考的时候海上大雾弥漫,护卫队和德国军人彼此看不见,也没有彼此的枪炮攻击。像被大雾庇佑了似的,在一片安宁中,学生们完成了大考。

在战争中如此淡定,他们是不是对生命无所谓呢? 他们是不是失去生命也不顾惜呢? 不是的。对死的从容,往往关联着对生的格外珍重。

在《教育与自我教育》中,怀特海说:"正是为了你们,我们的海军战士夜以继日地注视着大雾迷茫的北海;正是为了你们,我们的陆军冒着千难万险战斗在法兰德斯的坑道里;正是为了你们,我们的空军战士无所畏惧地搏击在硝烟弥漫的长空。死,为了你们;苦,为了你们。正是对你们生命的承诺使得他们奉献价值连城。""你们一定要为这些英雄们建一座纪念碑,它将千秋万代,巍然屹立。你们每个人的血肉之躯便是这座纪念碑的磊磊岩石! 这座纪念碑是世界的未来。它将是怎样一个未来呢? 这取决于你们如何度过自己的一生。"

怀特海不是追求虚无缥缈德性的精致者,不是贩卖教育情怀的高手,他非常需要教育有用,他需要教育使自己的国家在国与国的竞争中胜利。读怀特海,常常都可以读出他对教育的沉甸甸的期待。

6. 懂得社会的重要性

在怀特海所处的年代,英国还是以王室来统治。王位是按照王族血缘关系来世袭的,不是人们选出来的优秀领导者,而只能在王室有限的几个人中间选择继承者。所以,在某些时期里,王室成员的领导能力可能不那么强大,甚至也可能有一些丑闻,例如赌博。但是人们忠实地簇拥着这个王权。而因为人们忠实的拥护,稚嫩的王权也得以好好地维系了社会的稳定。这些忠实者之中,一部分受到尊敬的自由派小团体充当着使英格兰保持稳定的最重要因素。

每次内阁会议,自由党领袖格莱斯顿先生就毕恭毕敬、以极其庄严的态度从公文包中拿出女王的信,在众人面前,缓慢而洪亮地朗诵。读完信后,再庄严地收起来,把信放回公文包。这一切就像是一种充满神圣感的礼仪,给予王室至高无上的尊重。

而会议之后,这些内阁成员们进行工作,不再涉及这封信,也不再提及这封信。

训练有素的内阁成员们,坚定不移地进行工作,处理一个个棘手的事件,在实际中将大事化小,防止小的困难发展为大的危机。自由党内阁们深知,"愚昧是最昂贵的奢侈品",不能让社会和人民为愚昧买单。这些内阁成员们的行政能力真让人惊叹。但是我们注意到,这些自由党内阁们清醒地认识,社会的重要性高于政治的重要性。他们不逾矩,不会居功自傲地指摘王室无能,更不会因为王室无能而反叛以至于引起社会混乱。比起自己的官位,他们更重视社会的安定。或许这种做法就是怀特海所说的"智慧行于前,权力步于后"。

这些事,是当时一位内阁大臣的儿子亲自告诉怀特海的。这是怀特海身边非常切近的一个人生范本。一个人听过这样的故事,也必定会受到正向信念的激励,爱他的国,也爱和他一国的人民。更重要的是,知道应该怎样去爱,这样才能奋起学习、敏而行之。

7. 对经济危机的审美反思

西方历史上,发生过严重的经济危机。而事实上,经济危机并不仅仅是经济方面的危机,社会生活的每一个角落都会受其影响。怀特海以忧伤的笔触描述了经济危机的场景。失业危机蔓延,人们的不满情绪如同随时爆发的火山。一个人不去排队领取救济失业工人的面包,算是上上大吉了。从较高层的经理到最低级的雇员,这时,对任何一个(与这场经济危机)有关的人,真正是毫无自由可言了。在所有城市里,几乎每个人都是雇员,按照雇主制定的章程出卖自己的劳动时间。当劳动时间无法出卖,没有金钱可以支配,西方崇尚和宣扬的自由变成了一纸空谈。

实体思维统治下的世界,人们过分相信看得见摸得着的东西,在现实受挫的时候就会陷入理想的破损。因为没有砖瓦就不能造屋,没有基础就不能建筑。

在面临困境时,信仰和信念是真正的救赎,使一切朝好的方向流变。如果能以一种有机的视角预见未来的发展,民众同心同德,危机也可以转危为安。

经济危机肯定有技术性失业这方面的原因,随着工业的现代化,机械自动化,需要的工人变少了。

但是,怀特海理性而清晰地意识到,工业模式下经济危机的爆发,需要从普通心理学、工业心理学、群众心理学等多个角度去分析,它还涉及到满足人类需求的审美机制。大公司要把产品推销给买主,最直接的手段不是宣传自己的产品,而是导引消费者的审美,让他们接受千篇一律的商品。比如,这一季流行蓝色,只有穿着蓝色的人才时髦,其他颜色都不时兴了,穿其他颜色的人就会显得没有跟上潮流的步伐。个性式微,人类原本应该丰富多彩的感情色调黯然失色。大公司扼杀个性,导引潮流,小公司跟风操作,引起粗制滥造和库存积压。不消费又会减轻生产,而不生产也就没办法消费——可供支出的钱一旦受到控制,没什么再能刺激消费了。最终引起了商业的萧条,一方面是物资严重过剩,一方面人民生活所需品严重不足。

或许因为如此,在《教育的目的》中怀特海谈"风格",谈对差异性的尊重。风格是人类智慧、道德和美的最终的归宿。比起空泛地谈论道德,恢复对风格的认知,恢复审美经验更重要。当人的审美千篇一律,人与人之间的差异被消除,人几乎被物化了,就没有道德可言。为什么有的人能对他人的痛苦视若无睹?为什么有的人能高高凌驾于他人之上?因为他感受不到别人的独一无二的珍贵。

三、把观念转为具体化的历险者

怀特海的哲学思考不可谓不大胆,读来时有振聋发聩之感。但是,怀特海的学术品格也是谦卑的。"大胆"与"谦卑"是一对非常好的组合,谦卑而不至卑微琐屑,大胆而不至于迷狂恣肆。唯有大胆谦卑的学者,能够开启观念的勇敢冒险,推动这世界的创造性的进展,同时维持平和。

怀特海大胆而谦卑地把他的观念转化为具体化的实践,他用他自己亲身的智识历险和生命历险作为范本,言行一致地昭显自己的有机圆融的理念。这种具体化的力量表现在他撰写出的大量的著作上,也表现在他担任的诸多职务和承担的社会责任上,更表现在他思想对社会的影响和改造上。

1. 丰富的著述与大量重要的社会工作

怀特海无论作为哲学家、数学家还是教育家,都著述丰富,而且那么丰厚、那么饱有生命的热力。无论作为一个整全的人,作为一个伟大的人类之师,作为一个集大成的有机哲学家,怀特海都让人倾慕和深思。

从维克多·洛所著《怀特海传》中可知,怀特海已经撰写出来却没有出版的文章还有很多,因他本人不满意而撕毁的手稿也多到无法计量。

即便如此,怀特海仍有大量文字刊印出来。据**陈奎德所著《怀特海哲学演化概论》**(以首次发表的年代为准,截止于 1953 年。个别著作或文章题目有改动)所载,怀特海发表了如下文章和著作:

1879—1880 年

《社论》(发表于舍本杂志,1879—1880 年怀特海在舍本学校任该杂志编辑)

1888 年

(1)《论不可压缩的粘滞流体的运动,一种近似方法》(《纯粹与应用数学季刊》,1888 年第 23 卷,第 78—93 页)

(2)《粘滞流体运动的第二种近似算法,在直线上圆球的稳定运动》(《纯粹与应用数学季刊》,1888 年第 23 卷,第 143—162 页)

1898 年

(1)《普遍代数论》(剑桥大学出版社)

(2)《非歌几里德空间的表面测量几何学》(《伦敦数学学会会议录》,1897—1898年第 29 卷,第一部分)

1901 年

《符号逻辑代数的论文报告》(《美国数学杂志》第 23 卷,1901 年第 2 期)

1902 年

《论基数》(《美国数学杂志第 24 卷,1902 年第 4 期)

1903 年

《关系逻辑、逻辑代换群和基数》(《美国数学杂志》第 25 卷,1903 年第 2 期)

1904 年

基数定理(《美国数学杂志》第 26 卷,1904 年第 1 期)

1906 年

(1)《射影几何学公理》(剑桥大学出版社)

(2)《论物质世界的数学概念》(《伦敦皇家学会哲学学报》A 辑,第 205 卷)

1907 年

《画法几何学公理》(剑桥大学出版社)

1910 年

(1)(与 B·罗素合作)《数学原理》第 1 卷(剑桥大学出版杜)

(2)(与 B·罗素合作)《非欧几里得几何学》(不列颠百科全书"几何"条目的第 6 部分,剑桥大学出版社)

(3)《几何学的公理》(不列颠百科全书"几何"条目的第 7 部分,剑桥大学出版社)

1911 年

(1)《数学导论》(编入《国内现代知识大学丛书》第 15 号)(伦敦,威廉与诺尔吉特出版社;纽约,亨利·霍尔特公司出版)

(2)《数学》(《不列颠百科全书第二版》第 17 卷,剑桥大学出版社)

1912 年

(1)(与 B·罗素合作)《数学原理》第 2 卷(剑桥大学出版社)

(2)(与 B·罗素合作)《数学原理》第 3 卷(剑桥大学出版社)

(3)《与基础教育有关的数学原理》(第 5 届国际数学会议论文,后由剑桥大学出版 1913 年出版)

(4)《自由教育中数学的地位》(英国东南部数学收师协会杂志第 1 卷,1912 年第 1 期)

1915 年

《空间、时间和相对论》(《亚里士多德学会会议录》,第 16 卷,第 104—120 页)

1916 年

(1)《教育的目的——改革的必要》(《数学公报》第 8 卷,1916 年 1 月)

(2)《思想的组织》(《不列颠科学促进协会第 86 届会议报告》)

1917 年

(1)《思想的组织——教育与科学方面》(伦敦,威廉与诺尔吉特出版社)

(2)《技术教育及其同科学与文学之关系》(《技术杂志》第 10 卷,1917 年 1 月)

1919 年

(1)《关于自然知识原理的研究》(剑桥大学出版社)

(2)《专题论文集——时间、空间和物质:它们是否是,如果是,又是在什么意义上是科学的终极材料?》(《亚里士多德学会特辑》,第 2 卷,《科学与哲学问题》)(同 Sir Oliver Lodge, J. W. Nicholson, Henry Head, Mrs. Adrian Stephen, and H. Wildon Carr 合作)

(3)《科学中的革命》(《民族》第 26 卷,1919 年 11 月 15 日)

(4)《教育的基本原理》(《不列颠科学促进协会第 87 届会议报告》)

1920 年

(1)《自然的概念》(剑桥大学出版社)

(2)《爱因斯坦的理论:一个供选择的方案》(《时代教育增刊》,1920 年 2 月 12 日)

1921 年

《普通教育中的科学》(《第二届皇家大学会议录》)

1922 年

(1)《相对论原理及其在物理科学中的应用》(剑桥大学出版社)

(2)(同 H. Wildon Carr, I. P. Tunn, Dorothy Wrinoh 合作)《讨论集:1. 爱因斯坦理论的唯心主义解释》(《亚里士多德学会会议录》,第 22 卷)

(3)《相对论原理的哲学方面》(《亚里士多德学会会议录》,第 22 卷)

(4)《齐一性与偶然性》(《亚里士多德学会会议录》,第 23 卷)

1923 年

(1)《教育中经典著作的地位》(《希伯特杂志》第 21 卷,1923 年 1 月)

(2)《第一次物理学的综合》(伦敦,牛津大学出版社)

(3)《对自由与纪律的协调并举的要求》(《希伯特杂志》第 21 卷,1923 年 7 月)

(4)(同 H. Wildon Carr, R. A. Sampson 合作)《专题论文集——同时性问题:在考察"测量时间"与"经历时间"的关系时相对论原理有矛盾吗?》(《亚里士多德学会特辑》,第 3 卷,《相对论、逻辑和神秘主义》)

1925 年

(1)《科学与近代世界》(纽约,麦克米兰公司出版)

(2)《宗教与科学》(《大西洋月刊》第 136 卷,1925 年 8 月)

1926 年

(1)《宗教的形成》(纽约,麦克米兰公司出版)

(2)《一个英国人的教育》(《大西洋月刊》第 138 卷,1926 年 8 月)

(3)《时间》(专题论文,第 6 届国际哲学会议,在哈佛大学召开,纽约与伦敦,朗曼,格林公司 1927 年出版)

1927 年

《象征,它的意义和作用》(纽约,麦克米兰公司出版)

1928 年

《大学及其功能》(《大西洋月刊》第 141 卷,1928 年 5 月)

1929 年

(1)《过程与实在》(纽约,麦克米兰公司出版)

(2)《理性的功能》(普林斯顿大学出版社)

(3)《教育的目的以及其他论文》(纽约,麦克米兰公司出版)

1931 年

《论预见》(为 W·B·Donham 写的导言,纽约,麦克劳·希尔图书公司出版)

1932 年

(1)《客体与主体》(《哲学评论》第 41 卷,1932 年 3 月)

(2)《纪念 A·N·怀特海 70 寿辰专题论文集》(内有怀特海的答复,坎布里奇麻省哈佛大学出版社)

1933 年

(1)《观念的探险》(纽约,麦克米兰公司出版)

(2)《对过去的研究——它的用处和它的危险》(哈佛商业评论,第 2 卷,1933 年 7 月)

1934 年

(1)《自然和生命》(芝加哥大学出版社)

(2)《序言》(为 W.V.O·蒯因的著作《逻辑学体系》而作,哈佛大学出版社)

1935 年

《哲学的目的》(《哈佛校友晨报》第 38 卷,1935 年 11 月 15 日)

1938 年

《思维方式》(纽约,麦克米兰公司出版)

1939 年

(1)《对健全心智的呼吁》(《大西洋月刊》第 163 卷,1939 年 3 月)

(2)《约翰·杜威及其影响》(载希尔普编《在世哲学家文库:约翰·杜威的哲学》卷 1,伊文斯顿和芝加哥,西北大学出版)

1941 年

(1)《自传笔录》(载希尔普编《在世哲学家文库:阿尔弗雷德·诺尔司·怀特海的哲学》卷 3,西北大学出版)

(2)《数学和善》(同上)

(3)《不朽》(同上)

1942 年

《治国之才与专业化学习》(《美国艺术与科学学会会议录》第 75 卷)

1945 年

《前言》(为威廉·摩尔根的著作《故事和童话的组织结构》而作,摩尔根运用了《过程与实在》中的概念和术语来解释传说和童话的发生。《美国民间传说杂志》第 58 卷,第 229 期,1945 年 7—9 月)

1947 年

《科学与哲学论文集》(纽约,《哲学丛书》,1947)

1953 年

《阿尔弗雷德·诺尔司·怀特海选集》(F·S·C·诺瑟普与 M. W·格罗斯选编,剑桥大学出版社)

　　日本的怀特海研究学者**田中裕**,根据维克多·罗的《怀特海传》①编成了怀特海的简略年谱,附在其著作**《怀特海——有机哲学》**后面。我据此整理,也结合**朱建民**所著**《现代形上学的祭酒——怀德海》《怀特海文录》**,得出怀特海所担任的一些职务、社会工作和重要荣誉:

　　1885 年　剑桥大学三一学院特别研究员　剑桥大学主任讲师

　　1887 年　剑桥大学硕士学位

　　1905 年　剑桥大学博士学位

　　1911 年　伦敦大学综合学院应用数学讲师(1910 年就职伦敦大学,但没有获得正

---

① 田中裕所指的《怀特海传》已经由杨富斌、陈伟功翻译,由商务印书馆在 2018 年 11 月出版。

式教职）

1913年　数学学会伦敦分会主席

1914年　帝国科学技术学院教授

1916年　英国数学家协会会长

1919年　伦敦大学理学院院长　伦敦大学的评议会主席

1920年　曼彻斯特大学名誉博士

1922年　获得首届"詹姆斯·斯各特"奖

1924年　哈佛大学哲学系教授

1931年　英国研究院会员

1933年　美国哲学学会东部分会会长

1945年　获得不列颠荣誉勋章

2. 挑战所处时代的教育观点

关于课程，怀特海卓见堂堂。可惜的是，怀特海的有机课程思想是一个尚未被充分认识的领域，怀特海在课程论领域的地位没有得到足够的尊重。有的怀特海研究者倾向于以东方哲学的视角解读怀特海，使人产生一种错觉——认为怀特海的课程思想昭昭玄玄，游离于真实课程之外，缺乏实用理性。直至今日，他会被视为教育家立场的文明批评家、教育哲学家、教育家，但鲜少被视作课程学家，这是国人本可领受嘉惠的一种缺损。事实上，怀特海的思想很严谨，注重逻辑。他的课程思想也很富有启示性。应该彰显怀特海课程思想（尤其是理性和实用的向度），这是课程论研究者，尤其是怀特海有机课程思想研究者需要肩负的使命与责任。

聊举几例怀特海具有先锋特征的课程观点，不仅在他所处的时代很有创新性，甚至在现在看来也很新颖。

无论是东方还是西方，教育始终多多少少地都有一种追求"无用"的倾向，施行教育谨以用来修缮德性，似乎为了什么具体用处而学习就显得太过功利化了。怀特海直言不讳地说："学究们讥笑有用的教育。但是如果教育没有用，教育是什么呢？教育要培养只能藏在尿片里的才能吗？教育当然应该是有用的，不管你的生活目标是什么。"

怀特海批判犬儒学派的观点。犬儒学派认为：学生们无论学什么，最后都会忘记的，因此让学生们学什么都无所谓。这种观念现在也仍有一定的通行度，有的人会侃侃而谈，教会学生什么并不重要。他们错了，教学生学会什么也是很重要的。怀特海认为犬儒学派这种观点是建立在伪心理学基础上的。就算我们教授给学生过程与方法、情感态度与价值观，基于那些基础知识和技能来教也是不可分割的教育要素，是有机关联在一起的。怀特海提出："要正视安排一门课程具体课时应当遵循的原则。""我们认识到，在课程表的调整中，只就应当讲授某种规定的课程取得一致意见是不够的。我们必须提出许多问题并做许多实验才能确定这门课程同影响学生的各种因素之间的最佳关系。"

很多时候，教育改革就如同大山临盆生下一个小耗子，声响很大但是并没有实质改变，只是添了几门无关痛痒的补缀课程。如果一所学校，说学生体能差，就添一门体能训练的相关课程，两周上一次或者一个月上一次，这门课程就变成了装点这所学校全面发展学生智能的脂粉。怀特海说："只是增加了几门课程，是无法实现教学改革任务的。"

在《教育的目的》中，怀特海常常提及"他们通过接触学习"。怀特海认为，教师要"使学生养成掌握第一手资料的习惯"。我们可以用这种观念来对比一下故纸堆里寻求学问的课程思想，也可以拿来对比一下杜威的"做中学"。"接触"学习和"直接经验化"还是有区别的，可以仔细体会。如果人人都是圣经中那活了969岁的玛士撒拉，那么人人都应该有好的教养。问题在于，我们的生命有涯而学习无涯。更好地协同教育经验，何时直接地探究，何时接触材料，何时仅掌握第二手的资料，才能得到更好的教育效果，这是作为课程实施者的教师和课程研发者需要思考的具体问题。

怀特海鄙视言辞热切而行为空洞的"教育修辞术"[①]，他强调："在实施课程时需要教师顽强的工作，并具有确切的知识，避免讲授枝节，避免高谈阔论。"怀特海多次主持招聘教师，他说："如何区分大声喧哗和精力充沛，如何区分滔滔不绝和戛戛独造，如何区分智力不稳和才华冠世，如何区分偌大书本和真才实学——再没有什么比这更困难了。"[②]有时教师群体会有这样一种倾向：瞧不起只讲确切知识的教师，觉得这样的教师没有真才实学。瞧不起顽强工作的教师，觉得这样的教师缺乏才华。但是教育最终得以维系往往就是因为有这样的顽强工作的教师，以及他们传授的确切的知识。高谈阔论地卖弄文辞，消耗学生的时间精力在一些枝节之处，是对学生生命的浪费，也就失去了教育的本意。吊诡的是，我们的教育现实中，那些缺乏真才实学却大声喧哗、高谈阔论的教师，往往成为名师。

怀特海还有很多富有启示的观念，无法一一枚举。读者可以慢慢阅读他的著作，

---

① ［英］怀特海. 怀特海文录［M］. 陈养正，王维贤，冯颖钦，刘明，译. 杭州：浙江文艺出版社，1999：130.
② ［英］怀特海. 怀特海文录［M］. 陈养正，王维贤，冯颖钦，刘明，译. 杭州：浙江文艺出版社，1999：160.

留待慢慢自己发现。

3. 对旧哲学的批判与建设

怀特海是一位大胆而谦卑的哲学家,他的机体哲学实际上是对支配西方哲学史的两种宇宙论做出批判,并提出新的宇宙论。陈奎德评价说:"他(怀特海)的思维方式不是线性的,而是立体的;不是从几条第一原理出发,进行有序的演绎推理从而构筑一个庞大的逻辑体系,而是不断地变幻自己的观察角度和思维角度,多角度错层次地去探究同一对象,去考察分析已被接受的先定前提,从而得出自己的一个比一个更为深入的概括。"

整个西方哲学都是柏拉图哲学的注脚,怀特海自己也深受影响。怀特海在《过程与实在》前言的注解中写到,其好友 A·E·泰勒教授所著《柏拉图:生平及其著作》出版较晚,所以无法引用(除一个小小附注),但是颇受教益。

但是怀特海多次指出柏拉图的不足之处。怀特海有这样一篇文章叫做《论不朽》。"人的不朽"是一个伟大的命题、当讨论这个命题的时候,需要考察其对立面"必朽"来理解它。人作为有死者,终有一死,如何获得不朽呢? 所以怀特海提出"两个世界",一个世界强调必朽事物的复杂性,叫活动世界。活动世界是一个创新的世界,创造性的世界。通过创造过去和预期未来创造现在。强调持续的世界是价值世界,价值在本性上是永恒和不朽的。必朽事件分享了某个价值的不朽性,所以某个必朽事件的直接性是可以评价的。换言之,我们可以通过参考价值世界来说明活动世界,也可以通过参考活动世界来说明价值世界。

请注意,怀特海这里的观念跟柏拉图不同。柏拉图的观念体系中,现实是对理念的分有和模仿,理念不参考现实。怀特海热爱活动世界,他不认可活动世界仅仅是理想国的副本。在怀特海哲学体系中,不仅理念会影响现实世界,活动世界也影响价值世界。怀特海把价值世界看成是活动的,带有对实现的潜力的调整。这个调整由道德和美学的判断来表示,包含着"更好"和"更坏"的概念。价值之间有相互关联,所以判断就是把这些价值统一的过程。价值跟活动世界中的实现过程有关系,因此存在着判断的进一步的深入,怀特海称之为赋值。赋值是一个更改的过程,活动世界从赋值中接受愉悦或厌恶,承认或拒绝。随着活动世界的创新,价值世界也随之有所调整变化。就这样,世界创造性地进展,而价值得以保持,成就人的不朽。

在怀特海看来:柏拉图《蒂迈欧篇》中表述的宇宙论以及 17 世纪伽利略、笛卡尔、牛顿和洛克为代表的宇宙论都不再能使各种经验得到恰当的理解,因此这两种观念体系需要得到修改。而怀特海机体哲学所做的是把这两种宇宙论体系结合起来,并根据自洽性和知识发展的要求作出了必要的修改。怀特海挑战了人们认为理所应当的信奉的真理,他撼动的是人们惯常的思维方式,他的演讲中"关系"支配着"性质",他认为一切关系的基础都在于各种现实的相关性,这种相关性完全是关于活的东西代替死的东西、关于世界的创造性进展。

新旧思想交替之中的混乱秩序中,常常是每一个单个论点都被否定,但是作为通过对残余影响的补缀,整体的理论的一般结论被保留。在人们已经接纳了爱因斯坦相对论的情况下,经典牛顿力学以及以牛顿力学为基础的科学、哲学仍然顽强地矗立于人们的观念之中。

怀特海差不多是以重拳出击的方式,否认了作为经典科学基础的牛顿力学,进而整体地批判了以往机械的科学,宣布了有机时代的到来。正如怀特海所说,牛顿所做出的宏伟的开端建立于"他把他引力定律所指出的各种应力孤立起来"。牛顿并不去解释和说明为什么事物的本性中会有这种应力。所以,万有引力定律的事例中,"物体的随意运动就有物体之间的随意应力来解释,而物体与它们的空间、质量以及运动初态相结合。由于他用应力(特别是万有引力定律)来代替运动的错综复杂的变化,他就大大地加重了自然界的体系方面。但是他使体系的所有因素(特别是质量和应力)处于没有任何共存理由的分离因素的地位"。万有引力定律中,需要假定质量、力和距离都彼此孤立,互不影响,才会成立。这种孤立、静止地看问题的方式,会影响我们对世界的认识。我们应该更整体地、更有机联系地看待事物,认识世界。

但是,怀特海不仅仅止于批判,他不是文明的撕裂者。

前文曾述怀特海的七张面孔,这些面孔背后是怀特海有机和谐的哲学和蓬勃向上的生命热力。"怀特海比任何人都更敏锐地意识到了这种割裂对人类文明的不幸。他起而拯救、填补鸿沟,以数学家的身份反对对精确性的迷信;以逻辑学家的身份反对琐细的语义分析;以新科学的哲学基础阐释者的身份反对忽视传统哲学的任务。他主张更新而不是取消哲学,主张哲学仍须对宇宙作整体的理解。同时,怀特海也以形而上学家的身份反对黑格尔式的形而上学对科学的仇视和膈膜"。[①] 怀特海的有机思想犹如一股活水,融贯各种不同的哲学(绝不是硬性地把各家哲学的多种解释暧昧不明地形成一致),浸漫东西方文化的泾渭。

---

① 陈奎德. 怀特海哲学演化概论[M]. 上海:上海人民出版社,1988:13.

4. 学者的作用是点燃社会的热情

怀特海在《教育的目的》一书中,也多次谈到学者在一个社会当中的作用。"学者的作用就是唤起生活的智慧和美,假如没有学者那神奇的力量,智慧和美就会消失于过去的岁月。一个不断前进的社会所依靠的人包括三种:学者、发现者和发明者。"学者不是直接生产的工人,不是付出资本获取利益的雇主,也未必是能够研发产品的科研人员。但是学者富有思想,有生活热忱,善于激励,充满想象力,最有创造性,最具有超越能力,是社会中最活跃的因素,能够唤起生活的智慧和美。

黑格尔在《哲学史讲演录》的开讲辞中谈到:"在日耳曼民族里,哲学被当做特殊的财产保持者。我们曾接受自然的号召去做这个神圣火炬的保持者。"怀特海在谈大学教育时也说到:"两千多年前,先辈们用代代相传的火炬来象征学习。那个被点燃的火炬就是我说的想象力。组建一个大学的全部艺术就是成立一个这样的教师队伍,他们的学习被想象力点亮了。"怀特海哲学的火炬可以烛照包括教育在内的每一个领域,使那些荫蔽着的未合理化的考察和无意识进行的活动过程明晰化,并由这种烛照产生效果。怀特海机体哲学正是一把神圣火炬,有幸被其点燃,可以唤起自身生命的热情,与万物建立起真正的关系,让我们的世界生生不息而新颖地继续运行。

菲利浦·罗斯认为,怀特海在其他学者的著作中发挥了重要作用。罗素多次在不同场合公开承认这种影响。凯恩斯也是怀特海的学生,《概率论》受到了怀特海的强烈影响。蒯因也曾师从怀特海,他关于意义的整体主义方法不可能不受到怀特海影响。[①]

学生罗素曾盛赞怀特海:"他是个非常谦虚的人,他从不介意反对他观点的种种批评,他具有动人的幽默和雍容的优雅。"在自传中,罗素说:"作为一位教师,怀特海是异常完美的,对那些他必须交往的人,他都有个别的兴趣,同时他也知道他们的优点与缺点,他会诱发出学生最佳的才能。他对学生从不压制他们、嘲讽他们,或是高高在上,或是出自于那种低劣的教师喜欢作的任何行径。我相信所有与他接触的杰出青年,都像他对于我一样,被他鼓动起一种非常真挚和永远的爱。"[②]怀特海这团爱的火焰也穿越时空点燃了我,相信也会穿越时空点燃越来越多的人。

---

① [美]菲利浦·罗斯. 怀特海[M]. 李超杰,译. 北京:中华书局,2002:5—6.
② 朱建民. 现代形上学的祭酒——怀德海[M]. 台北:允晨文化实业股份有限公司,1982:24—25.

1.5　怀特海有机课程思想与中国的有机融通

在《过程与实在》中，怀特海说："机体哲学似乎更接近于印度的或者中国的思想的某些色彩，而不是西亚或欧洲思想的色彩。一方面视过程为根本，另一方面视事实为根本。"①怀特海有机思想，在"过程"和"事实"的根本性问题上，是更偏于中国人的普遍观念的。怀特海有机课程思想与中国之间有颇多融通之处。

一、怀特海与中国的第一次握手②

民国时期，翟菊农、谢幼伟、张君劢、贺麟、熊十力、牟宗三、方东美、朱宝昌、金岳霖、全增嘏、唐君毅等人都对怀特海有所研究，王锟教授称之为"怀特海与中国的'第一次握手'"。那一时期的学术研究有一种自由活泼的氛围，且学者有着深厚的文化底蕴，有些还有家学渊源，又颇富钻研的精神，个人光芒一与怀特海相遇皆添异彩。他们对怀特海之研究，今日看来也令人如抚珠玉般心念闪动、追慕不已。

张申府是最早接触和熟悉怀特海哲学的人，虽然只做了零星的介绍，却具开创之功。他曾经帮助和指导牟宗三翻译怀特海的《自然知识的原理》和《自然的概念》。张申府抓住了怀特海的"价值"观念："怀惕黑（即怀特海）极言价值了。但是什么是价值？价值是在适当的位置。价值是美之事。"价值是一种审美关系。

我国较早关注怀特海教育哲学的学者是张岱年（张申府的弟弟）。张岱年就读于北京师范大学教育系，深深服膺怀特海的教育哲学，认为怀特海的教育哲学是以有机主义哲学为基础。1934 年，他在《师大月刊》上发表了《怀惕黑的教育哲学》。他较好地把握了怀特海《教育的目的》一书的要旨，从教育的本质、教育的目的、教育的方法等方面介绍了怀特海的教育哲学，并且阐明了怀特海的教育哲学是以有机哲学为基础的，怀特海的教育思想是其有机哲学在教育领域中的运用。张岱年对怀特海教育节奏三阶段的译法是"罗曼阶段""精审阶段""贯通阶段"（我在自己的《教育的目的》译本中，除了把"罗曼"改为现在比较常用的"浪漫"，沿袭了张岱年的译法）。

---

① 陈奎德. 怀特海哲学演化概论[M].上海：上海人民出版社，1988：263.（在《过程与实在》李步楼译本中，此句被译为"有机哲学似乎更接近于印度或中国的某些思想特征，而不是像西亚或者欧洲的思想特征。一方面使过程成为终极的东西；而另一方面则使事实成为终极的东西。"）

② 此节内容多出自：《怀特海与中国的第一次握手》. 王锟. 怀特海与中国哲学的第一次握手[M].北京：北京师范大学出版社，2014.

翟世英（菊农）与怀特海师生情深，在《怀悌黑教授》中向国人描绘怀特海的精神风貌和个人风采。他对怀特海十分推崇，认为怀特海是为哲学开辟新路之人。一百年以后看他，就像我们现在看康德一样。

朱宝昌从西方哲学史上理性派、经验派、生命派这三大流派中估量了怀特海的"缘现"（actual occasion，我通常译为"现实机缘"）的创新。他认为"怀特海从朴素客观的'缘现'出发，认为宇宙间只有'缘现'，力图把生命、经验和理性综合起来形成新理论"。他认为怀特海体系中，"缘现"概念和"摄住"（prehension，我通常译为"感摄"或"抱握"）概念是值得注意的。

张东荪对怀特海的有机主义宇宙观和认识论是最大加赞赏的。在《新哲学论丛》里，他评价怀特海"我们对于怀特海的学说没有批评，因为我们除全部继承外，亦只有惊服而已"。还写了一首诗来赞咏："尝说构思取自东，扩充相对并时空。万缘周遍如波起，钦倒白头（Whitehead，怀特海的名字）我亦翁。"

牟宗三从灵魂深处契会怀特海。他师从张申府、金岳霖，是对怀特海介绍和研究最多的中国哲学家之一。很多人都会抱怨说怀特海太难读了，但是牟宗三在《五十自述》中写到"我读其书（怀特海的著作），亲切喜悦。历历可解，无隐晦处。其所用名词都是极美又平实"。

谢幼伟游学哈佛大学哲学系，亲身聆听怀特海所教课程，也经常参加怀特海的周末茶会。他认为国人对怀特海知之不多，是中国的一种不幸。

贺麟也曾在哈佛读书，跟怀特海有渊源。1948年，怀特海逝世不久，贺麟写出长文《怀特海》缅怀这位哲学大师。在对怀特海哲学做出鸟瞰式的介绍后，贺麟评价到："怀特海的哲学既是实在论又超出了实在论，它打破了生机主义和机械论的对立，消除了唯心论和实在论的鸿沟，可以说是新实在论阵营中有体系、有独到见解的哲学大师。"

张君劢认为，"当代哲学家中，能把上自柏拉图，下至爱因斯坦相对论与普朗克量子论原理融会于一个系统而自成其一家之言者，只有怀特海"。在《中西印哲学文集》中，他引用瑞士著名学者卜欣司几的话，"怀氏为多方面之才人，既为一等数学家，又为数理逻辑之创造人，又为机体哲学之著作者。虽为自然科学家出身，而对于历史具有极大兴趣与见识……学问功夫精到，而对于精神方面，美术方面，又有深切同情。不独其立言确定，分析功夫精细，而综合力又超乎常人之上""当代哲学中能令我低回留之不能去者，怀悌黑氏其首屈一指矣"。

方东美欣赏怀特海的价值论,认为"价值的因素简直充满了诗的宇宙观";他又很欣赏怀特海的终极范畴——创造性。《方东美集》中,他谈到:"所谓自由就是依据继续不断的创造,把宇宙人生引到高妙的意境里,才能显现它们的实性实相。宇宙本身无处不表露新奇的事实。我们如借用怀迪赫的妙语,便可以说,伟大的自然就是一个'创进'(creative advance)"。罗光在《生命哲学》中也引方东美的话,"'天地之大德曰生',然并非生只一度而已,如寻常所谓静态一属之生者,而是动态往复历程,易经'生生'一辞,中文直解原作'生之又生,或创造再创造',故从向采怀德海之术语 Creative-Creativity 译之,庶几格义相当"。①

还有很多学人对怀特海的研究和赞誉,不胜一一枚举。上世纪 20—40 年代,有关怀特海的文章近 30 余篇,怀特海的不少著作也被翻译成中文。

而在上世纪 40 年代之后,西方主流追求分析、强调科学性的分析哲学,几至湮灭了怀特海的有机哲学。柯布先生为王锟《怀特海与中国哲学的第一次握手》所作序言中说,仅有"少数哲学家抵抗这种潮流"。在那段时间,实体思维完全而坚定地占据了人们的哲学心灵,人们对有机哲学的鉴赏与领悟力式微,加之怀特海哲学的理解难度之大,怀特海渐被中国学者们忽略和遗忘了。

二、建设性后现代主义和"第二次启蒙"②

20 世纪 70 年代,建设性后现代主义理论流派在美国兴起。所谓"建设性",与"解构性"相对,虽然也有批判,但更着意在强调其积极建设的一面。

建设性后现代主义的主要代表人物是小约翰·柯布和大卫·格里芬等。他们跟怀特海之间有着师承的渊源:格里芬的老师是柯布,柯布的老师是哈茨霍恩,哈茨霍恩的老师是怀特海。他们追慕大哲怀特海的"超越风姿"③,从他的机体哲学出发,通过对现代性的质疑以及对否定性后现代主义中的怀疑主义和虚无主义的批判,提出了一套兼具批判性和建设性的新的哲学思想体系,称之为"建设性后现代主义",涉及包含教育在内的多个社会领域。

建设性后现代主义哲学,提出了内在关系说、有机体理论、生态世界观等后现代哲

---

① 王锟. 怀特海与中国哲学的第一次握手[M]. 北京:北京师范大学出版社,2014:154.

② 第二次启蒙的观念首次明确提出者是王治河博士。Zhihe Wang, "The Second Enlightenment in China." *Journal of Kosmos*, fall/winter 2007:Volume VII Number 1.

③ 王锟. 怀特海与中国哲学的第一次握手[M]. 北京:北京师范大学出版社,2014:序(王治河先生为王锟《怀特海与中国的第一次握手》所作序言).

学理论,都是对怀特海哲学的阐发和延伸。为了进一步推动过程哲学(怀特海有机哲学)的发展和建设性后现代世界观的发展和探索,小约翰·柯布在美丽的克莱蒙特大学成立了"过程研究中心"。

《人民日报》曾刊发过小约翰·柯布的文章《中国是我们的希望》。柯布谈到:"我为中国生态文明建设取得的成就感到高兴。作为一个过程哲学家,我对于中国生态环境的转变过程尤其感兴趣。中国生态文明建设取得今天的成就与每个中国人的努力分不开。与中国领导人提出的'绿水青山就是金山银山'的'两山'理念分不开。""中国的生态文明建设,意味着中国关心的不仅是全中国人民的福祉,更是整个人类的可持续发展。中国向世界展示了环境保护和经济发展并行不悖,中国特色社会主义制度在这方面比西方资本主义制度做得更好。"①

柯布先生对中国这种有机生态传统和有机生态实践的肯定,其实也是对民族自我认同的重建契机。五四时代的中国,曾经有那样一种"全盘西化""打倒孔家店"的主张,和中国传统文化彻底决裂的思想风潮。这种历史虚无主义者,似乎否定了中国自身就能把中国变成为现代的。"天人合一""仁者爱人""民胞物与"等传统思想永远是熠熠生辉的,永远是我们可以汲取的精神养分。对于历史的反思,**对文化自觉的提振,对传统文化根脉的重寻**,都是我们一代人必须要做的事。

一位深受怀特海影响的英国生物化学家李约瑟说:"公元16世纪以前中国的科技水平领先于世界,而中国科技思想的'基本预设'就是有机主义哲学。如果按照从'基本预设'推出'结论'的逻辑,就可说16世纪以前中国科技领先于世界的原因,是由于中国的**有机自然主义哲学**的促进。"②李约瑟认为"朱子哲学根本上是有机主义。宋儒主要靠领悟力,达到了与怀特海的有机主义相同的水平。"③而且莱布尼茨曾从朱熹的有机主义中获得了启发。"从怀特海上溯至恩格斯、黑格尔、莱布尼茨的有机宇宙论,为现代自然科学理论已经准备好了道路。但莱布尼茨的有机的自然主义又可以上溯至庄周、周敦颐和朱子的有机的自然主义。"④有机主义哲学或者有机自然主义可能成功解决西方从未能克服的二律背反。

著名国学家、北大汤一介教授在《文汇报》撰文《启蒙在中国的艰难历程》,其中也

---

① 小约翰·柯布.中国是我们的希望[N].人民日报,2020年9月2日.
② 王锟.怀特海与中国哲学的第一次握手[M].北京:北京师范大学出版社,2014:180.
③ 王锟.怀特海与中国哲学的第一次握手[M].北京:北京师范大学出版社,2014:174.
④ 王锟.怀特海与中国哲学的第一次握手[M].北京:北京师范大学出版社,2014:180.

谈到:"在中国已经发生广泛影响的'国学热'和'建构性的后现代主义'这两股思潮在马克思主义指导下的有机结合,如果能在中国生根并得到发展,也许中国可以比较顺利地完成'第一次启蒙',实现现代化,而且会较快地进入以'第二次启蒙'为标帜的后现代社会。"

三、怀特海与中国的"第二次握手"

20世纪80年代,建设性后现代思潮在中国涌起,怀特海有机哲学重被人们认识,再次回归。而我国学者也再次掀起了"怀特海热"。然而,有一段不能回避的历史:文化大革命不仅对当时的学术研究造成斩截,也对后来的学术发展形成阻滞和影响。主要表现在:一者,怀特海书籍需要时间来翻译和出版,怀特海庞大的思想体系的翻译出版无疑是一个大工程,而学者们对怀特海的研究又会滞后于这些书籍的出版;再者,文化大革命时期的学者往往缺匮幼小为学的积淀,尤其西哲学习的基底不足,领教起难度堪与康德比肩的怀特海不免吃力。

积极之处在于,很多国内怀特海学者孜孜以求,不放弃、不懈意地追索。加之美国过程研究中心中国部主任王治河博士,在中美两国怀特海思想的交流与研究上起到联结与推动的作用,在"有机教育""厚道科学""后现代农业""后现代绿色生活方式"等多个领域,促成怀特海与中国的"第二次握手"。

台湾东海大学的余懿娴教授、翻译家周邦宪先生、北京理工大学的杨富斌教授、中国人民解放军后勤指挥学院曲跃厚主任、浙江大学黄铭教授,哈尔滨师范大学杨丽教授和温恒福教授、浙江师范大学王锟教授、北师港浸大郭海鹏教授等学者,也在怀特海与中国的"第二次握手"中做了大量的工作。

2014年,第9届中美过程(后现代)哲学暑期高级研讨班,即国际学术研讨会顺利举行。研讨主题即为"建设性后现代思维与中国的教育转型升级"。参会的美国学者有鲍勃·梅斯勒与芭芭拉·梅斯勒夫妇、凯文·克拉克、劳蕊·斯图尔特、安吉拉·丹尼丽(安愫恒)、约翰·贝克尔,他们也带来了国外关于怀特海教育思想研究的前沿成果。美国的怀特海课程思想研究大多基于怀特海哲学来生成和发展此基础上的课程思想,并非怀特海在《教育的目的》一书中所明确提出的那些课程思想。兼具道术之功,既讲过程哲学之精魂,也把有机思维渗透入具体课程的改革中,并有效呈现出来。

鲍勃·梅斯勒的讲座之一题为 *CREATIVE TRANSFORMATION*,即:创造性改变。创造性改变的具体策略是跨学科的教育,这一思想由芝加哥大学的威曼教授

（怀特海的学生）提出，在格瑞斯兰德大学进行了实践。跨学科教育的理论路径是：正在形成中的对知识、观念、价值、人，以及文化的意识，整合新的思想，知识，和价值观。批判性思维，扩大理解，提高赏鉴，并深化团体力量，从而形成一个充满关爱的学术卓越的社会。跨学科教育的实践路径是：第一，使各学科之间形成有意义的联系，如同怀特海所说的那样"教育唯一的主题是各呈其貌的生活。"第二，学习中交织不同时代和不同文化的相关联系和比较。学生的论文，至少要谈及两种文化和三个学科。第三，每周一晚 7 点到 9 点 45 分，举行学生间的研讨活动。学生自主选择主题，使用和了解该领域的基本词汇和概念，做研究，使自己的知识建构过程和别人的想法之间进行思想联系，与同行、教师、文本进行对话。

鲍勃·梅斯勒的《创造性转化：过程哲学在课程和课堂教学中的运用》，由尹航翻译，2013 年发表在《现代教育管理》上。以过程哲学为基础的过程教育相信真正的善来自深度的互动，因此，它致力于在教师、学生和教育活动的相关性中进行创造性转化。创造性转化要求我们开放地倾听他人讲话，逐渐从中获得自己对他们的理念、观点和价值的意识。创造性转化的过程是螺旋式的，它包括了呈现、整合、扩展和深化。

劳蕊博士倡导互助合作式的课程模式，也是基于怀特海有机哲学的课程思想。她的主要观点有：第一，发现的过程是心灵有所领悟的过程。当有情感上的联系，那么真正的学习发生。第二，人的手是为了创造，这就是我们的双手和大脑之间的关系。第三，一切都来自于自然：我们的食物，我们的避难所，我们的服装。我们是自然的一部分。人们需要与自然的联系。如果他们有联系，它有利于他们连接世界。第四，最好的教育是"我们都是终身学习者"。她提到"HOMESTEAD SCHOOL"，这是美国的一种课程新模式，或可翻译为"家园学校"。在幼儿园阶段的家园学校中，课程中学科的界限是模糊的，但是学生经验生成的情境却很鲜明，比如学生自己纺线、染色；学生清洗葫芦、挖洞、绘制做成鸟巢；认识羊，包括羊的生理和繁殖等；看护小婴儿……有些课程的实施场所就是大自然中，比如森林、小河、羊圈等。通过学生和教师之间的协作与合作，使学生对自己的学习负责任；通过学生与自然世界协作与合作，使学生建立自己在整个自然中的责任感。通过学生和学校及社区之间的协作和合作，使人类彼此和人类与所有实体之间形成亲密联系，共同建设生态家园。

在美举办的第十届怀特海大会 Seizing an Alternative Conference 中，参会专家呈现各自的研究成果：NASPA-美国高等教育学生事务管理委员会委员的帕梅拉 C. 克罗斯比对布赫勒和怀特海的教育节奏思想进行对比；马萨诸塞州波士顿大学博士卡里德·基斐·佩瑞把生成性的认识论投向美国公共教育,提出在生活的节奏中学习;奥地利萨尔茨堡大学教授弗兰兹·瑞弗特提交关于怀特海学习周期概念的经验性校验的思路,并实际进行一年和两年的田野实验。与会的中国怀特海学者从中获得许多启发。

第二章　怀特海有机课程思想的审美价值之根

2.1　怀特海审美性的"价值"理论

陈奎德在《怀特海哲学演化概论》中评价怀特海："价值论是怀特海解决他的科学哲学中一系列难题的钥匙，是怀特海构筑他形而上学有机大厦的入门导引和中心论纲。""价值论，就是他本体论的核心，也是他成熟期哲学的秘密和灵魂。"①菲利浦·罗斯也评价说，怀特海"旨在发展出一种植根于审美价值经验的形而上学和宇宙论体系。"②唐君毅在《哲学概论》中评价怀特海"在怀特海之整个哲学中，价值之观念，实为中心观念"。

我深深赞同这些怀特海研究者的想法。这也是为什么我没有选择怀特海自己选择的究极范畴"创造性"、没有选择怀特海自己在《过程与实在》中主要谈论的"包容理论""广延理论"等重要概念，却要从中打捞起"价值"这个观念来阐发说明的原因。

价值是通向怀特海哲学体系的必由之路。我们且从怀特海的有机价值论说开去，自然会与"创造性""包容""广延"等重要概念相遇，并有助于更好地理解那些概念，同时也提供一条走近怀特海思想的审美路径。

一、怀特海认为事物的意义就在于其审美价值及审美价值关系

事物具有价值，且此事物与其他事物处于审美的价值关系之中，这才是存在。怀特海把感觉价值的审美经验作为首要的经验事实。怀特海把价值的产生诉诸经验，诉

---

① 陈奎德. 怀特海哲学演化概论[M]. 上海：上海人民出版社，1988：18.
② [美]菲利浦·罗斯. 怀特海[M]. 李超杰，译. 北京：中华书局，2002：11.

诸情感的背景。从有机哲学的视域看到的宇宙是美美与共、万在有情的宇宙。

1. 审美价值优先引入经验

有时候我们对自己的好恶并不能明确其原因，不能以理智来解释，那一种模糊不明、零零散散的感觉告诉我们，我们"喜欢这个""不喜欢那个"，而且那个感觉强烈到我们抗拒做我们不喜欢的那件事，我们积极、热切、专注地去做我们喜欢的事。"我们的经验是一种价值经验，它表现了'保持'或'抛弃'的模糊涵义。"

即便是一个小婴儿，也有审美选择：要这个人抱却不肯跟那个人抱、看到这个人就笑看到那个人却哭。从最低阶的程度上，审美价值是最初的经验；伟大的艺术家作出的艺术品，可以瑰丽奇绝。从高阶的程度上，审美经验也是最高远深邃的事情。审美价值具有"彻上彻下"的性质。

前文曾引述："最受忽略而最富成果的起点是那个我们称之为'美学'的价值理论部分。我们对于人类艺术和自然美的价值的欣赏，我们对强加于我们之上的明显的粗俗和毁损的厌恶，所有这些经验模式都被充分地抽象，从而成为相对明显的东西。而它们，显然揭示了事物的真正意义。"①换言之，按照怀特海的观念，如果我们不从审美价值这个起点出发，我们根本无法真正认识事物的意义。

怀特海的宇宙论里，审美价值是作为比逻辑理性更重要更优先的因素引入的。"体验这种信念就会认识到我们作为自身而存在时我们却超出了自身：我们的经验虽然是晦暗的和零散的，然而却阐明了实在的微妙的深处；仅仅是为了使孤立的细节以本来的面目呈现，就需要在事物的（整体）系统中去发现它们；这种体系包蕴着逻辑理性的谐和以及审美成就的谐和；当逻辑的和谐在宇宙中作为一种铁的必然性时，审美的和谐则在它面前作为一种生机勃勃的理想，并把宇宙通往更加美好精妙的事物的破损之进展熔铸成了一股普遍的长流。"②

2. 机体的自我创造循着审美价值的指引

在价值的情感理论中，怀特海把价值的产生完全诉诸心理学关系，诉诸"情感的单位"，他认为产生经验的情感单位是"有机体"。

怀特海在《科学与近代世界》中谈到："现代理论的基本点就是阐明较简单机体的

---

① ［英］怀特海. 怀特海文录［M］. 陈养正，王维贤，冯颖钦，刘明，译. 杭州：浙江文艺出版社，1999：278.

② ［英］怀特海. 科学与近代世界［M］. 何钦，译. 北京：商务印书馆，2012：25.（第一章《现代科学的起源》最后一段，不同译本翻译有微小区别，最后一句何钦译本为"并把宇宙走向更细腻、更微妙的事物所经历的残缺过程融合起来"，参考、结合了其他版本的译法改述。）

前期状态到复杂机体的进化。于是这理论便大声疾呼以机体的概念作为自然的基础。这同时要求一种潜在的能动性(实质的能动性)表现自身于个体的体现状态中,并且在机体的达成态中演化。机体是产生价值的单位,是为自身的原因而发生的永恒客体的特性的真正融合。"

人们以某种方式行事,往往因为在审美价值上认同那样做是正确的,甚至是唯有那样做才能形成自我认同。人体之显示出表达一个人的内心的感受(情感和有目的的)活动,是出于个体性的表达和接受。一个人或一个事件,都是在时空的场之中发展变化的,是在审美价值引领下选择或舍弃,在取舍之中逐渐形成的。始终有某种自我组织或自我建构性微观活动,作为一种附加要素,进入到一个"事态"最后的确定性之中。这种最终的确定性,是在审美价值引领下实现的。

审美价值造成了主体对于选择的享用。在《思维方式》中,怀特海说:"在其最高发展中,这变成了对于理想的享用。它强调了价值的感觉……这种感觉以不同的种类表现出来,如道德感、信仰的神秘感、作为美的调节的精妙之处的感觉,作为相互联系的必要性的感觉,作为意识的每一个因素的区别的感觉。"

3. 审美价值贯通所有秩序

在"真、美、冒险、平和"中,审美可以统摄各个方面。审美价值感意味着,能从真中辨识出美的价值,能从冒险中辨识出美的价值,也能从平和中辨识出美的价值。就像怀特海在《观念的历险》中谈"真和美",认为:真的实现本身是促进感觉美的一个因素。当缺少真时,美处于一种较低的层次上,有笨重的瑕疵。审美本身可以有真或不真的区分,有价值层次的判断。

在怀特海体系中,一切关系和性质等,都被规定为价值的原始审美关系的事例或抽象。从怀特海的方法论,或是他对语言的一般使用,或者是他对语言的深奥使用,都带着审美的、价值的取向。

怀特海的哲学是母体性的哲学。他的价值理论以审美价值贯通起来,不是单一类型的政治的、伦理的、逻辑的价值。当我们以一种审美价值来贯通起秩序,政治的、伦理的、逻辑的秩序也自然而然统摄于这个秩序之中。一切秩序都是审美秩序,道德秩序不过是审美秩序的某些方面而已,实际世界是审美秩序的结果。

4. 审美价值经验的三重结构

在《意义的分析》中,怀特海谈到了审美经验的两个侧面:审美主体和审美对象(客体)。

审美主体和审美对象之间的影响的感觉,也就是我们一般意义上的审美经验。按照罗斯对怀特海的分析,怀特海至少标识出了三个特别重要的特征。

① 审美经验需要一个作为经验场所的统一的主体或定向中心。这会导致审美经验的个性化,是特定的个人观点。

② 作为审美对象或者说经验的客体之间的关系。审美对象作为主观的感觉的源泉,是要能够在经验中被辨识出来的。审美对象跟审美主体之间是相互作用的。

③ 作为经验中心的"主体"跟"被主体经验排除出去的要素"之间的关系。

菲利浦·罗斯认为,"怀特海把审美关系定义为综合和建构活动的创造性中心之间的客观的或者实在的关系,即'审美角度''定向中心'和'观点'之间的诸关系"①"怀特海为我们提供了一个充满客观价值的世界观,一个经得住更加常识化的因果校验理解检验的世界"。

我们自己在去理解世界的时候的感受,涉及到我们如何建立了审美关系、建立了何种审美关系。这样我们在作为他者的审美客体时,我们会推己及人。就像去露营的人,离开时会在营地准备好清洁的水和食物,因为他们知道自己来到营地时是多么的疲惫和饥饿,也会想象出接下来住进营地的人看到这些水和食物会多么喜出望外。他们在施予的时候,感受到一种善良的想象带来的幸福。理解审美结构的人,是能够建立命运共同体观念的人,是会通过自身努力让世界更好的人。

二、怀特海的审美价值论是先验客观建构主义

菲利浦·罗斯受J·布拉德雷影响,而把怀特海的价值论界定为先验客观主义。"布拉德雷明确把怀特海放在西方先验哲学的一般传统之内,非常准确地表明了怀特海本人如何帮助重新规定了先验方法。"

1. 审美价值的"先定和谐"

罗斯也把怀特海的"先定和谐"理解为先验分析的一部分。

虽然怀特海不赞同柏拉图那种价值观念,不赞同把现实世界看成是理念世界的分有和模仿,觉得那太卑微可怜;但是怀特海同样不赞同现代实用主义者对"不朽"的抛弃。"价值的缺乏毁坏了任何理性的可能性。"人类作为有死者和必朽者,如果不珍视、不去追求那不朽的永恒价值,以那种轻率的、无所谓的人生态度来生活,也谈不到理

---

① [美]菲利浦·罗斯.怀特海[M].李超杰,译.北京:中华书局,2002:18.

性。怀特海避免柏拉图的"摹仿"的无力学说,也避免了现代实用主义对"不朽"的抛弃。

在《观念的历险》中,怀特海也有先定和谐的表达。世界先梦想一些将要到来到的事情,然后激发自己在适当的时候促成它们的实现。确实所有始于预定目的的物质性冒险包含着将事情看作尚未实现的思想历险。就像发现了美洲的哥伦布,如果他没有梦想过地球是圆的,没有梦想过远东,没有梦想过人迹罕至的海洋,他就到不了美洲。但他本来想去亚洲,而不是美洲。所以,并不是先定不变,而是"先定和谐"。

怀特海的"先定和谐"概念,借鉴于莱布尼茨。莱布尼茨有时自称其哲学体系为"前定和谐系统"。怀特海说:"自莱布尼茨之后,如果有智者不研究莱布尼茨,不探索莱布尼茨,不开发莱布尼茨的提示,就只因他尚未认识莱布尼茨。"每一个单子都各自遵循自身的规律发展变化,又自然地与其他一切单子的发展变化保持协调,犹如一个乐队的每一乐师各自演奏作曲家事先为之谱就的旋律,而全乐队就奏出和谐的交响曲。他还用"前定和谐"的学说来说明心身关系,将心身比作两具制造得极精密的时钟,认为它们各走各的而彼此自然地保持一致。

怀特海的观点是:价值世界强调连续,价值在本性上是永恒的和不朽的。宇宙中固有的价值具有对任何事件瞬间的本质上的独立性。所以,怀特海在《论不朽》中也把宇宙分为"价值世界"和"活动世界"两个侧面。人们是在价值世界和活动世界的关联之中,做出自己的调整。

主体自身的认知机制和本身的想象是感觉价值的首要源泉或根据。或许我们可以把怀特海的"先定和谐"理解为哲学的"相反工程",把价值世界作为活动世界的指引,以终为始地推进经验的可能性。

2. 价值世界与活动世界的相互建构

"价值参考事实,并事实参考价值。"[①]这是怀特海很重要的价值观念,价值世界并非是固定不变、静止不动的。价值世界也是活动的,正如现实世界是活动的那样。

我们很容易就会自然地站在怀特海一边。毕竟,时代的进步发展已经改变了很多所谓"理念"。怎么能想象柏拉图的理念世界里有"飞机""手机""基因""Wi-Fi""AI"这样的理念?怎么能相信现实世界仅仅是对理念的分有和模仿?这太荒谬了。活动世界固然会参考价值世界来分析事实,同样地,价值世界同活动世界中的实现有关,所以

<hr />

① ［英］怀特海.怀特海文录[M].陈养正,王维贤,冯颖钦,刘明,译.杭州:浙江文艺出版社,1999:226.

判断在做进一步的调整。

怀特海的世界中,建构的力量把客体同一性的源泉扩展到事物本身非认知的多元领域,以一种客观建构的实在论形而上学,避免了康德式的先验唯心论。

3. 价值与现实相互建构的方式:"赋值"和"评价"

价值的本质是它们在现实世界的实现能力。价值与现实相互建构的方式是评价和赋值。

评价是价值世界的内在活动,评价的性质是判断。在面临诸多不一致的价值时,价值的实现意味着对实现的潜力的调整。这些判断包含最终概念"更好"和"更坏"。判断是一个统一的过程,包括价值之间的互相关联。评价作为激励和建设而积极地起作用,并非是强制的作用,而是一种劝导。

怀特海把价值判断对活动世界的进一步侵入叫做赋值。在活动世界中,我们分析特殊事实,决定要进行"价值实现"或是"价值排除",允许或忽略,接受或拒绝,愉快或厌恶。赋值意味着价值世界对活动世界的更改过程。

三、怀特海价值论的具体阐释

怀特海的宇宙是一个万在有情的宇宙,里面流动和蕴化着各种各样的审美价值。关于怀特海有机的价值论,还可以做出更多的理解和说明。

1. 所有事物都有独一无二的价值

"野地上的百合既不会耕耘,也不会纺织。"①但我们并不会去怀疑百合存在的合理性,不会去怀疑百合的价值。同理可以推而广之,这世间哪有什么无价值的东西呢?

怀特海说:"世上并无纯价值那样的东西。价值总是特别的,它是被创造出的一个感受单位。该感受单位出自凝聚不同要素的特别方式。这些不同的特别价值感受虽互有区别,却存在着可比性,这一可比性的基础就是此处所说的'价值'"。就是在这样的不同的价值的相互映衬里,我们才感受到差异性,感受到一个个与众不同的美好。

"天下皆知美之为美,斯恶已;皆知善之为善,斯不善已"。如果我们只规定唯一一种美的类型,那就毁掉了其他类型的价值。在《庄子·应帝王》中,叙述了一个"浑沌之死"的故事。"南海之帝为倏,北海之帝为忽,中央之帝为浑沌。倏与忽时相与遇于浑沌之地,浑沌待之甚善。倏与忽谋报浑沌之德,曰:'人皆有七窍,以视、听、食、息,此独

---

① [英]怀特海. 过程与实在[M]. 李步楼,译. 北京:商务印书馆,2012:514.

无有,尝试凿之。'日凿一窍,七日而浑沌死。"在《教育的目的》中,怀特海也谈到:"在教育中如果排斥个体特殊性,你就是在毁掉生活。"

2. **价值论是一种对美的自我辨明的信念**

价值是内在于审美对象自身,同时又兴发于关系之间的。在审美经验产生的一瞬间,理性其实还没有办法去揭示细节,完全靠着"因果校验"式的模糊知觉来做出判断。审美价值感更模糊、更内在,远远没有直接表象那么清晰生动。就凭着这模糊的感觉来确认价值和决断,这种思辨性的努力,有助于我们解释情绪的"调子"上的轻微变化,实际上这些变化看似轻微实则"关系重大"。

价值论之所以能够彻上彻下地贯通于生活的各个方面,根本原因在于,我们对美的自我辨明有信念,对自己能够认识事物内在的价值有信念。

3. **价值概念的有效性取决于对价值的理解**

价值的劝导毕竟不是一种强力,价值的劝导不一定有效。当我们以珍珠来引诱母鸡,它们还是宁愿那些圆东西是米粒,因为母鸡对价值的理解与人对价值的理解不同。

"舍生取义"的价值选择中,"生"当然不是可以毫不顾惜的无价值的选择,也不是每个人都能在面临这个选择时必然选择舍生取义。

透过一个事物追求什么价值,可以反映这个事物的本质。每个事物内在的本质,或者说每一个客体本身所是的东西,都跟其外观下的价值的发生有关。对于不同的个体而言,价值的重要性是不一致的,甲觉得极其重要,可能乙觉得没有那么重要。所以一个事物的价值的有效性,取决于人们怎么去理解其价值。

4. **创造的目的在于价值**

怀特海的究极范畴是"创造性""多"和"一"。他极言创造性的重要。为什么一定要创造呢? 创造的目的在于创造价值。

尽管世界的运行寄赖于秩序。但是,"光有秩序是不够的。所需要的是某种更为复杂的东西。那就是具有新颖性的秩序,从而使宏大的秩序不致退化为单纯的重复,因而在秩序的背景上总要反映出这种新颖性。"创新性所带来的新颖性的闪光就是价值。

世界的秩序,世界的实在性的深度,世界的价值(整体或部分),世界的美,生命的热情,生命的平和,以及对恶的控制,这一切都是联系在一起——并非是偶然的,而是由于这一真理:宇宙展现了一种具有无限自由的创造性,以及一个由形式组成的,具有无限可能性的王国。

5. "平和"是价值的和谐

小约翰·柯布在《怀特海的价值理论》一文中认为,在怀特海看来,价值在形而上学以及伦理学和美学上为中性。并且他认为怀特海的首要价值是"平和"。

当我们凸显个体重要性时,各种细节会强有力地呈现出不一致的价值。而当个体想要为自己的价值感辩护时,寻求自己价值的根据时,价值存在的诉求融入了强烈的情感,可能会摆脱和谐造成的驯服。然而这并不是价值的最终归宿。伟大的和谐使价值在背景的统一中联结在一起。

怀特海在《观念的历险》中写到"众多的美、众多的英勇行为、众多的冒险掠过世间,和平成为持久的直觉。"人类对价值的洞察里很重要的一点就是对价值的和谐,对相对价值的倒置,对自己个性的超越,去追寻更整体性的、更和谐的价值,或者说是"各种和谐的和谐"①。

2.2 怀特海的"理性"理论

怀特海专门有一本书《理性的功能》,阐释了自己的理性观念。在《过程与实在》等其他著作中,怀特海也时有谈及理性主义,并以理性主义者自居。日本学者田中裕在描绘怀特海的"七个面孔"时,遗憾地漏掉了作为理性主义者的怀特海。

一、怀特海与其他"理性"观念对照

我国当代课程需要理性的指引,但绝非任意一种理性的指引。理性(reason)——一个古老而永新的哲学话题,太多人做出了太多对理性的阐释,我们需要做出选择。笔者认为,怀特海有机哲学的理性向度十分合宜。因此接下来就要做出一个比较,怀特海有机哲学所追求的理性与其他理性思想到底有何不同之处,藉此说明笔者认同怀特海有机理性的缘由。

1. 中国传统思想中的理性观念

如果说中国传统文化中有一个本体论思想,那就是"道"。老子在《道德经》中谈到:"道生一,一生二,二生三,三生万物。"通过传教士流传到国外,再转译为汉字就变成:"理性产生了一,一产生了二,二产生了三,三产生了整个世界。"黑格尔借鉴了雷缪

---

① [英]怀特海.观念的历险[M].洪伟,译.上海:上海译文出版社,2013:272.

萨对道(Tao)的认识,"道路,从一处到另一处的交通媒介",分析认为"道"就有理性、本体、原理的意思。他认为:"道,就是道路、方向、事物的进程、一切事物存在的理性与基础。"海德格尔也认同这样的说法。只是,老子说的"道"不可"道"且不可"名",似乎是一种混沌。

《中庸》也有关于道的阐释,"天命之谓性,率性之谓道,修道之谓教。"似乎隐含着这样一层意思:人类要有统帅自己天性的理性,而如何形成这样的理性呢?需要依靠教化。这似乎跟西方的理性颇为相通。但是后面笔锋又转,把诚作为本体,把中庸作为道德的最高标准,又回到了"道者,自道也"。

到了朱熹这里,主张明理见性,其核心思想就是"存天理,灭人欲"。《朱子语类》卷四有云:"学者须是革尽人欲,复尽天理,方始为学。"朱熹其实做的主要工作是对天理和人欲做出一个度的区分,他认为天理落在人身上就是人性。符合天理的欲望是正当的,不符合天理的那部分欲望是需要革除的。

当然还有《大学》提到的"明明德",孟子的"天",王阳明的"致良知"等等,均有理性火花的闪现,但是整体上还是偏于含混。

2. 西方哲学传统中的理性观念[1]

众所周知,苏格拉底说德尔斐神谕"人啊,认识你自己",呼吁人们向自己的内心寻求理性判断,呼吁人们进行自我省思。而在那之前,巴门尼德、芝诺等人就有关于理性的思考。赫拉克利特引入逻各斯(logos,希腊语为λογοσ)概念,指宇宙事物的理性和规则。他说:"理性是真理的裁判者……是尺度,是贯穿宇宙的实体的韵律。""唯一的智慧是:认识统治万有的理性。"而此后,从柏拉图的理念,到亚里士多德的理性,到阿奎那贯穿理性的宇宙本体"上帝",再到近代哲学的笛卡尔、康德等人都坚持和发展了理性。

柏拉图在《理想国》第七卷里,以"洞穴之喻"来描述受过教育和未受教育之人的本质差别。洞穴中的囚徒原本只能看到黑暗中壁上的影子,依靠"转向"看到了真实的火光。适应了黑暗的囚徒,一下子不能接受火光,觉得"眼睛"难受。但是在他适应火光之后,他"转向"看向四周,到处走走,并逃离洞穴,看到了"太阳"(善)。"作为整体的灵魂必须转离变化世界,直至它的眼睛得以正面观看实在,观看所有实在中最明亮者,即我们所说的善者。"这个过程是理性启蒙的过程。柏拉图的理念世界,存在着完善、理

---

① 此部分内容多受到《黑格尔哲学史讲演录》的启发。

智、明晰的秩序，而这种理性的秩序作为理性法则，可以作为杂乱无序的现存世界的基础和原则。如前文所述，这种理性跟人的实存世界有一种冲突的张力，使人批判而自省，并怀着高贵的不满之情。柏拉图理性在实践方面稍显不足。

亚里士多德按照三个方面规定灵魂，营养的灵魂、感觉的灵魂和理性的灵魂。亚里士多德高扬理性的地位，认为理性的灵魂应该高于营养的灵魂、感觉的灵魂。比起其他人所谈的理性，似乎亚里士多德更注意活动性，他说："但本质的存在却是活动性（隐德来希）。""真正有价值的存在只有隐德来希才具有。"他还说："灵魂的理性，作为具有意识者，在它思维之前，是毫无实在性的。"理性本身乃是一切，不思维就不存在，进行思维它就存在。亚里士多德的哲学认识颇受黑格尔的推崇，但是黑格尔也指出亚里士多德哲学在形而上学上的不彻底性，缺乏概念的统一性。

西方理性中有一种并非合理理性（just reason）的理性，即神启理性。阿伦特这样形容神启理性，"它的真理启蒙了人的良知，使他们善于聆听内心深处的声音，那依然是上帝的声音。每当良知的声音一告诉他们'汝当……'，以及更重要的'切勿……'，他们就会答复'诺'"。在西方观念里，似乎宗教也该具备理性。在宗教理性方面，做出突出贡献的是托马斯·阿奎那。在把理性引入神学的工作中，阿奎那用了因果溯因的后天演绎论证，否定方法，类比推论等理性方法，有较大的方法论和理论意义。但是他的理性思想毕竟跟神学思想有太多纠缠，且有一定的理论缺陷。

笛卡尔的理性观实在值得大书特书。笛卡尔的第一个命题就是怀疑一切，抛弃一切假设。思想应该从它自己开始。这个伟大的原则几乎帮助人们获得了怀疑的精神自由。笛卡尔寻求的是本身既确定又真实的东西。"凡属真实的东西，都一定要在意识中得到内在的明证，或者明白确凿地为理性所认识。"这是他的第二条命题，思维的直接确认。而且，笛卡尔认为，存在规定于我的"我"之中，作为存在的思维，以及作为思维的存在，就是我的确认，就是"我"。这就是我国称为"我思故我在"的名言（Cogito，ergo sum）。"我思故我在"的名言得到了康德的极力反对，康德认为思维和存在是相异的。另外，笛卡尔的哲学有一些说法属于非思辨性的，并由斯宾诺莎进行了发展。

康德的哲学观点首先是：思维通过它的推理作用达到了——自己认识到自己本身是绝对的、具体的、自由的、最至高无上的。思维认识到自己是一切的一切。除了思维的权威之外，再无别的权威。康德对知性和理性做了划分，认为它们具有完全不同的立法。"在理论理性里，理性只能凭借知性从给予的规律通过推论作出结论，但这些结论永远只限于在自然中有校准;只有在实践理性里,理性自身才是立法者。""在实践理性里自我意识被当做自在存在,反之在理论理性里客观的本质被当做自在存在。""理性是绝对的力量。"黑格尔认为康德回到了苏格拉底,康德认为"绝对的'善'只是停留在'应该'里,没有客观性"。或许,黑格尔的判断有些道理。但是黑格尔还批评到"他(康德)对于理性描写得很好,但却在无思想性的、经验的方式下去描写理性,这样反而剥夺了理性本身的真理性。"

3. 怀特海的理性观念概述①

怀特海的有机哲学认为,理性的功能就是指导人类对境况的改造,其三重欲望是:①活着,②好好活着,③更好地活着。而且怀特海把理性分为两类:柏拉图思辨理性和尤利西斯实践理性,一方面强调完全的理解,另一方面又强调行动的能力与方法。我们还会发现,怀特海理性理论是包含认识论与方法论追求的,有利于指导课程理论和课程实践。

怀特海差不多是站在巨人肩膀上的人,得以取各家思想的精华并添补不足。怀特海的理性不会鼓励低欲望人群那种随波逐流、消极避世的生活态度。相反,怀特海的有机理性会激发人们与生存境况的抗争和对环境的改造。怀特海的有机理性不鼓励那种单一的低层级的消费狂,不能真正改善生活的都是不理性的。怀特海理性有自己的体系,是建立在有机哲学基础上的,不仅讲求"是其所是",还讲求"在其所在",不会鼓励多元对立纷争,而是会积极地调和。因为怀特海的理性主义是有机的,所以不会鼓励学生单纯学习精确知识,从一种形式主义走向另一种形式主义,从一对呆滞无用的思想走向另一种呆滞无用的思想,反而会唤起新颖的闪光和创进,并为课程带来活跃的生机。

二、怀特海有机哲学中理性的功能:追求更好生活

怀特海对理性功能的剖析是从有机体的脆弱性开始的。

人类作为有机体,有着机体的脆弱性。比起可以存在几亿年的岩石,有机物的生命非常短暂:狗大约可以活十二年,花鸟鱼虫之类则更短,而一个人的一生大约不超过一百年。从这种吾知无涯而吾生有涯的境况来看,有机体生命本身是有缺欠的。但是,人作为脆弱的生命体,不仅未被噬灭,反而越发朝向高等进化。人们以理性的光芒

---

① 此部分内容多出于对怀特海《理性的功能》的研习、思考。

寻求更好地生活，克服了机体自身的脆弱性，克服自身在世界上遇到种种顽固的事实，直面令人疲乏的铁一般的规律，拥有了现在的文明。这种反差是多么耐人寻味，也让我们明白，为什么"理性的功能"会被人们作为隽永的话题。

1. 生命体的理性是用改造环境来对抗自身的脆弱性

怀特海发现，越低等生物反而更适应环境，例如，有的鱼类只需等待食物游向自己就能生存。然而高等的生命从不消极地适应环境，反而积极地从事改造环境的活动，例如，河狸会啃断树枝、修筑堤坝来捕食，狼群会协同作战，把猎物驱赶到地势险峻的地方进行围猎。有机物种进化得越来越高级，这不是适应环境的结果，这是与适应环境完全相反的一种"生长"。

在所有的有机生命体中，人类对环境的积极改造最为显著。从人类懂得刀耕火种，到垦荒造屋，到筑桥修路，到创生文字，到礼乐文艺，到施教兴学，到商业贸易，到医药机械，到上天入地揽月探海，到宗教、哲学、科学……文明不是缓慢均匀地前进，文明来自人们以心智做出的选择。人类文明向前迈进的每一小步，都是极具挑战而又充满活跃想象的探险。在人类缓慢走向文明的进程中，每一个机体，小至个体的人，大至国家与民族，都需要经历心智的探险。

生命机体对抗自身脆弱的方式，不是对环境的适应，而是对环境的改造。

2. 理性是朝向更好的生活的欲望

怀特海的有机哲学认为，理性的功能就是指导人类对环境的改造，其三重欲望是：①活着，②好好活着，③更好地活着。关于欲望，怀特海做出过说明。"欲望是直接性的事实，它本身包含着要实现未实现而可能实现的东西的不息原则。"既然欲望本身包含着不息原则，这就意味着无论生活得有多么幸福，都能够更好地生活。仅仅活着，就已经是很多欲望的总和。这并不令人满足，还要好好地活，并且还要更好。因此，理性是在众多欲望之上的欲望。这种欲望，是永远向往着更高级的经验，而批判低级的经验。

3. 理性的欲望总是会引发新颖的创造

理性的欲望总是引发新颖的创造。何谓新颖？那就是前所未有。一种方法，成为一种方法，就不再新颖，而是重复的。经验的重复会形成一个关于对比的确定秩序。在节律性的周期里，重复会导致疲乏厌倦。唯有理性引导着向上趋势的欲望，为节律性周期注入新颖性，对抗疲乏。怀特海说的"浪漫—精审—贯通"的教育节奏，也是节律性的周期。在理解教育节奏各个阶段的交替主导、循环叠套时，原来背后也有理性的功能。

新颖的创造，如同新生儿的初诞，往往都要经历某些阵痛。蒙昧地得过且过，消极避世，似乎不用直面现实。在这个角度上去看，理性具备某种约束的力量，推动着人们从蒙昧走向清醒，从得过且过走向克服自己。怀特海把理性确立为强调新颖性的一种官能。在理性相对初级的阶段，表现为在当下现实中捕捉到那种新颖性的闪光，而且在尚未行动的欲望中也出现这种闪光。怀特海说："理性是对历史中那种创造力元素的自律。"①

三、两种理性：柏拉图理性和尤利西斯理性

怀特海把理性分为两种：柏拉图理性和尤利西斯理性，即寻求完全理解的理性和寻求直接行动方法的理性。其中，柏拉图思辨理性追求经验的理解，这种理性预设了生活，寻求以善的理解来通向善的生活；尤利西斯实践理性，作为寻求直接行动方法的理性，为人类向上趋势的演进提供了力量。

此前康德也做出过两种理性的区分，分为理论的和实践的，却不像怀特海这样以鲜明的符号形象来显像，在感染力和想象力方面缺乏怀特海这样的深度。"希腊人遗留给我们两个形象，其真实的或神话的生活符合这两个观念——柏拉图和尤利西斯。一个与众神共享理性，另一个则与狐狸分享理性。"

1. 柏拉图思辨理性

柏拉图理性是寻求完全的理解的理性。柏拉图在《理想国》里，多次使用"反思"和"沉思"。柏拉图认为，仅仅凭借对现象的感觉不能获得理念，而关于理性的知识唯有凭借反思和沉思才能理解。教师应当善于启发和点悟学生，使之沉思并获得理性。如果思辨愚蠢、粗野可怕，不具有理性，那么行动必然溃败。所以，以柏拉图为代表的希腊人，他们"探究一切事物，审问一切事物，并寻求理解一切事物"，他们的无限好奇，成就了欧洲文明的进步。

补充一点：怀特海在《过程与实在》中谈到，"对构成欧洲哲学传统最可靠的一般描述就是，它是对柏拉图学说的一系列脚注"。这句话被约翰·E·彼得曼作为 *On Plato* 的导论。柏拉图思想的确影响至深。另一位柏拉图学者 A·E·泰勒在为《蒂迈欧篇》注解时，曾借用怀特海的概念。至少我们确认，怀特海与柏拉图学者之间进行

---

① ［英］怀特海. 教育与科学　理性的功能［M］. 黄铭，译. 郑州：大象出版社，2010：130.

了对话，对话背后所显现出了思想交流。一位日本的怀特海学者田中裕，肯定了怀特海的"永恒客体"与柏拉图的"理念"之间的关系，他甚至把怀特海定义为"柏拉图主义者"。从柏拉图的《善的概念》到怀特海的《数学与善》，二者对"不朽"的概念理解等，我们的确能找到许多印证田中裕这种说法的理据。怀特海自己也说到："如果由于两千年来人们在社会组织、美学成就、科学和宗教方面的经验而必须使柏拉图的一般观点有一点变化，那么我们就必须建构一种有机哲学。"也就是说，怀特海建构有机哲学的动机之一就是对怀特海的一般观点稍做修整，这也可以看作是怀特海与柏拉图的对话。

怀特海认为：柏拉图理性是对目的的启蒙。在一定限度内，它使目的生效。当它使目的生效时，它也履行功能并使自身在自我满足中平静下来，它完成了自己的任务。柏拉图理性不关心现实存在方面的问题，而以无功利的好奇心寻求对世界的理性。理性的唯一的满足是经验已经被理解。它预设了生活，寻求以善的理解来通向善的生活。

当思辨理性作为一种可辨识的理论产生时，它以灵性的灵感的外观呈现出来。希腊人对于世界进步的真正意义是他们发现了几乎令人难以置信的秘密，即思辨理性本身从属于有序的方法。他们从思辨理性的无政府主义特征中夺取了它，但没有破坏它超越限制而发展的功能。这正是现在我们在灵感出现的地方谈论思辨理性的原因。理性诉诸合理的东西的秩序井然，而"思辨"则表达了对任何一种特殊方法的超越。一种强烈的道德直觉使人感到，思辨的理解由于其自身的缘故是最终构成那种好的生活的元素之一。我们以它为基础，充满热情地追求思想自由。

怀特海说，我们必须寻求关于思辨理性的一种训练，它提升思辨理性超越当下事实的本性。这种训练是让思想对于未来具有创造性。它实现这个目标是通过观念体系的想象力，包括观察，超越观察而进入概括。

2. 尤利西斯实践理性

尤利西斯理性是理性具有实践性功能的一面。

尤利西斯是古希腊神话里的奥德修斯（Odysseus），拉丁译名为尤利西斯。罗马史诗中尤利西斯的故事，几乎平行于我们熟知的荷马史诗《奥德赛》。尤利西斯是伊萨卡岛的国王，使用木马计赢得了特洛伊战争。战争胜利后，他想要率众返乡，却经历了千难万险，一波未平一波又起。而当尤利西斯战胜了一切困难，孤身一人终于回到伊萨卡岛。然而，这时人们普遍认为尤利西斯已经死去，他已经失去了王位。尤利西斯不得不假扮乞丐再做战斗,杀死纠缠他妻子、挥霍他家财的人,再次称王。怀特海以尤利西斯作为实践理性的代表人物,或许是因为尤利西斯在每一次探险中都能取得实践的成功。

在《教育的目的》一文中,怀特海说过,"每条道路两边都有壕沟",我们每一个人在实践中都经历着跟尤利西斯相似的冒险,一边是 6 头 12 脚的吃人女妖斯库拉(Scylla),一边是化身成漩涡兴风作浪的卡律布狄斯(Charybdis),它们时刻等待着通过西西里的船只,我们每个人都是处于斯库拉和卡律布狄斯之间的航海者,我们每个人也都是要回家的尤利西斯,我们需要一种尤利西斯式的理性,积极行动并取得行动的胜利。

尤利西斯理性不仅详细阐释方法论,还把那种方法的限度内可能的详细操作提升到意识经验的水平上。就行动理性而言,理性逐一发现和澄清各种方法论。

2.3 怀特海"微观合生过程"理论

在怀特海之前的哲学家们,在认识事物的发展变化时,即便注意到了过程,但仅仅以宏观可见的过程来认识事物的发展变化。这导致他们对过程的认识比较机械,在认识复杂系统的时候容易陷入片面或割裂。

怀特海提出,过程可分为:宏观过程和微观流变。有机体以宏观、微观双重方式与"过程"相联系。怀特海对"过程"的认识因为其有机哲学而独树一帜,他提出的"微观合生过程"意义重大。怀特海"微观合生过程"的提出和说明,不仅仅是对那些只关注实体而不关注流变过程的哲学思想的批判,也是对以往仅仅关注到宏观过程的哲学思想的批判与扬弃。诚如怀特海所言,"**整个宇宙学的故事都是由实在事物的主体性合生过程的说明构成的**"①,唯有能体察到微观合生过程的人们,方能够倾听到整个宇宙学的故事。

"微观合生过程"带来了令人耳目一新的有机哲学视域,也为教育领域带来了启示。

一、"微观合生过程"何谓

微观合生过程包含如下几重含义。

---

① [英]怀特海.过程与实在[M].李步楼,译.北京:商务印书馆,2012:262.

1. 由"多"到"一"

"合生"一词原本用于生物学和医学，指原本分开的部分结合、连合在一起。例如，胚胎细胞的汇合和积聚，相邻两个牙齿的牙根由于骨质沉积而结合等。

怀特海把"合生"这个词引入自己的哲学。"Concrescence 这个词是从我们熟悉的拉丁语的动词派生出来的，意为一起生长，而分词 concrete 这个词被随意用来表达完全的物理实在的概念，这是有好处的。Concrescence 对于表达许多事物形成完全的复杂的统一体的概念是有用的。"①这段话让人非常直观地理解"合生"意指由"多"到"一"的变化过程。合生是一个实际实有成为具体的过程，"在这个（合生）过程中，由许多事物组成的世界形成了一个单独的统一体"。

按照教育学的视角，怎么来看待合生，看由"多"到"一"呢？那是外在世界向"我"涌来的感受，而"我"抱握住这些涌来的世界。某些新鲜的原本并不在我身上的元素，与原本的"我"一起，共同生成新的"我"。

2. 朝向主体性目的

表 2-1　怀特海在《过程与实在》第二部分第十章《过程》的核心观点

两种流变	两种过程	发端	终端	性质
转变	宏观过程	现实的	仅是实在的，而尚未成为现实的	动力性
合生	微观过程	实在的，尚未成为现实的	现实的	目的性

从客观或宏观层次上看，清晰而生动的宏观现实为我们提供了事件发展下去的种种条件，或说提供了动力因。而当我们转入微观层次的分析，能够发现合生朝向终极因（主体性目的），合生过程被主体性目的所支配。

休谟和康德都是从宏观过程着眼的。现代哲学家们多是如此，他们尊重客观现实，他们以朴素和肤浅的"表象直接性"为源始，把注意力限定在奔涌而来的直接转变上。在顽强的事实面前无能为力，对遥远的后果又充满忧虑。②

怀特海不仅仅看到了提供动力因的宏观过程，他还看到了趋向终极因的微观合生过程。

从模糊但充满价值感的"因果效验"为源始，比之顽强的事实他更尊重主体性目的

---

① ［英］怀特海.观念的历险［M］.洪伟，译.上海：上海译文出版社，2013：224.
② ［英］怀特海.过程与实在［M］.李步楼，译.北京：商务印书馆，2012：202.

的诱导——怀特海的哲学从终极因（主体性目的）进行解释，他认为"我们需要的是靠"终极因"进行的前后相继的解释"①，其哲学在顽强的事实面前是积极主动的，对后果也是乐观的。

"在原始阶段，凭借其丰富多彩的个体偶因的能量，过去启动了过程，这使新的偶因得以从中涌现的实在。过程是由精神杠杆的运作而驱策前行的，精神杠杆为了将实在加以综合提供了概念的主题。过程中最终涌现了现象，它是在对于概念的评价加以综合后，改造过了的实在。"②在《冒险》中，怀特海也这样描述了朝向主体的过程。

3. 内在被决定而外在自由

因为合生是以主体性目的这一终极因来诱导的，所以合生过程是内在决定的，但同时因为这一原因，合生是外在自由的。"宏观层次看，创造性活动被表现为因果效验，而在微观层次上，这一活动则被表现为自我组织的目的因或终极因。"

自因（causa sui'）③是最终对决定起作用的原因，由于这种决定，对感觉的任何诱导才被接受为有效的。宇宙中的内在的自由就是由这种自因的要素构成的④。怀特海多次谈到了合生的自因性所导致的内在决定与外在自由：合生过程对于决定感觉的质的表现来说是它自身的原因。

"有机哲学的理论认为，对合生的组成因素——它的材料、它的情感、它的评价、它的意图以及它的主体性目的的状态——不论动力因在决定这些组成因素的范围上推进得多远，但在决定这些组成因素之外总还存在着宇宙的自行创造的统一体的最终的作用。这种最终的反作用对动力因的决定性赋予创造性着重的标记，由此完成了自行创造的活动。"⑤

"在这个自我创造的过程中，现实实有自身的理念作为个体性满足和作为超验创造者，指导着这个现实实有。享受这个理念就是'主体性目的'，现实实有由于这种主体性目的而成为一种确定过程。"⑥而且这种确定是自因性的，是朝向主体性目的的，是自由的。"有机哲学的理论认为，每一合生都指涉一个确定的自由的开始和一个确

① ［英］怀特海. 过程与实在［M］. 李步楼，译. 北京：商务印书馆，2012：164.
② ［英］怀特海. 怀特海文录［M］. 陈养正，王维贤，冯颖钦，刘明，译. 杭州：浙江文艺出版社，1999：291—292.
③ 自因 causa sui'，斯宾诺莎对实体的定义即"实体是自因"。
④ ［英］怀特海. 过程与实在［M］. 李步楼，译. 北京：商务印书馆，2012：139.
⑤ ［英］怀特海. 过程与实在［M］. 李步楼，译. 北京：商务印书馆，2012：76.
⑥ ［英］怀特海. 过程与实在［M］. 李步楼，译. 北京：商务印书馆，2012：134.

定的自由的终结。"①

4. 新颖的创造

怀特海在《过程与实在》中对"终极范畴"(也叫"究极性范畴")进行谈论的部分,第一次出现"合生"一词。因此,"合生"跟怀特海的终极范畴极相关。怀特海有三个终极范畴:一、多、创造性。其中,"多"这个词传达了"析取的多样性"的概念,"一"这个词表达的是一个实有的唯一性,"创造性"是新颖性原则。"合生"与"一""多""创造性"这些怀特海专有哲学术语密不可分。

"'产生新颖性的共在'就是体现在'合生'这个用语中的终极概念。"②由析取之"多"走向合取之"一"的"合生"过程,产生了新颖性的内容。以怀特海学者鲍勃·梅斯勒的话来说:"新的实际实有面临整个过去的实际世界(后者富于因果力量和可能性),然后将该世界聚集为一个新的实有,一个新颖的事件。"③我们从中可以看出,合生不仅仅是从多到一,合生所产生的一也是对原来的多的超越与增补。

合生必定是新颖的,富有创造性和超越性的。

二、微观合生过程的发生学描述

《思维方式》中,怀特海说"宇宙不是一个在玻璃柜中展示其标本的博物馆"。对于微观合生的变化过程,并不适合用"形态学"来进行解释。"形态学"的方法仅适用于分析客观实体或者是宏观过程;而对于微观合生过程而言,更适合以"发生学"的方式来进行分析与描述。发生学划分关注的是现实机缘合生的直接性质。

"把一个现实实有的满足分为其组成部分的感觉有两种不同的方式,即发生学划分和配位划分。发生学的划分是对合生过程的划分,配位划分是对具体事务的划分。在发生学方式中,各种包容都在它们相互的生成关系中体现出来。现实实有被看作一个过程。……这种从一个阶段到另一个阶段的发生学历程不是物理时间上的形成;恰好相反的观点表达了合生过程与物理时间的关系"。④ 物理时间能表达生长的某些特征,而只有发生学才能描述出这些特征的生长。

罗伯特·梅斯勒(中文名也译为鲍勃·麦斯里)在《过程-关系哲学》的自序里面谈

① [英]怀特海. 过程与实在[M]. 李步楼,译. 北京:商务印书馆,2012:77.
② [英]怀特海. 过程与实在[M]. 李步楼,译. 北京:商务印书馆,2012:36.
③ [美]罗伯特·梅斯勒. 过程-关系哲学——浅释怀特海[M]. 周邦宪,译. 贵阳:贵州人民出版社,2008:96.
④ [英]怀特海. 过程与实在[M]. 李步楼,译. 北京:商务印书馆,2012:433.

了类似的区分,存在(being)和生成(becoming)。太多人关注已经存在的 being 或 reality,而很少有人能够看到 becoming,看到发生过程的微观流变,看到潜在的即将变成现实的一切。

一旦变成了事实,那就难于改变,就会具有现实存在的某种"顽固";其实关注潜在性,关注合生,才有可能防患于未然,才有可能按照意志来"无"中生"有"。

需要注意的是,合生以基本域为前提,这个域是一个广延域,其中量现实化是连续无间断的。这个域实际上是连续无间断的,所以各阶段实际不可分地联系着。发生学过程的每一阶段都以全部总量为前提,每一阶段的每一种感觉也是这样。

1. 微观合生过程的三个阶段:反应—补充—满足

怀特海曾说到自己在不同著作中的观点"可以分开来读,但是他们之间是相互弥补因疏漏或概括而造成的不足"。在《过程与实在》这一本著作中关于合生三阶段的感觉,也是如此。表2可帮助读者贯通着理解。

表2-2

《感觉理论》	初始阶段	后继阶段	满足阶段
《主体性原则》	相似性感觉阶段	概念性感觉阶段	比较性感觉阶段
《过程》	反应阶段	补充阶段	满足阶段

在《过程》一章中,怀特海以第三节小标题的形式明确地提出微观合生过程包括三个阶段。其中:

① 反应阶段:接受现实世界里审美综合的客体性材料。

② 补充阶段:补充阶段是合生过程的中间阶段,补充阶段可分为两个从属的阶段,审美的补充阶段和理智的补充阶段。主体性目的在补充阶段起支配作用,"主体性目的的最初不是理智性的,它是对感觉的诱导。这种诱导乃是心灵的胚芽。""在有机哲学中,认知被归于过程的中间阶段。"

③ 满足阶段:以主体性目的的满足为合生的终极原因,未完成的主体统一性活动最终具体化为完成了的活动统一体。

此外,怀特海还在《主体性原则》中选择了"感觉"一词作为术语来表示合生的现实借以取得材料变成自身的功能。(在《过程》第三节的正文中,他也用的是"感觉过程的三阶段"与标题中的"微观合生的三阶段"来对应。不难意识到:感觉三阶段和合生三阶段之间具有一致性。)

"感觉"的三阶段,即合生的三阶段包括:"相似性"感觉阶段,"概念性"感觉阶段,"比较性"感觉阶段。怀特海提示"合生各阶段的区别在于涉及的永恒客体的进入方式的不同"。其中,第一阶段,客体性内容向主体性感觉转变。物理性材料接受性地或者相似性地被合生主体感觉到,成为用以自我创造的合生材料。第二阶段,此阶段的感觉是情感性的、目的性的,是概念性的精神把握。大量不同的永恒客体进入,原本顺应一致的材料因而不相容了、复杂化了,这阶段带来更多创造性、新颖性的机会。第三阶段,是现实存在者根据主体性目的的是否满足来对"相似性"感觉和"概念性"感觉进行综合的对比,有差异和同一两种确定态度。复杂的对比,还包含对"对比"的对比,包含对上升各层次中不确定的复杂比较的潜能的接纳或排除。最终能达到的结果是"满足",现实实有统一感觉最后表达为"超体"(已经不是原来的主体,或者说已经超越了原来的主体,形成了新的"一")。

在《感觉理论》一章中,怀特海再次谈到了微观合生的三阶段,这次他的说法是"合生过程可以分为由多种感觉构成的初始阶段、整合了先前简单感觉的更加复杂感觉组成的连续的后继阶段、直到满足阶段"。即,微观合生可以分为初始阶段、后继阶段和满足阶段。

2. 微观合生过程的两极:物质极和精神极

每一个现实实有,既有物质极,又有精神极。"经验中的任何事例都是偶极的",偶极的意思是:事例的经验既有物质的方面,又有精神(概念)的方面。需要注意:这里的物质和精神,都不是通俗用法的意思,而是怀特海的术语。

所有的事件,都出自过去世界所形成的顽固事实,在这个意义上来说,事件都是"物质的";然而,一个现实实有必须为了自己的生成而面对、选择、实现其过程中的可能性,在这个意义上,它又是"概念的"或说"精神的"。怀特海认为二者都融入在了复杂经验之中,不存在二元对立。那么它们是怎么做到相融合于一个事件中的呢?即在微观合生的过程之中。如上文所谈到的那样,微观合生的初始阶段或说反应阶段,主体接受物质材料。在补充阶段,补充了概念性的感觉。

宇宙间,现实实有大多会受到物质极的支配。我们对世界的感受,很多来自于那些构成现实世界的实际实有,它们对事件的发展过程会形成支配性的因果关系。这就能解释为什么一个小婴儿开始揣摩他的发音与某些事物的关系,而一个大学生可以"站起身来环顾四周",他们接触的物质材料是不同的。

现实实有还必须经验那些与它们自身生成相关的永恒客体。那些永恒客体唯有在过程中被摄入而与物质性材料结合才有可能成为现实实有,因此永恒客体在意味着一些可能性。因为在引入永恒客体上的这种可能性,主体有一定的自由。"每一个实际实有,既包含对过去世界的经验,又包含它自身生成的且有助于某一可能将来的那些可能性。"

3. 贯穿合生中心的三个范畴

"贯穿于合生中心的整合过程式由主体的统一性范畴、客体的同一性范畴和客体的差异性范畴赋予世界的合生统一性的动力。"①这三个范畴的重要意义,"只有把每一个现实世界看作是通往有关现实实有合生'中介'"才能理解。

① 主体的统一性范畴

"主体的统一性范畴是一种适用于未完成阶段的多种感觉的前定和谐理论。"所谓前定和谐,是这个命题有自洽性,有命题自我实现的能力。② 主体统一性范畴表达了这样一种原则:一个主体是决定每一种感觉的最终目的。因为主体内在于自己的感觉产生过程,所以从主体性过程的初始阶段就对主体性目的有一种概念性的感觉。主体统一性范畴涉及自行实现。"自行实现是各种事实中的终极事实。"③为了达成这种自行实现,为了成为感觉的主体而对感觉起作用,使与其相伴随的各种感觉构成某种确定的统一体,"每一个相继的命题阶段都是对促其实现的感觉的创造进行的诱导。"④概念性的目的会对不确定性做出自身的决断,称为一种统一的要素。"属于一个现实实有过程中未完成阶段的许多感觉,虽然由于这一阶段未完成而没有被综合,但这些感觉由于其主体的统一性因而是适于综合的。"

② 客体的同一性范畴

"一个现实实有的满足中的客体性材料,就其在满足中的作用来说,任何要素都是不可复制的。"⑤这就是客体同一性范畴。任何一个实有,就其在世界每一个个体化中的地位来说,本质上自身同一。在合生过程中,在事物与事物的任何一次现实的遭遇中,一个客体不可能以异在的角色面对自身,不可能出现二重性。任何一个事物都会顽强地保持自身,起一种自身一贯的统一性的作用。客体的同一性范畴是不相容性的

① ［英］怀特海. 过程与实在［M］. 李步楼,译. 北京:商务印书馆,2012:351.
② ［英］怀特海. 过程与实在［M］. 李步楼,译. 北京:商务印书馆,2012:345.
③ ［英］怀特海. 过程与实在［M］. 李步楼,译. 北京:商务印书馆,2012:340.
④ ［英］怀特海. 过程与实在［M］. 李步楼,译. 北京:商务印书馆,2012:345.
⑤ ［英］怀特海. 过程与实在［M］. 李步楼,译. 北京:商务印书馆,2012:346.(此书 43 页解做"不可能有任何重复",可参考理解)

一个根据。

③ 客体的差异性范畴

客体差异性范畴是指"一个现实实有的客体材料中有不同要素,就其在那种满足中的作用来说。这些不同的要素是不能合并的"。[①] 任何一个实有都不可能在一个实在的统一体中具有抽象的地位。它的地位必须达到这种特殊性,只有它才能占有这个地位。一个现实实有的客体性材料中有不同的要素,每一个特殊的成分都使自己的地位具有自身的特殊性。"客体差异性范畴表达了不容变更的条件——一个复合的统一体必须为每一个成分提供实在的状态差异,这种差异性与自身实在具有同样意义的实在性,同时对它本身来说又是独特的实在性。换言之,一个实在的统一体不可能为它的不同成分提供虚假的状态差异。"[②]

---

① ［英］怀特海.过程与实在[M].李步楼,译.北京:商务印书馆,2012:347.
② ［英］怀特海.过程与实在[M].李步楼,译.北京:商务印书馆,2012:350.

第三章　怀特海有机课程思想的理性观念

3.1　怀特海教育目的论

怀特海在《教育的目的》一书前言中写到：全书始终贯穿着的，并从多个视角进行说明的，就是——"学生是有血有肉的人，教育的目的是激发和引导他们的自我发展之路"。① 他有另一处关于教育目的的表述，"教育的全部目的——就是使人具有活跃的智慧。"可见，怀特海的教育目的思想深蕴着生命的热情和过程哲学所追求的新颖性，其精神内核正是创造人的生机。生机是万物生成与发展的动因，也是万物存在的应然状态。作为对生活探险的训练，人的教育尤其不可缺乏生机。然而，人们尚未普遍意识到教育目的的过程性，没有把激发和引导学生的自我发展看做教育的目的。

本篇对怀特海的教育目的思想做出释义，以期为当下的教育注入来自怀特海思想的活力。②

一、人要面对的两个教育命题：有用和有趣

当今社会，越来越多的人把知识当成力量的象征，忽略文化对人的作用，教育出现了过分实利化的倾向。缺乏文化的浸润，使知识沦为零零碎碎的片段。然而，现行的应试考核是知识制胜的。碎片化教学的课堂往往是高效课堂，碎片化教学的教师往往成绩出众，碎片化学习的学生又往往被视为优秀学生。这种只用碎片化的知识来填充学生大脑的做法会导致恶劣后果，可后果的显露有潜伏期。只有当人们离开校园走向

---

① ［英］怀特海. 教育的目的[M]. 庄莲平，王立中，译. 上海：文汇出版社，2012：前言.
② 本节内容多出自于怀特海《教育的目的》，基于作者理解来采用各个不同译本。

社会,才会意识到一时的成绩为后来的缺乏生机埋下沉重的伏笔,才会发现碎片化知识对其造成的阻滞与伤害。碎片化的知识不利于形成活跃的思想,也不利于人对生活怀有热情,使人严重缺乏自主的动力。就像泰戈尔在《飞鸟集》中所说的那样:"全是理智的心,恰如一柄全是锋刃的刀,叫使用它的人手上流血。"仅去握住知识的碎片,不但是没有用的,甚至是有害的。一个没有思想活动的人,一个对美和人类情感欠缺感受的人,怎么能够领略活跃的智慧呢? 针对这一现象,怀特海开篇就指出"文化是思想的活动,是对美和人类情感的感受"。他高扬文化对人的作用,重视文化在教育中的地位。

如果一个人仅仅是有大量的知识,那么是最无用且无趣的。从教育的终极意义上说,人要面对两个教育命题:有用和有趣——有用指向个人的专业化知识与能力的发展,有趣指向个人的文化上的发展,二者是一有俱有、一无俱无的共在关系。有用和有趣两个教育命题在这种意义上说是同一个命题。怀特海进一步提出:"我们的目标是,要创造既有广泛的文化修养又在某个特殊方面有专业知识的人才。专业知识可以给他们以进步的基础,而他们广博的文化使他们哲学般深邃,艺术般高雅。"需要注意的是,怀特海所言的教育目的不止于培养既有文化又有专业知识的人。怀特海追求的不是呆滞的完美。让受教育者理解知识与文化的共在关系,进而来实现知识与文化二者的微观合生,也是教育目的的一个部分。他也提到"在普通文化修养课程中,学生会对某些内容产生特殊的兴趣",即文化也是专业知识的基础。"专业化学习中,课程之间的外在联系也会拓展学生的视野",即专业知识也对人有提升作用。他的教育目的思想要使人将知识与文化相互融合促进,总是能够生成与发展。

怀特海指出,唯有自我发展是有价值的。人的早期发展,需要家庭和学校的培助,但是人总归要离开家庭与学校的庇护,因此,自我发展能力决定人在 18 岁之后将成为怎样的人。如果说教育是一种训练,那么教育不应是仅对学生进行知识的训练,而应该是对学生进行的自我发展能力的训练。教育者需要提供学生成就健全个性可能的环境,不只单调乏味地进行智力发展的教育,还要从技术、艺术、古典文化等多个方面提升学生的素质。教育者要给予学生合理而充分的自由和明确而有序的训练,这种训练要能够牵引出学生的自我训练,使学生自主而专注集中地进入学习的状态——发现是自主发现,训练是自我训练,收获是其首创精神的成果。学生不断被激发兴趣,不断地获得技能,不断被成功激励,因此有强烈的自我价值认同感和生活热情。在这一点上,杜威与怀特海所见略同,杜威认为"学习的目的与从学习中得到的报偿,是继续成长的能力"。① 人作为有机的群集，都应当进入有价值的自我发展。自我发展具有"思想活跃、具有创新"的特征，换言之，富有生机。生机是世界上最最美好的东西，每一个人都有责任来保护这最最美好的东西。

惰性观念(inert idea)是怀特海提醒教育者在训练儿童思维活动时需要特别注意的。呆滞是生机的反义语，怀特海这样定义惰性观念："那些仅仅被大脑所接受却没有经过实践或验证，或与其他东西进行融会贯通的知识。"在对惰性观念这一关键词做出解析时，可以注意到这其实正与怀特海教育节奏的三个阶段(浪漫、精审、贯通)相反地对应着：1.仅被大脑接受，意味着学生并没有心灵所热切地渴求，学生没有对隐现之间的知识表现出兴奋，即学生没有进入浪漫的阶段；2.未被实践或证明，意味着人为提出的事实并没有被在学生头脑中建立起明确的关联，知识没有被系统化和条理化，即学生没有进入精确的阶段；3.未被新鲜地组合、融会贯通地运用，意味着学生并没有辨别和联系的思维，不能进行知识的迁移，也没有相应的技能，即学生没有进入综合运用的阶段。惰性观念意味着生命体被排除在教育节奏之外，没能获得任何一个阶段的成功。教育对有用和有趣的追求，也展现为不断地自我省察是否有惰性观念的倾向，保持自身进步发展的生机。教师有责任引导学生远离惰性观念，生机蓬勃地进入教育的节奏及其周期性循环，把学生培养成能够自我发展的人。

二、教育的主体：正在理解着生活的学生

谈及人的自我发展，应该不是指生命体的自然成熟度，而是人对生活的理解的发展。"他(学生)所学到的东西，能够帮助他理解在他的生命中所发生的一系列的事情"，怀特海如是说。通常人们认为教育的主体是学生，但在怀特海的语境里，教育的主体却是正在加深和丰富着对生活的理解的学生。一个身体生长而思想呆滞的学生身上，看不出自我发展的迹象，也看不出教育的效能和说服力。教师要时刻提醒自己，不是在跟没有生命的物质在打交道，也不仅仅是在跟生命物质打交道，而是在跟思想处于活动中的人打交道。唯有当教育能加深和丰富学生对生活的理解，能够使学生朝向有用和有趣的教育命题的方向迈进，教育才堪称为教育。

教育的主体是正在理解着生活的学生，是人的活动和活动着的人，处于发展生成的动态之中。怀特海也强调了自己说的"理解"。理解不是指逻辑上的认识，而是法谚

<hr />

① ［美］约翰·杜威.民主与教育［M］.薛绚，译.南京：译林出版社，2012：10.

中的"理解一切，宽恕一切"。在这一点上，怀特海的思想与中国传统文化非常接近。颜回"不迁怒，不贰过"，孔子以此作为他好学的证据。"学而时习"与"不知不愠""有朋远来"不是各自独立的人性特征，而是一体三面。以生活为主题的教育才会令学生厚道，易于跟他人建立共情之理解，胸襟开阔，在社会群集中和谐自如。怀特海从小学习拉丁语，"在拉丁语中，'生活'这个词总是等于说'和人们在一起'（inter homines esse）"①，教养担负着个人融入社会的功能。教育以生活为主题，不仅是个人的生机的需要，也是社会生机的需要。

学生是有机的生命体，学生所学的知识也必须是鲜活的，是协调了人类感知、情感、欲望、希望，以及其他能调节思想的精神活动的知识，或者说成是可以转化为文化的知识。怀特海认为教育的核心问题，即，要以生活为教育主题，不能让知识僵化，而应让它生机活泼。怀特海提出：教育只有一个主题——那就是各呈其貌的生活②。生活是完整的，世界是完整的，学科之间不应该分崩离析毫无关联。好的教育，使学生在见"树"的时候能够见到"树林"。学生在学习科目的知识的时候，应该知道自己所学的真正主题是与自己息息相关的生活。我们可以从《教育的目的》原文中逆推出他的观点，那就是：所有的学科都将因为生活而融为完全而唯一的整体，代数——后面跟着生活；几何——后面跟着生活；历史——后面跟着生活；语言——后面跟着生活。

教育者要成功地把生活嵌入所有的教育计划之中，要成功地展示出生活与智识或情感认知能力在基本特征上的联系。可是实际的教育实践并不如人意，怀特海谈及本国的教育改革时，提到数学只剩下图表。人们认为图表能解决问题，因此取消了一切其他思想和概念，这是自以为得计其实反受其害的做法。有不少改革只汲汲于形式的小小改变，最终被教育本质上的错误理解而绊了大跟头。怀特海认为改革必须"从另一头开始"，即应从学生所理解的那一头开始，从教育真正的主体那一头开始。怀特海认为有效的教育改革是：1. 确定这世界上有哪些简单得足够进入普通教育的可转化为知识的生活经验；2. 将这些生活经验转化成的知识系统而有规划地制定好。

对于教育实践，怀特海还提出了两条戒律：1. 不要同时教授太多的科目；2. 凡教的，教必透彻。这两条戒律目的都是要保证教学的生机，使学生有充分的自由和闲暇

---

① ［德］汉娜·阿伦特. 过去与未来之间［M］. 王寅丽，张立立，译. 南京：译林出版社，2011：70.

② 此句原文为：There is only one subject-matter for education, and that is life in all its manifestations. 唐力权老师所著《周易与怀特海之间——场有哲学序论》中解为"各宜其宜"，认为生命的本质在于"得宜"，很有韵致。

来对所学与生活进行想象和组合,去发展自己对生活、对世界的理解。为此,教师只能少而精地进行透彻的教学——这相当于增加了教学的难度,对教师提出了更高的要求。教师把大量无活力的知识灌输进学生脑袋的做法是相对容易的,把教学的目的仅当做要学生记住考试中可能出现的问题是相对容易的。怀特海反对这种容易,他认为这种容易代表着"邪恶之路"。教育作为一门教人运用知识的艺术也必然是难的。如果说某位教师真的获得了成就,绝不是因为这位教师更善于在静听式的课堂上朝学生的脑子里灌输知识,也绝不是因为这位教师的学生在考试里取得了好的成绩,而是因为教师对诸多可变因素进行了精妙的调整,和细节掌握上那"耐心又耐心"无捷径的教导。而教育者所有这一切艺术般的不避艰难与美好,都是为了在学生的生动活泼的头脑中唤起其内在的潜能,使其充满想象力地构筑生动活泼的生活。

三、教育时间的所在:神圣的现在

怀特海强调自己想要的理解,"是坚定不移的对现在的理解"。现在是人进行自我发展的活的机缘(living occasions),是教育生机的时间容所。怀特海认为,现在是神圣的。"现在本身就包含着全部的存在,那漫长完整的时间,它属于永恒。"现在联系着过去,又包含着未来。现在是先贤们集会的地方,他们的伟大交流令人激情迸发。我们站稳现在,意味着我们可以穿越时代去分享着所有先贤们伟大而令人激情迸发的思想,并对未来做出准备和预见。现在可以巧妙分离为两重维度:实际可见的"现在",和历史延伸而至的"现在"。将二者进行比对观照,可以形成我们对世界的认识。当怀特海谈及现代艺术品丑陋粗鄙、尺寸精确、紧凑局促时,是基于古代艺术品的美丽而富有魅力、风格变幻、舒展开阔,才看到了现代艺术品的不足。意识到不足使人悲痛,同时也在人心中产生了去改变的力量。因此,现在是人们进行一般性自省的标尺,也是人们以生活的热情来进行所有改善与改革的对象。与艺术品相似的问题也出现在现代教育中——统一的外部考试制度使得原应完美的教育教学实施正变得紧凑局促、丑陋粗鄙。可人们对此竟然没有深切的悲剧感,反而满怀期待地寄望于拿高分的学生将来可以找一份赚大钱的工作,这种荒诞表现是因为人们失去了现在。

统一的外部考试制度,其危害在于其破坏了文化的精髓——现在。人们对分数的焦灼渴望等同于虚设了一个在教育过程之外的目标:分数。统一的外部考试制度来自于人们对教育目的的认知模糊,却导致了更广泛的教育认知模糊,并恶性循环地形成了这样的局面:上有禁止统考、排大榜并公布排名的政策,下有按成绩的名次来排考场和座位号的对策。到底是制度使人追求分数,还是追求分数成了"看不见"的制度,已经难于辨分。教育的目的和手段倒错,不再是"考是为了更好的学",而是"学是为了更好的考"。教育唯分数论成败,而不关注学生现在的即刻经验。

教育只能发生在现在,也应该发生在现在。"没有比轻视现在对年轻人的危害更大的了。"不能在此时此刻削足适履地培训学生去应付考试,却在未来抱怨他们没有自信和想象力。不能在此时此刻磨砺刀斧般磨砺学生的大脑,却在未来抱怨我们的民族没有天才。不能在此时此刻让学生"表演智力的小步舞蹈",却在未来埋怨他们不能自主学习。统一的外部考试制度使得现代学校深受损害,在最该严谨严厉的地方,也就是知识必须与当下生活结合这一点上,表现出放任自流;在最该富有弹性的地方,比如考试的成绩上,表现得僵化刻板。有些现代性的教育实验,虽然表现出一副革命的姿态,但实际上并不能摆脱应试的掣肘,除了造成对教育问题探讨的混乱并未真正对教育有所改善,从一种形式主义走向另一种形式主义,从一团惰性思想走向另一团惰性思想中。"教育不应是跟在形式主义和惰性观念后面打转的角色,教育作为生机蓬勃的改善社会的先行者,理应走在神圣的现在。怀特海呼吁:"不管学生对你的课程有什么样的兴趣,这种兴趣必须在此时此刻被激发;不管你要加强学生的何种能力,这种能力必须在此时此刻得到练习;不管你想怎样影响学生未来的精神世界,必须现在就去展示它。"

学校是教育的单位,学校有了真正的现在,教育才有现在。怀特海把学校的独立视为教育改革的第一要务。如果学校丧失独立性,再好的理念也会被精神阉割,只剩下围着应试成绩转。学校不应该沉浸在训练学生考试中来维持生存,应该可以无所顾虑地去抓住学校的机遇。怀特海极为反对统一的外部考试制度,他说到"所有用来考查单个学生情况为基本目的的外部考试制度,都不可能有效,而只能造成教育的浪费"。怀特海认为统一的外部考试只在检验学生是否懈怠方面有一定的作用,而这唯一的用途完全可以用其他方法来替代。他提出了开创性的建议,只允许问学生其任课老师严苛地审察过的问题,或者考试中的问题被任课教师事先设计或修改。如果我们能够按照怀特海的建议来进行对教育的考察,教师就可以不受统一考试的威胁地教学。就在现在,就去实施学校自己的教师的课程,或者是经过学校自己的教师修正过的课程;就在现在,就由老师按照最宜于激发学生智慧火花的方式去自由教学,而不再为了考试去严求安静的课堂纪律来向学生灌输。现在,就去以更积极合理的方法来考核与督促学生的学习进步。唯其如此,人才能真真切切地活在教育的现在,即包含着对未来美好期冀的现在。保持学校的生机,可持续地自我发展,在一个个现在中通向未来。

四、有教养的心智:懂得欣赏思想逻辑和热爱风格

人从生活中获得自我发展的教育,而自我发展的人也要走向生活。怀特海认为,教育是对于生活探险的训练。每个人都像古希腊神话里要回家的奥德修斯那样,面临"斯库拉和卡律布狄斯之间"的挑战。怀特海用更通俗的话来解释这个典故要传达出的左右为难,"每条道路两边都有壕沟"。如何能够不掉到两边的壕沟里,而有生机地走在正道上? 这就需要将生活的探险与智力的探险连在一起,通过教育使人养成思想的习惯,并获得思想的乐趣。现代复杂的社会结构里,所有因素盘根错节地联结在一起,现代人对生活的探险比历史以往更加困难了,这就要求现代人具备有教养的心智。教育要培养的现代人的心智该当如何呢?"教育所要传达的是对思想的力量、思想的美妙和思想的逻辑的一种深刻的认识,以及一种特殊的知识——这种知识与知识的习得者的生活有着特殊的关系。"怀特海把思想的逻辑单拿出来先做出阐释,把思想的力量和思想的美归结为风格。

每个人都有思维,但未受教育者的思维条理性很差,"被感受到的情感之流将作为一个巨大的海洋而出现,而在该海洋表面漂浮的仅仅是一层不稳定的薄薄的理性"。[①] 高级的思维才能将理性的光去烛照即刻最亟须解决的经验之肯綮,科学合理、富于逻辑。思想的逻辑是人的洞察力,"既有通盘的认识,又能对细微处做出辨析与联系"。逻辑是对思想的思想,"注意,细致,准确,精细,动脑筋,有条理,井然有序这些都是逻辑的特点,既不同于粗枝大叶和随心所欲,也不同于墨守成规和迂腐学究。"[②]思想的逻辑不是人们随随便便能掌握的,也不是人思前想后就能实现,必须通过专门学习才能具备。专门的学习使人获得对思想条理的领会,大脑具备更抽象同时也更具体的思维能力。如何能获得这种专门的学习呢? 怀特海指出,学习某科学领域的概念的首要途径是证明,这是不轻信的学习态度。怀特海阐释了理想的思维训练的过程:"凡是被证明的都应该加以利用,凡是被利用的东西都应该(只要可行)。"而且"儿童在证明和利用某个知识的时候,应该毫不怀疑地知识什么时候是在证明,什么时候是在利用"。通过证明,把多变成一,理解抽象的思维;通过应用,把一变成多,重回具体的生

---

① [美]罗伯特·梅斯勒. 过程-关系哲学——浅释怀特海[M]. 周邦宪,译. 贵阳:贵州人民出版社,2008:21.
② [美]约翰·杜威. 我们如何思维[M]. 伍中友,译. 北京:新华出版社,2014:47.

活。头脑做着来回往复的运动,多到一,一到多,直至把知识和生活整体性地联结在一起。获得这种思维的训练,比获得科学概念、命题本身是更为重要的。拥有思想的逻辑,至少懂得对思想逻辑的欣赏,正是人类高品质的思想可持续发展的驱动力,是思想生机的头脑机制保障所在。

怀特海说的风格是人类精神品质中卓越的一点,也是教育所能培养的所有精神品质最难的一点。风格具备美学特质,有实现和约束的双面。每个人会面对不确定的事件。没有风格的人往往带着偶然性去做事,随波逐流,结构松散,节奏混乱。而有风格的人,往往会把一切都处理得有条不紊,恰到好处,朝向至善至美。虽然风格不是指人的个性特征,但是人的个性特征却是成就风格的潜在基础。风格与人的个性特征应该是完美契合的,每个人都具备成就其风格的可能性,可以去挖掘、培养和实现。只培养同一类型的孩子,想办法改造学生成为标准件,不尊重其特点也就破坏他风格的可能性。教育中如果排除差异化,那就是在毁灭生命。我们要保护生命的生机,就需要保护风格,及风格形成之前的人的个性差异。

风格使人专业化,并因此对文化做出特殊贡献。最有用的东西是风格,即最有趣的东西也是风格。怀特海通过风格再次把人的专业化和文化联系在一起,再次回到了教育关于人有用和有趣的命题。风格使人避开细枝末节,直达原初的目标;风格使人对事物有透彻的理解,可以预见行为的效果。"预见是洞察的产物",是高度的智慧;风格使人专心致志,力量因专注集中而提升。风格使人有作品意识,并因此在实践中精益求精。"有风格的管理人员讨厌浪费,有风格的工程师尽可能地节约原料,有风格的工匠更喜欢创造精美的作品。"因为有了风格,使人在职业生活中有着神圣虔诚的天职观念,人们履行自己的职责就像是为了完成此生来到世间的使命那样。怀特海给予风格极大的赞赏,他说风格是人类精神的终极道德(原文为 style is ultimate morality of mind),"风格是智者的最高德性",美德和智慧因为风格这个中介合为一体。当一个人的美德与智慧调和平衡,呈现出自己的风格时,这个人成为大写的人,最光辉、最美好的东西都附在他身上,成为最配被称为人的存在,这是风格最美好的意义。

教育的理想不能沦落到跟教育实践不相上下的地步。怀特海把思想的逻辑和风格都界定到高位,难于达到,由此生成一种"虽不能至,心向往之"的趋力,更见出过程哲学的意味。懂得欣赏思想的逻辑,懂得热爱并风格就是人的生机所在。怀特海不仅仅是认为有风格很重要,他同样认为形成风格的过程很重要。"风格是专家独享的特权",形成专家需要有意识地在时间中积淀,并在反思中前进。在尚未形成风格之前,对风格的欣赏就呈现为向预期目标迈进的吸引力,虽达不到但是无限地去接近风格。并且怀特海认为"达到预期目标的力量才是最根本的"。而正是在朝着目标迈进的过程里,风格把力量约束出某有独有的形式来。可见,懂得欣赏和热爱风格的人,才会有生机和活力。有各种各样风格的人的社会,才会是丰富多样、生态有机、富有生机活力的社会。

怀特海对教育十分虔诚,具体展现为他对生活的热情、对文化的传承、对民族的热爱、对美好社会的自觉追求和维护。他悲愤于人们在思考和处理教育问题时轻浮、迟钝的态度,也忧心于这种态度可能导致的生活破碎、希望被挫和民族失败。但他对教育的论述乐观、真挚而圆融,充盈着建设性和可行性,也饱含着爱和生机。就像林塞在徐汝舟译版的《教育的目的》序言中提到的那样:"教育常常是一个枯燥的话题,但怀特海教授的论述却令人兴奋不已。"[①]怀特海对教育目的的论述像一道温和明亮的光照进了教育。他在谈教育的目的,但是他的教育目的旨在激发和引导人的自我发展,闪耀着过程哲学的思想光泽。仿写怀特海的一句话,"整个世界就是一个向新颖境地创造性前进的过程"[②],教育也是一个向新颖境地创造性前进的过程,教育的目的在于创造人的生机。

3.2 怀特海教育节奏思想:"浪漫—精审—贯通"

怀特海发现人们未对学生心理给予应有的重视和关注,教育节奏未在教育实践中被真正掌握,从而导致了违背教育规律的现象并产生负面的后果。因此,怀特海提出了富有张力的教育节奏思想,充分尊重学生在不同智力发展阶段的心理特点。

一、怀特海关于"教育节奏原则"的表述

怀特海将其教育节奏思想以最简明地的方式概括为一个原则,即"在学生心智发展的不同阶段,应该采用不同的课程,采用不同的学习方式"。他说到的三个"不同"构成了千变万化的排列组合的可能性和可行性,使得这一原则新颖而富有张力。

怀特海教育节奏原则的提出,源于他对当时流行的教育观念的批判。他认为,虽然每一个有教育经验的人都熟悉教育节奏,在教育事件中也要用到教育节奏,但是考

---

① [英]怀特海.教育的目的[M].徐汝舟,译.上海:文汇出版社,2012:序.
② [英]怀特海.过程与实在[M].李步楼,译.北京:商务印书馆,2012:342.

虑到影响这一原则应用的所有因素,尤其是学生心理,教育节奏实际上尚未被充分地探讨,也并未得到真正的掌握,人们对教育节奏的理解是简单化、刻板化的。怀特海认为,人们对智力发展节奏性认识的错误有三:认为学生的进步是匀速发展的;认为学生的进步是持续稳定的;认为学生的进步是形式不变的。正是因为人们缺乏对智力发展的节奏和特征的认识,才造成了教育的呆板无效,极大地妨碍了教育方法的有效施行。

由于对教育节奏缺乏理解,人们并不是按照学生心智发展的节奏性原则来设置课程及其实施方式的,而是按照"先易后难"原则和"必要优先"原则来设置的。表象上看"先易后难""必要优先"这两条原则奏效的时候,实质上是因为课程设置适应了学生心智发展的节奏性规律。

怀特海要挑战"先易后难"原则和"必要优先"原则的充分性,他要让人们意识到,不应当不加辨析地把这两条原则视为真理。

对"先易后难"原则的异议。先易后难原则指:较容易的科目应该先于比较难的科目学习。怀特海提出:有些最难的科目应该先学习。婴儿第一个智力任务(掌握口语)的达成可以作为怀特海的证据。掌握口语包含两层的困难:把声音和意思对应;对声音和意思进行分析。任何一个曾经学习过外语的人都知道,语言学习的任务有多么的艰巨。然而这个艰巨的任务在婴儿的成长过程中水到渠成地完成了。

怀特海认为,先难后易是人的先天秉性,是人的生存所需,先学会某些难的东西对生活非常重要。因此,教育者在实践中遭遇困扰的时候,不能一味地想着要把难的课题往后放,某些情境正是因为教师把难的课题置后才造成了学生失去学习兴趣。

对"必要优先"原则的异议。必要优先原则指:必要的科目应该先于其继发科目学习。例如,"会阅读"似乎是"会阅读《哈姆雷特》"的必要条件,因此人们想当然地觉得儿童应该优先学会阅读。必要优先原则看上去似乎是有证据的,但是事实上,儿童或成人都可以依靠耳朵的聆听来"阅读"。所谓的"必要",未必真的必要。

人们滥用必要优先原则就会导致对儿童的教育缺乏节奏性。怀特海尤其担心那些迂腐而在组织中有权力制订课程中学科先后顺序的人,不加鉴别地使用必要优先原则,致使一些科目放在另一些科目前面,"制造出教育中干涸的撒哈拉沙漠"。事实上,我国现在的教育中仍然存在着将"先易后难""必要优先"原则想当然地作为圭臬的教育者,亟须学习怀特海教育节奏思想来澄清观念。

"The truly important order is the order of quality which the educational procedure should assume. "①怀特海的这句话翻译成中文,最凝炼恰切的说法大概会是"循序渐进",而循序渐进中"序"(order)是理解的关键点,不能把"序"静止僵死地理解为从简单到复杂,也不能静止僵死地理解为从必要知识到所谓的继发知识。那么,"序"到底指什么呢?即指学生心理发展过程的节奏性顺序。怀特海研究学者罗伯特·梅斯勒谈到好的教育者时,说他们首先怀抱着爱、同情、耐心和想象力去主动接受孩子的影响,然后再影响他们。教育不应是成人对儿童的单边倾轧,教育要能"看得见"儿童,有效的课程设置和课程实施方式应当充分考虑学生的心理,顺应学生的心智发展节奏。怀特海指出,所有的科目本质上都应该在智力发展的萌芽阶段开始,由不可阻挡的浪漫洪流把学生推向自主的精神世界的生活。因此,学生的学习兴趣是最关键的。某一个年龄或时期,学生对哪一主题感兴趣,学生就应该学习哪一主题,并以学生最适宜的方式来学习。

二、怀特海教育节奏思想的主要观点

怀特海的教育节奏思想是一个有机整体,教育节奏原则是最先进入读者视线的冰山一角,海面下仍有深邃而丰富的观念团等待进一步探索。关于学生的不同心智发展阶段如何划分,在学生的各心智发展阶段应该设置哪些课程,这些课程设置应该采用哪种教学方式,怀特海都有进一步的精彩阐释,其阐释中蕴含着很多令人耳目一新的教育创见。笔者将怀特海的教育节奏思想概括为三个方面:交互主导的三阶段、循环叠套的周期性和以专注集中为显著特征。

1. 交互主导的三阶段

受到黑格尔把发展过程分为"正""反""合"三阶段的启发,怀特海把智力发展过程也分为三个阶段,并乐于将它们命名为:浪漫阶段→精审阶段→贯通阶段。这组命名灵动活泼,使抽象的概念似乎呈现了鲜明的形象,使教育者很容易领会学生在各个阶段的心理特质。

① **浪漫阶段(stage of romance)** 浪漫阶段是领悟开始的阶段。在浪漫阶段,儿童接触到的知识是大量的未经探索的内容。这些知识若隐若现地吸引着学生,使浪漫阶段的学生呈现出懵懵懂懂、不知所措、兴奋异常的特点。其中,兴奋是浪漫阶段最显著的特征。从接触单纯事实,到开始意识到事实间未经探索的关系的重要意义,儿童的

---

① A·N·Whitehead. *The Aims of Education and Other Essays* [M]. The Free Press,1967:27.

世界猛然变化,这就是兴奋的来源。浪漫阶段的儿童认知特点是,知识不受系统程序的支配,知识不是为了特定的目的而建立起来。儿童处于对事实的直接认知中,偶尔对认识的事实进行系统化的分析。

② **精审阶段(stage of precision)** 精审阶段是智力发展的必要的克制和约束。这一阶段的知识增加了适于分析的新事实,这无疑是很有价值的积累。精审阶段的学生从纷繁复杂的骚动,走向有序的整理。学生开始学习一点一点地接受特定的分析事实的方法,使知识条理化、系统化,对浪漫阶段的一般事实作出揭示和分析,要将知识形成原理。在精审阶段,学生对知识之间广泛关系的认知处于次要的地位,学生系统阐释的准确性才是精审阶段最关键的内容。

③ **贯通阶段(stage of generalization)** 经历了精审训练之后,学生已经具有分类的思想与相应的技能,走向运用和综合。在贯通的过程中,学生会发现新鲜事物,重新回归浪漫,开启新的循环。

为了避免读者断章取义,怀特海特意申明,不要过分夸大一个循环周期中三个阶段之间的鲜明差异,绝不能将三阶段进行刻板生硬的割裂,这三个阶段是自始至终地存在着的,只是交互主导而已。人是有机的生命体,有着自我发展的冲动。智力发展的创造性来自个体内部,来自人内在的价值判断和精神领悟系统,绝不可以随意拆解。"人的经验的每一瞬间都密切配合。在身体的现实存在和人的经验之间存在着流进流出的因素"①。浪漫阶段那纷繁复杂的骚动必将寻找一个出口,学生会集中身心力量在自己最为关注、急切解决的某个认知方面进行精审;学生掌握的理论精审到了透彻的程度,自然而然就会跟生活联系起来,进行综合的运用;在贯通中,学生一定会遇到新的问题,产生新的浪漫。这意味着,没有浪漫就不可能有精审,没有精审也就不可能有贯通,它们是密不可分的。教育应该做的就是去呵护、激发和引导学生的浪漫心向,随顺着他们节奏性的生命冲动,使他们产生活跃的智慧,减少他们生命热情和能量的浪费,让他们有节奏的成长过程中的生命渴望得到满足和鼓励。

关于教育节奏那交替主导的三阶段,可以从多维度视角进行思考。出于对学生学习知识时能够自由选择和有序地获取的考虑,怀特海把自由和纪律视为智力发展的两个要素。他认为,教育开始(浪漫)和结束(贯通)阶段的主要特征是自由,中间有着纪律约束而自由居于次要地位的阶段。因此三阶段又可以表述为:自由→纪律→自由;

---

① [英]怀特海.思维方式[M].刘放桐,译.北京:商务印书馆,2013:107.

考虑到智力发展中自我发展的重要地位,怀特海又提出了"分析生活的较高层次中的节奏性发展的一般规律":觉醒(浪漫/自由)→训练(精审/训导)→较高层次的收获(贯通/自由)。或许三种发展阶段的命名方式结合起来理解,更有利于避免碎片化的认识,有助于读者更为立体地去理解怀特海教育节奏思想。教育节奏思想,合于怀特海倡导的"使人具有活跃的智慧"获得本质自由这一教育目的。教育节奏思想若能够在实践中得到切实的实施,将是对个体自我发展的完美训练。

2. 循环叠套的周期性

怀特海在《科学与近代世界》中高扬"周期性"这一抽象概念的认识和理解对人类文明进步的贡献,谈及光波、声波、琴弦、摆、行星绕轨道运行等多个方面的符合周期性规律的事实。[1] 怀特海认为,生命中智力发展的周期也是循环往复地出现的。"每一个循环期都各不相同,且每次循环期中又再生出附属的阶段。"就像水流那样,流淌之中带有节奏性,大涡旋中还有一些小涡旋。教育的过程是很多周期叠套起来的非线性的循环,每一个周期,小到一堂课,大到人的一生,都包含智力发展的三阶段。

怀特海以语言和科学两条线索为例,来阐释智力发展的循环叠套的周期性特点。他描绘出一个大的循环周期,从儿童到成人的整个成长阶段,并做了一个大概的划分(笔者以图2来助力,使其更为直观):1. 浪漫阶段覆盖了前12年的儿童的学习生活(另一处表述为14年,怀特海对这个时间段的划分也不是绝对限定的,甚至有些故意为之的含混,以免读者僵化教条地去限定和划分);2. 精审阶段是学校教育中的中等教育阶段。3. 贯通阶段是少年迈向成人的阶段,即大学阶段(或与大学教育程度相当的教育阶段)。

智力发展的第一个循环周期主要与语言相关。幼儿期的浪漫阶段主要在感知,为口语的掌握做准备。幼儿开始了解物体及物体之间的联系,幼儿智力的外在表现形式就是把自己的身体行为和心理感知完美协调起来;幼儿语言的精审阶段,使口语成为其认识世界的工具,对感兴趣的物体分类,对人的情感加强;幼儿语言的贯通阶段,语言作为媒介,分类思维更强、感知更敏锐,并因此扩大心灵的快乐。这一时期儿童对语言的学习完全处在自然的状态,未受到现行教育模式影响,因此获得了完全的成功。而这种阶段性的成功会令学生感到欣喜,激发学生的求知欲望,开始新的浪漫。怀特

---

① ［英］怀特海.科学与近代世界[M].何钦,译.北京:商务印书馆,2012:39.

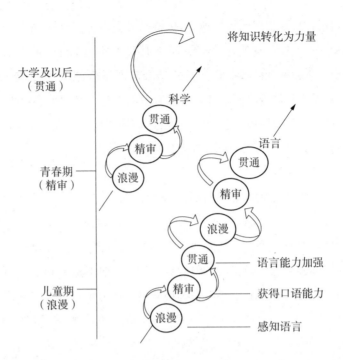

将知识转化为力量

大学及以后
（贯通）

科学
贯通
精审
浪漫

语言
贯通
精审

青春期
（精审）

浪漫

贯通　　语言能力加强
精审　　获得口语能力
儿童期
（浪漫）
浪漫　　感知语言

海将这一时期的浪漫称之为"无与伦比的浪漫"，因为这时的儿童在多个方面都比幼儿有所发展，进入了全新的世界。从 8 岁到 12 岁或 13 岁，正是拥有这"无与伦比的浪漫"的黄金时间。

　　进入青春期，学生开始倾向精审知识的学习。怀特海强调，他所说的精审，不服从于大量系统性的需要死记硬背的考试。儿童并非是突兀地进入精审阶段，其间有自然的过渡。从 11 岁开始，儿童就需要在语言的精审上增加注意力。12 岁—15 岁，是语言的精审阶段。他认为，文史类的学科即便处于精审阶段，也应该呈现出浪漫的精神来。这一时期的学生，恰恰处于科学的浪漫阶段。学生对科学观察、科学实验、科学理论等产生兴趣。科学的浪漫是研究性质的浪漫，怀特海认为所有关于科学的训练都应该是以研究开始，以研究结束。需要注意的一点是，科学学科的浪漫中也要求局部的精审思维。学生到了 15 岁之后，科学进入精审阶段，语言进入贯通的阶段。学生集中注意力在科学方面的学习上，深入学习科学学科发展的重要原理，对科学概念不断地加深理解。语言的学习此时更多地着眼于作品思想及历史背景的理解上。怀特海强烈地建议学生在青春期学习外语——语言与思维是紧密相连的，而外语学习是对原有语言理解的丰富。成功的教师把知识的细节"消失"在凝练的原理中，使那原理就像天上的太阳、月亮一样清楚，学生对原理的掌握如同仰望天空一样自然。学生在这样的精审中,求是究理,形成了自我省思与克制的逻辑习惯。

大学阶段(或者相当于大学水平的学习阶段),被怀特海描绘成"站起身来环顾四周"的人生阶段。贯通阶段的学生"必须学会从一般概念向具体事例运用的转变"。大学课程中,贯通的精神和理念必须占据主导地位。"从很大程度上讲,理解力可以通过有意识的努力而得到,它是可以教会的。"①大学教给学生的正是这样一种理解力。好的大学课程应是对一般规律的广泛的研究,学生学到的原理不再是精审阶段那种正式的语言阐述,而是化成了入骨入髓的思维习惯。大学阶段的智力培养使人形成先验的直觉,使人在执行某一任务的时候,大脑自动地令人满意地运转,本能而睿智地解决问题。怀特海认为贯通阶段就是把学生的知识转化为力量,而"这种力量最深刻的表现就是美感,对于所实现的完美境地的审美感"。怀特海把人对美的感受看成文化的重要组成部分,也是教育目的终极追求"哲学般深邃,艺术般高雅"的重要内容。进而他申明自己的立场,即大学教育中应足够重视艺术的重要性。他认为"艺术的存在使我们感受这个世界的美妙,它丰富着我们的心灵。"心怀艺术的人才更容易被召唤出爱国的情感,怀特海把艺术繁荣看作通向国家文明之路。此间颇耐寻味的是,论语泰伯篇中的论述:"兴于诗,立于礼,成于乐。"②怀特海的教育节奏思想在大的循环周期上与孔子关于学人次第的论述超越时空遥相呼应。

3. 以专注集中为显著特征

怀特海认为专注集中与智力进步有着强相关性,有节奏的智力发展必然以专注集中为特征。学生的专注集中是教育节奏的各循环周期及其阶段顺畅流转的内在保障。专注集中的语意比较贴近孟子提倡的"专心致志"③,荀子在求知方面也很注重此节,他说"心何以知?曰:'虚一而静'"④。专注集中可从内因、外因两个层面来分析:学习者内在的全身心投入和外界对学习者的无可打扰,二者有着相辅相成的关系。全身心的投入会降低外界干扰的影响力,而外界不扰乱学习者也更利于学习者全身心的投入。专注集中符合自由→纪律→自由的教育节奏。学习者不受外界干扰有着强烈的自由的意味,不需抗拒也不需躲藏,身心舒展自由自在。学习者全身心投入学习有着强烈的自我约束的意味,受自己内在的纪律的管理。专注集中是学习者内在自由和内

① [英]怀特海.观念的历险[M].洪伟,译.上海:上海译文出版社,2013:85.
② 论语·泰伯篇第八章。
③ 孟子·告子上。
④ 荀子·解蔽。

在纪律的和谐一致，是教育所眷注的人之品性。

怀特海为教育者找到了一个评价与反思教育的参考系，那就是幼儿期的完全成功。幼儿期任务的完美的成功，在怀特海看来要归功于幼儿那专注集中的显著特征。幼儿以其内在自秩序来自然地生长，也自由地探索和顺应其生命内在的纪律，自我训练般将注意力集中在自己感兴趣或自己迫切解决的问题上。幼儿期的任务是正常发育的大脑完全可以适应的任务，人们并未寄予过分希望，幼儿所处的环境对他们的学习没有外在干扰，因此幼儿得以自然地成长。他们想对什么事物感到浪漫就感到浪漫，没有人规定他们不许对什么东西感到浪漫，没有人要求他们一定要去对更简单或者更必要的知识感到浪漫。幼儿不仅获得了知识上的进展，更重要的是他们获得了对生活产生浪漫的自由。他们对事物的浪漫虽是自由的，但是浪漫心向本身具有约束力，像是受到纪律一样要求儿童不偏离学习目标，处于自由和纪律的平衡中。继而，幼儿专注集中于自己所学知识的精审，专注集中于知识的贯通……不断地自我发展进步。在成人并非真切理解和关注的情况下，幼儿看似散漫、实则有序地获得了智力的进步。幼儿以自然的方式进入自己的教育节奏和周期循环。

以此参考系为标准，怀特海认为幼儿期之后的统一的教育体系造成了学生在成就与兴趣上的双重失败。失败的原因并不是因为后期的任务比幼儿期更难，而是因为任务是以非自然的方式（"a unnatural way"）来设定，具体表现在：1."没有节奏"，2."没有中间阶段的成功带来的鼓励"，3."没有专注集中"。

事实上，教师担负着避免学生生命浪费的职责，必须对学生施予必要的外在的干预。教育者不可能把学生扔在知识的海洋里，任由学生盲目地摸索，荒废宝贵的生命。那么，教师该如何做到牵引学生的自我发展，而不损伤其专注集中的品性呢？最理想的教师教育节奏应与学生心智发展节奏和谐共振。"不管什么教法，只要能激发求知欲欲望和审美意识，它就能扩大学生的心灵并使它凭借自己的、自由的、内在的冲动发育、成长、成熟。"①成人若是以自然的方式教育儿童，使其外在的教育环境符合其内在的心智节奏，学生就不会左顾右盼，不会被细枝末节所吸引，直扑伟大的真理，学生会轻松愉快地完成必须完成的任务。对教师来说，进行符合学生心智节奏性发展的教育固然是一个挑战，但是意义重大。学生因为乐意学习而专注集中时，他们的志趣与所学恰好相通，这会使学生智力得到最大程度的发展，同时对于学生的性格培养也有重

---

① [英]怀特海. 怀特海文录[M]. 陈养正，王维贤，冯颖钦，刘明，译. 杭州：浙江文艺出版社，1999：110.

大的价值,对道德感的建立也有正向的积极推动。唯其如此,才能培养出怀特海所言的"工作就是娱乐,娱乐就是生活"的社会需要的人——即学者、发现者、发明者三位一体的人。

考虑到专注集中这一特征对人的智力发展的重要作用,怀特海认为在各个循环周期都保留出一定的专注集中才是明智的。人的时间和精力是有限的,怀特海指出应该"避免在发展循环周期的同一时段不同科目竞争"。这与他在教育目的思想中提出的一条戒律相吻合,那就是"不要同时教授太多的科目"。浮皮潦草、混混沌沌的学习过程会毁掉学生的知识,更重要的是会毁掉学生的思维习惯,无法形成有教养的心智。教师应该让学生面对一个自己尚可运筹的世界,不因为疲于应付各个学科的撕扯而产生挫败感,而是萌生认识生活的喜悦。但是我们需要面对的现实是,一定会同时教授不同的科目,学生和教师无论如何都要面对某种程度上的精力分配,该如何取舍呢?怀特海提倡在某个阶段把注意力集中起来在某一个学科上,甚至青春期的最后一年,学生"在数学方面的加强以牺牲一些其他科目为代价",也是值得的。在怀特海的教育目的思想中,他还曾提出另一条"教必透彻"的教师戒律,这条戒律转化为学生的认知戒律就应该是"学必透彻"。从"教必透彻"到"学必透彻",是师生共同面对外在应试教育大背景的对抗与突围,这需要教师富有经验并发自内心地关切学生,让自己教育教学的节奏与学生学习的内在节奏和谐地共鸣。

3.3 怀特海教育节奏思想的别一种表述:"自由—训导—自由"

怀特海谦卑谨慎地继承和改造着人类一路流传下来的自由教育思想,丰富了自由教育内涵。他首创性地提出了自由与纪律的节奏性主张,把人的自我发展以至拥有活跃智慧的教育目的融入其中,把教育过程那自然般涌动的节奏性特征融入其中,把追求智慧的古典教育理想融入其中,也把自己对现代自由教育发展境况的关切融入其中,并以对技术教育和艺术教育讨论来探索自由教育的理想模式,构创出一个既朴素又别具一格的自由教育思想体系。这体现了他中正平和的科学态度和过程哲学强大的包容性。

一、自由教育对智慧或知识的追求——古今之辩

根据柏拉图所能代表的文化类型来考虑,怀特海把柏拉图看做是现代自由教育的

代表人物。就一般意义而言,这种观点存在时间错位。但怀特海把现在作为先贤们集会的神圣之地,所以柏拉图"活在"现在也就不足为奇。柏拉图式的教育理想对西方文明作出不朽的贡献,"它促进了艺术发展,培养了那种代表科学之源的无偏见的求知精神,在世俗物质力量面前保持了精神的尊严,那是一种要求思想自由的尊严。"古人向往神圣的智慧,他们深刻地认识到:智慧高于知识的必要性。因此,自由教育注重培养人的思维能力和审美鉴赏力,也重视实际运用。传统的自由教育以贵族式(自由人)的闲暇来培植智慧。遗憾的是,古人在教育实践中犯了错误,他们以为智慧可以通过哲学家对着年轻人的讲演来传授,以至于当时出现了一批靠不住的智者。另外,奴隶制带来的后果使他们的价值观扭曲,他们排斥体力劳动,造成了心智和身体的对立。古典教育在自由和智慧的教育理想上是卓越的,其不足在于教育的无序。

现代的学校里,教育的卑微目标变成了教授各种科目的知识——这标志着教育的失败,人类的追求智慧的教育理想沦落了。更糟糕的是,教育者为了给学生灌输沉闷无趣的知识,对学生进行乏味的强迫性训练。智力发展中精确阶段,被人为地过度延长,几乎成了学校教育体制中唯一的学习阶段,结果产生了大量的心智迟钝的书呆子。怀特海有一个形象的比喻,这种用学生血肉鲜活的头脑来换取机械知识的做法,就像信奉印度教的人把自己投身车下主动被毗湿奴的车轮碾死那样,不知是否能够得来的"精确知识",无情地牺牲掉的却是人的自由。教育应该培养出思想活跃、能够感受美的人,怀特海指出:"当我们把智力教育仅仅看作是大脑机械化获取知识的能力,或者是对实用性原理的系统化阐述,那么教育就不会有任何进步。"现代教育恰恰只追求零零碎碎的知识而忽略人的心灵感受,其不足在于教育的无情。

自由的概念常常被局限在思想的自由、出版的自由、宗教观点的自由,从而提到自由的时候常常会伴随着对抗的情绪;但怀特海认为这么看待自由是错误的。怀特海所言的自由是 freedom 而非 liberty,是本质自由而非法权自由。怀特海认为,智慧是人可以获得的最本质的自由。一个人如果不具备有教养的智慧心智,即便拥有 liberty,也无法在现实中真正拥有 freedom。如果一个人拥有了智慧,就算是不拥有法权上的自由,但也在行动中拥有人的本质上的自由。电影《肖申克的救赎》的主人公安迪在监狱中服刑,不具备 liberty,但是他有智慧,所以他 freedom,并凭借智慧最终获得了liberty。尚·多明尼克·鲍比中风后全身上下只有左眼皮能够跳动,如同埋在潜水钟里。他让人根据他左眼眼皮的指引完成了自传小说《潜水钟与蝴蝶》——他的智慧之蝶从潜水钟般的身体中飞出来了,他也是自由的。"智慧与最终自我决定中证据有效的幅度成比例。"①越智慧,人就能够越有效地自我决定,人就越自由。因此,拥有智慧才是值得尊重的自由,也是人内心深处的自然渴望。有智慧意味着,人能够掌握和处理知识,能够确定相关问题所需知识应如何选择,能够敏捷地运用知识就像是具有神奇的直觉,能够改进直接经验的各个方面,能动地为个性增添价值。智慧是关于知识的知识,是掌握知识的方法,是积极地运用已经透彻理解的原理的习惯。相比起知识的传授与获取,智慧更加重要。虽然智力教育以传授知识为主要目标,但是不能忽略智慧,应把智慧作为智力教育模糊而伟大的目标。

怀特海审视古今、取利去弊,他意识到:通往智慧的唯一途径是在知识面前享有绝对的自由,而通往知识的唯一途径是在获取有条理的事实时保持训导。于是,他把自由和纪律归结为教育的两个不可分割的要素。他巧妙地把柏拉图的自由教育理念与现代的知识训练结合起来,将自由与纪律结合起来,避免了古典教育的无序,也摆脱了现代教育的无情,形成了独特的有序而有情的教育思想。一方面,他重兴古典教育追求智慧的理想;另一方面,他也尊重纪律的优点,即有条理地获取事实。自由和纪律不仅不是尖锐对立的,反而是和谐共生的关系。教育的节奏应适应学生的身心发展的自然变化,对自由和纪律作出调节。关于教育的节奏,怀特海把智力发展过程分为三阶段"浪漫—精审—贯通",这三个阶段交替主导、周期性循环。在教育的开始和结束阶段主要的特征是自由,但是中间会有自由居于次要地位的训导阶段。即智力发展的一个周期为"自由—训导—自由",两个关于教育节奏的维度在内涵上是一致的。整个的智力发展过程中,有多个这样的循环周期,大循环套着小循环,多个循环组成的智力发展过程共同形成一个有机体。在一个完美的具有理想结构的教育体系中,其教育功能应该是使纪律成为自由选择的自发的结果,而自由则因为训导得到丰富的机会。要使学生的求知取得最大的收获,就要在教育实践中使自由和训导达到平衡的和谐状态。

二、教育中自由和训导的平衡——内外之辩

关于自由与训导的平衡,本质上应是人内在的平衡。过程哲学的一位奠基人物查理·哈茨霍恩曾宣称"生存就是创造"②,而"自由就是自我创造"③。怀特海的教育目的也就在于激发和引导学生的自我发展,创造出人的生机。怀特海坚持"发展的本能

---

① [英]怀特海.观念的历险[M].洪伟,译.上海:上海译文出版社,2013:47.
② [美]查理·哈茨霍恩.创造性综合及哲学方法[M].伊利诺伊州:奥本科特出版公司,1970:1.
③ [美]查理·哈茨霍恩.创造性综合及哲学方法[M].伊利诺伊州:奥本科特出版公司,1970:9.

来自于自身：发现是由我们自己完成的，训练是自我训练，收获是我们自身首创精神的结果"。那么学生该如何实现这种自我创造的自由呢？在人的心智发展中，循着自由—训导—自由的节奏，且自始至终都同时遵守自由和纪律的原则，又保持二者的平衡。**浪漫阶段**应是自由的，允许学生活动的一定程度的散漫和他们天马行空的想象。学生在浪漫阶段的主要表现是兴奋，对懵懵懂懂的新鲜世界充满好奇心。学生自己观察、自己行动，提出问题、寻求答案，关注新的探险活动会引起什么后果，这是一个生成新体验并产生奇思妙想的过程。**精审阶段**是浪漫阶段得到很好的引导后自然而生的渴望。怀特海追求的精确是在充分的浪漫之后，学生已经具备了对得到的直接经验进行独立思考的能力，到了该向前推进、正确认识学科、铭记其显著特征的时候所进行的精确。并且，精确的知识不仅仅是学生需要的，还是学生能够吸收和理解的。真正精确不是机械的死记硬背，而是自主的专注，并且是以思想和行动的冒险的方式来进行的。就纪律本身的重要性而言，唯有自我约束才是纪律，唯有通过享有广泛的自由才有这种纪律。怀特海强调，即便是浪漫居于幕后的精确阶段，浪漫精神也是一直延续着的。在**贯通阶段**，学生的精确知识也在增长，但以一种不额外花费心力的方式自动化地增长，心灵被确定的力量所鼓舞，自觉地对获得的一般原理和丰富例证作出反应。这个时期，学生必须完成的工作应该符合学生综合运用的需要。"如果这些工作能够使学生充分发挥自身的能力，如果学生的努力能够收到预期的明显的效果，如果在完成这些工作的执行过程中学生们享有合理的自由"，那么学生就会形成一种富有智慧的习惯：愉快地完成必须要做的工作，进入积极而主动的应用知识的自由状态。

尽管学习是学生主动建构的过程，教师的教仍然是非常重要的。正如怀特海所说的，不存在未受过教育的天才技艺。那么，在自由教育中，教师该当如何作为呢？自由应该是人在心灵至高点的和谐，应符合真善美的普世道德规范。怀特海反对超越了善的界限的所谓自由。"在教学这一专业领域，显然年轻的学生不能受制于作为个体的教师的莫名其妙的个性。在这个意义上，主张教学的自由是一派胡言。"怀特海认为，教师有着双重作用，既为学生充当自由的范本与身教戒律，也为学生营建可生长出自由意志与品行的环境。教师应以人格和个性，使学生产生共鸣而激发出热情；同时创造出具有更广泛的知识、更坚定的目标的学习氛围。教育者要对学生的心智活动的环境做出仔细的挑选，适合学生的个人需要。在**浪漫阶段**，教育者需要对学生进行特殊的指引，而这种指引是非常困难的。一方面，不能磨损学生的自由与热情；另一方面，又不能让学生陷入迷茫的彷徨——"儿童是漫长文明史的继承者，让他在冰川时期的人类知识的迷宫里游荡是荒谬的。"浪漫阶段的重点要放在自由方面,但是学生学习的自然动力需要教师的指引和加强。教师教学的艺术就是在明确注意指定的学业的过程中培养浪漫的精神。在**精审阶段**,教师的任务更加艰巨。精确知识的范围,可以并且必须进行明确地界定。这个范围的界定人就是教育者。范围界定得太窄,学生难以有效地掌握。范围界定得太宽,就会使学生陷入长期的精审阶段,扼杀学生的学习兴趣。当我们计量教育的成本,学生的生命力的消耗成本该是首当其冲的被考虑的,而教师的作用就是避免浪费。成功教师的秘诀是:他十分清楚学生需要精确学习的知识范围,他不让学生记住一些不相关的次要的知识。就精确知识而言,成功秘诀就是速度,速度,还是速度。速度的秘诀就是专注集中。专注集中是一种全身心投入学习以至于无可打扰的状态,是学生志趣与身心发展的自然规律达到统一的表现,是自主选择的自由与自我训导的纪律相结合的和谐,是有节奏的学习的显著特征。学生能够达到专注集中之前的教育需要教师来铺路。学生专注集中后那类似直觉般的高速运转,又需要教师提供机会,让学生自我验证,获得自我价值的认同。**贯通阶段**的学生已经是有效的个体,教育者要为其提供自由地展现效果的机会,让学生在研究中结束一个周期,并激发出新的浪漫。不仅是在智力发展过程中,人的机体发展的全部过程中,都应该保持自由与纪律的平衡,且要顺着自由—训导—自由的节奏。

现代教育似乎花了很大力气在精确阶段,实际上却因为没有浪漫和综合运用而成为伪精确。这种做法扼杀了学生的学习的兴趣、生活的热情,也消磨了学生的自由意志和首创精神。怀特海发现,英国的中学几年内一直向大学输送大批令人失望的年轻人,这些人就像被接种了预防智力热情蔓延的疫苗,而大学的教育进一步加剧了中学的失败。在处理各个学生的具体情况时没有完美的方法,怀特海说:"我只想提出这样一个忠告:教育是一个复杂的课题,没有一个简单的公式可以完全解决。"怀特海不是在理论世界里获得盲目乐观的教育思想家,而是乐观而现实的教育思想家。他不认为可以一蹴而就、一劳永逸地改变教育的局面,他关注的是如何将纪律与学生首创精神的两难选择造成的不幸减小到最低。

三、自由教育面临的阻碍——真假之辩

谈及教育的自由,人们总会莫名地担心那些教育中可能对自由造成的限制因素,怀特海例举了突出的两条:时间不足和学科太多。如果教育的时间不足而学科又太多,教育者和受教育者就只能全速高效地往前跑而得不到闲暇,就没办法实施自由教

育了吗？

怀特海把时间不足和学科太多当做阻碍自由教育的假命题。任何时代的任何人都不能避免"吾生也有涯，而知也无涯"的命运。再高效的学习，也不能穷尽世间的知识，妄图掌握那全部的知识是肤浅而愚蠢的，罗列出每个人都应掌握的知识是毫无价值的。如果人们能够接受这样的事实，就找到了教育可以回旋的余地，把时间和精力能动地运用到最可能为人带来智慧的学习上去。对于学科太多的问题，怀特海的态度更加乐观，他并不把所有科目看成是人们要学习的知识，不论它们看起来值得被学习的理由多么充分，他只把它们看做是人类幸运的学习背景——"因为对许多重要原理的愉快的无知，使这个世界变得趣味无穷。"这种乐观的态度是怀特海对自己的智慧的自证，他没有被知识绑架，在知识面前他充分地自由。怀特海关于"愉快的无知"的说法肯定会令我们这个时代盲目追求知识的人惊诧，然而却很经得起反复的深思。

现代教育中，真正阻碍自由教育的是什么呢？怀特海提出两个观点：1.智力发展缺乏兴趣的推动，不符合学生心智的自然发展节奏；2.教育的目标太低，不追求智慧只追求知识，导致了学生的心智迟钝、缺乏首创精神，失去自我价值认同感。

怀特海认为，兴趣是注意和理解的先决条件。这与他的教育节奏思想是内在一致的：没有经过浪漫阶段就不可能有后面的精审阶段和贯通阶段。没有心灵的愤悱，就不会有学生的获得启发。怀特海把兴趣分为两种：快乐的兴趣和痛苦导致的兴趣。周恩来总理小时候就有"为中华之崛起而读书"的宏愿，这是一种由于对山河破碎的悲愤所激发的强烈的学习兴趣。怀特海提到"你可以用体罚来引起兴趣"。这种教育见解是非常罕见的，但无疑也是一种会激发学习兴趣的方式。教育实践中，也可以看到这样的现象：学生在严厉的老师任教的学科投入大量的精力，获得较大的学业进步，继而开始热爱那门学科。但是，在这样的教育案例中，学生对自由的感受和对自由的追求的程度是令人怀疑的。必须注意到，怀特海仅仅是作为一种存在的可能将其提出来，他本人并不赞成单边力量的强制，他推崇的是关系性的力量的劝导。他认为激发兴趣最自然的方式就是快乐，由快乐的兴趣来激发的学习有助于养成学生的希望、梦想和创造能力。有创造天赋的人才若要进行充满活力的行动，愉快的精神活动是必要条件。"我们应该寻求一种符合自然发展规律的模式，这种模式本身令人愉快，让人在自身的快乐中去追求并安排个性的发展。"怀特海界定了自己所说的兴趣绝非是对娱乐诱惑的沉溺，而是激发生命有机体朝向适合自己的方向进步发展的诱因和酵素，符合某些长远的利益。他提出"要保持必要的兴趣，就必须有一个适当的不能过低的目标"。儿童的梦想具有通往深度的优先权。如果课程由沉闷的知识组成,学生对智慧的自然的渴望得不到满足,就很难自由。大仲马在回忆录里说到自己曾是一个百无聊赖的孩子,百无聊赖到流泪。这个6岁的孩子,他的不自由并非因为缺乏玩伴,"他不正属于逃避游戏而来到自己的阁楼的角落让自己百无聊赖的孩子么"①。他的不自由在于,他意识到与玩伴玩耍低于他要的目标,但是他还没有找到与自己兴趣相衬的较高的目标。现代人以追求各个学科的知识为教育目标,这个目标必然会造成众多的百无聊赖的"大仲马",不利于培植积极而富有创新精神的思维习惯,不利于培养自由而智慧的人。人本然具有超越自我的强烈欲望,当这个欲望不能得到满足,人处于被动的状态;而当这一欲望得到满足,人就会产生自我价值认同感,并对生命增添难以置信的能动力量。

怀特海更深入地挖掘了阻碍自由教育的原因背后的原因:教育上的急功近利才是真正阻碍教育发展的源头。经济时代,人们热爱实利,所以对教育也表现得急功近利。功利化的教育短视,使教育陷入严格而漫长的精确与量化,学生痛苦而徒劳地长期处于精审阶段。如此禁锢学生的心智发展,何谈自由?怀特海的《对自由与纪律的协调并举的要求》(*The Rhythmic Claims of Freedom and Discipline*)发表于1923年,而他的观点似乎也成了历史性的预见。美国以杜威为代表的实用主义教育思想很重视学生的经验,然而美国经济大萧条之后,社会矛盾变得尖锐,人们对杜威强调教育过程的教育思想提出质疑。尤其当苏联人造卫星上天后,美国的教育开始加重科学,大幅度增加教材的难度。能够使人具有广泛文化的学科被当作可有可无的点缀,教育几乎成为纯粹的高难度智力发展。这意味着,那时美国教师承担的责任是向学生灌输一些他们既不感兴趣又很难理解的知识。这是对学生智慧养成的损害,也消磨了人的自由。因此,自由教育的实施,需要教育者对现实的超越,需要公众对教育目的建立起广泛的正确理解,更需要卓有远见的教育政策的开路护航。

四、自由教育与智力教育、艺术教育、技术教育——单复之辩

怀特海指出,"致力于发展一种纯粹的智力,必将导致巨大的失败"。单一的智力教育,将学生囿于书本,容易导致学生对二手信息进行碎片化的沉闷的积累,形成呆滞思想和陈腐气息。怀特海总是在强调,学生是有血有肉的有机生命,要使其创造性地

---

① [法]加斯东·巴什拉.空间的诗学[M].张逸婧,译.上海:上海译文出版社,2013:19.

自我发展,健全其个性。怀特海认为教育的目的是,"要创造既有广泛的文化修养又在某个特殊方面有专业知识的人才。专业知识可以给他们以进步的基础,而他们广博的文化使他们哲学般深邃,艺术般高雅。"自由教育不可能依靠单一的智力发展来实现教育目的,需要人具有广泛的文化与专业化知识,且二者相互促进。怀特海的自由教育思想将艺术教育和技术教育也联结进来,形成复调的教育张力。

自由教育离不开艺术教育。缺乏艺术审美感,人就如同机械,失去了有机身体的血肉,对自己的异化会产生潜意识里更深层的焦虑和痛苦。机械无所谓自由,自由从根本意义上要保证人之为人的属性,人须是有情感、有思想、有文化的人。怀特海重视文化,把人对美的感受视为重要的教育目的之一,他也格外推重艺术的教育。怀特海认为艺术对社会的作用,就像阳光对自然界的作用那样。艺术赋予人生命的活力,所以那看似无用的艺术十分有用,对经济发展的作用"仅次于睡眠和吃饭"。他本人在描述教育的时候用到"节奏"这样一个词,来体现重复的循环周期中的差异性,这也是怀特海自身艺术审美的一个体现。这种艺术审美感使得怀特海的教育思想富有生机的想象力,闪耀着智慧的火花。风格独具促进了他的专业发展,也引起了更多有着审美感受力的教育者的共鸣。古典时期,享受自然教育的是那些贵族子弟,往往家庭布置得十分高雅,也颇多机会得以受艺术的熏陶。现代的自由教育面向所有儿童,每个人都应该得到艺术的陶冶,其中也包含着平民和经济困苦的人的子弟,他们的家庭不足以为孩子营造艺术高雅的家庭氛围,学校教育就更显责任重大。怀特海提出,需尽到最大的努力,去培养"新人":热爱音乐、喜欢戏剧、醉心于形象和色彩之美。他建议,定期让儿童看戏剧、音乐会和电影,学习绘画和朗读的艺术,并给与相应的补贴。艺术教育无需太多资源的投入,即便在经济低迷的社会中也可以得到较好的实行。怀特海认为,艺术的全面繁荣正是国家通往文明之路的首要行动。

同时,"没有技术教育的自由教育不可能令人满意"。技术教育无疑最利于满足追求经济发展的国家对培养人才的需求。现代社会需要大量有技能的工人、有创造天赋的人才和关注新思想发展的雇主。技术教育是人朝着专业化发展的基础。但是,技术教育的范围太过狭窄也会导致人进行专业工作的时候太程式化,也同时会导致心性上的狭隘,在进行专业实践的时候由于缺乏相关能力而反应迟钝、笨手笨脚。因此,怀特海主张在进行技术教育的时候,学习的范围比必须应用的范围稍微大一些。此外,技术教育还需要信仰的力量的疏导,如果技术教育培养出的工人只是马马虎虎地应付工作,把精力用在老练地逃脱监管上,那么技术就悖离了原初的意义,不能够转化为促进社会发展的生产力。怀特海把圣本笃作为技术教育的代表。最好的技术教育培养方案中，所有人都应该热爱自己的工作，工人享受自己的技能施展，科技人员享受自己的创新，雇主享受自己的探险与突破。怀特海认为人本能地热爱劳作的技能，技术教育的实施遵循了人内心深处的自然本能，生成大量的直接经验，同时也调动了人的各处感官，其中最重要的是手上的技能。人手的感官作用，与大脑活动和人的创造性活动相互影响。大脑创造手，手也在创造大脑。技术教育把思维转化为手工技艺，再将手工活动转化为思维。人从单纯的书本知识中走出来，进入创造性的行动中，人对生活的理解加深，人的思维也更具逻辑同时也变得更加活跃。技术教育的理想状态是："工作就是娱乐，娱乐就是生活。"这种状态意味着，人总是怀着兴趣在工作，精神愉悦，身心舒展，有活跃的智慧和首创精神，人既是在工作也是在自我创造与发展。换言之，人是和谐而自由的。

怀特海的自由教育，结合了智力教育、艺术教育和技术教育，健全而饱满，是一条经得起理性推敲的人的发展之路。怀特海的自由教育思想，重拾古典教育关于智慧的理想，却不虚无缥缈地空谈理想，既适应人们的现实关切，也有对民族和人类长远的思虑。

第四章　怀特海有机课程思想的具体化实践

4.1　技术教育的理想是优美愉悦的劳动图景

在怀特海之前的思想家,大多是无需劳动的奴隶主或自由民,对劳动有一种狭隘的认知。例如,康德在《论教育学》中就谈到"儿童要学会劳动,这是最最重要的",又把"在强制中"的忙碌称为劳动。所以,康德教育观念中的劳动是强制性的,充满痛苦的,却又那么义正辞严,"虽然他(儿童)一开始还不能认识到这种强制的益处,但将来是会认识到的"。快节奏的现代生活,人们往往服从于高效的生产,工作时如同紧张而冷酷无情的"机器人"。工作之余,人们往往又陷入对物质生活的极端追求,沦为追逐无节制外物欲求的"动物人"。"机器人"和"动物人"颠倒的人之境况不符合人之为人的意义,也违背人休养生息的节奏。人的异化现象已经相当严峻。[①] 而以有机哲学为基地的怀特海教育思想自是别有见解。通过把技术教育和科学、文学、艺术联结起来,怀特海隆显出技术教育内在的自由精神,描画出将愉悦的劳动和高雅有节制的休闲生活和谐统一的人之图景,对当今中国教育有着重要的现实意义。

一、怀特海技术教育的理想:工作就是娱乐,娱乐就是生活

怀特海的教育思想是从教育目的出发的有机思想,从其教育著作《教育的目的》一

[①] 《东吴学报》2010.03 李泽厚与刘再复关于教育的对话。其中,**李泽厚**谈到:人要返回真正的人,除了必须摆脱机器统治的异化,还要摆脱被动物欲望所异化,这两者是相通互补的。人因为服从于机器,常常变成了机器的一部分,工作和生活都非常紧张,单调而乏味,因此,一到工作之余就极端渴求作为生物种类的生理本能的满足,陷入动物性的情欲疯狂之中,机器人就变成动物人。这样人实际上成了一半是机器,一半是动物。

书的排列顺序即可以看出他的逻辑走向。在怀特海的思辨体系中，现实事态的自我组织、自我构成中，其定向中心规定着它之所是，因而也就规定着它之所在。如果目的错误，譬若一本书从第一页第一句话起就错了①。在专门论述技术教育思想时，怀特海也秉持了这种从目的出发的思路。他关于技术教育的探索，目的在于使人们对一个国家技术训练体制的成功运行所需要的条件形成共识。

怀特海提出了人类的理想状态，"那就是这样一个国家，**工作就是娱乐，娱乐就是生活**。"这句话原本出自萧伯纳作品《英国佬的另一个岛》中疯狂的神父之口，也正是怀特海认定的技术教育的理想。人类进步的基础是人的生产创造，人类"如果想生活下去，就得靠自己的辛勤劳动"。可是劳作本身是劳累痛苦枯燥乏味的，辛苦劳作的人们所怀的唯一的真正愿望就是使工作成为乐趣。如何能够使工作成为一种乐趣呢？怀特海的办法是：通过技术教育，使工作充满智慧和道德的想象，以此克服工作带来的所谓的枯燥乏味和劳累痛苦，使工作成为一种乐趣。

怀特海把圣本笃（St. Benedict）作为技术教育的代表。圣本笃是天主教隐修制度的创始人，被誉为西方修道院制度的创立者，被尊为圣人。圣本笃本来出身贵族，却自觉放弃富足优越的生活，来到偏僻的山洞，过上了隐修生活，并从中获得内心的快乐。由于他言行一致，慈爱悲悯，很多人自发聚拢在他身边，跟他一起过隐修生活。圣本笃教派的信徒们热爱劳动，各尽其才。力气大的去耕种，有手艺的去做自己擅长的技艺，所有人轮值做饭，他们的劳动都沉浸在宗教性的虔诚氛围中，平静喜乐，以至于圣本笃教派的信徒们认为："隐修生活如同一曲音乐、一首诗，有它的秩序，有它的节奏。"

怀特海与圣本笃也有着一丝渊源，起到纽带作用是人物是奥古斯丁（Saint Augustine）。奥古斯丁原本是罗马圣本笃修道院院长，受教皇指派到英国传教，他建立了坎特伯雷教堂，在奥古斯丁之后的历任主教继承着圣本笃的虔诚。而怀特海从小生活在坎特伯雷教区，在对待劳动的心态上受到圣本笃教派相当程度的影响。怀特海认为"教育的本质在于其虔诚的宗教性"，这不仅是他对教育的认识，也是他的一种价值取向。这种价值取向使怀特海怀着虔诚的信念来立身处世，坚持不懈地追求，精益求精地完善，而在付出劳动的过程中忽略苦累，享乐自己的劳动，处于完满的精神状态。圣本笃教派的信徒热爱劳动，正符合怀特海的技术教育的目标"工作就是娱乐"，因此以圣本笃作为技术教育的代表人物是非常合适的。

---

① ［英］怀特海. 科学与近代世界［M］. 何钦，译. 北京：商务印书馆，2012：31.

技术教育不只是教人技能,理想的技术教育让人在技能的使用中获得自由和享受,生成美和智慧。技术是一种美好的后天禀赋,具有技术精神的人往往能够成为其所在阶层中第一流的人物。怀特海女仆的丈夫,曾是一个拥有高超电器技术的工人,他可以作为一个例证。电器技术中有些需要对于器具有最精细的操纵能力,而他就具有这样的能力,因此他曾身为美国工资最高的手工工人之一。但是一项发明突如其来地实现了那项精细的电器操作技能,他的工作被机器取代了,他一落千丈地成为工资最低的工人。他来为怀特海工作的时候,怀特海夫妇发现,他具有相当的美感,他可以去城里替审美水准极高的怀特海夫人选择帐幔和布匹、给花瓶插花。而且他特别有着精益求精、勤劳肯干的品质,经常在花园里工作到晚上十点。为了让他去休息,怀特海的夫人不得不对他说,要是总这样,我就解雇你。① 在成熟的技艺人身上,往往可以看到除了技能之外的品性,尤其是热爱劳动的天性和对自己所事劳动投入的热情,以及从劳动中生成的活跃的智慧和卓越的审美感。怀特海女仆的丈夫,在劳动中获得了精神的愉悦,而这愉悦是他人无法赋予且无法剥夺的。

如果技术教育在国家中的每一个人身上都落实得卓有成效,那么人们都将获得技能、活力和知识,自发自觉且快乐地劳动与工作,并因由此而带来的对自己权利的健全的理解,对他人的健全理解,获得人性的生活方式——"一种自由的生活方式,一种自治的生活方式,一种以宽容友善为基础的良好秩序的生活方式,一种和平功业的生活方式。"②一个国家如果能够被称为伟大的国家,一定是因为那里的人民伟大。一个国家如果能被称为自由的国家,那里的人民也应该自由。人们需要在繁重的劳动负担面前自由,需要在现代的自动化机器面前自由,需要把握住人可贵的理性逻辑和审美价值感,并将它们具体化。技术教育使人之为人不仅仅是精神意义,也呈现为外在可见的高贵的人的形象与行动。

二、怀特海技术教育的含义:具体化力量所在

怀特海这样定义技术教育:"技术教育是一种利用知识进行物质产品生产的技能方面的训练。这种训练强调手工技能、手和眼协调能力以及在控制生产过程中的判断力。""**具体化是技术教育的力量所在。**"怀特海对技术教育的全新定义使其呈现了更多广阔的意义,不同于以往人们一提起"技术"这个词就会在脑中浮现的"机械的工作"

---

① 〔英〕怀特海.怀特海文录[M].陈养正、王维贤、冯颖钦、刘明,译.杭州:浙江文艺出版社,1999:302.
② 〔英〕怀特海.教育的目的[M].庄莲平,王立中,译.上海:文汇出版社,2012:40.

"脏""累"的印象。所有的教育都同时传授技术和智慧,使学生既能充分了解原理又能善于行动。创造性的冲动需要迅速转化为实践。

技术就是将思想具体化的过程,那么生活中处处都存在着广义上的技术教育。书本上学习得再好的信息和知识,如果不能通过实践变得具体化,也就平庸乏味缺失意义。对于启蒙阶段的儿童,数学老师会教他们 $2+2=4$,但这只是一个抽象的概念,尚未与学生建立起亲密的联系。当学生在脑海中把 $2+2=4$ 变成现实中具体的形象,或是在其现实生活中第一次形成 $2+2=4$ 具体的概念,对于儿童来说绝对称得上是巨大的发现。模糊的认识通过逻辑的疏导变得清晰起来,此后学生可用同种技术来使相似的知识清晰化,这也算是数学教学中的技术教育。思考也是需要技术的,思考是含着创造性的。技术教育是人的心灵跟身体各感官的联结,协调着人的行动和思维,是人的灵魂与外部世界的对话,每个人都需要这样的"具体化"。技术教育提供理论,并训练敏锐的洞察力来判断理论将在何处失去作用。学生亲眼目睹概念和原理的适用范围,生硬疏远的概念获得真切的现实感。学生通过亲自动手,理解了真正可靠的原则,才能富有活力、思维栩栩如生。通过创造,使学生对生产出来的物品特性有生动而鲜明的理解。技术教育是教人协调行动和思维的体验,是引导人把思维和预见、把预见和成就结合起来的体验。技术教育唤起人对经验的自觉与超越,提升了思考和行动的品质。

怀特海批判了传统的柏拉图式的教育,奴隶制使那种教育存在着价值观的扭曲:奴隶们没有自由精神,他们只从事沉重的劳动却不接受教育,他们不懂得科学、文学与艺术,缺乏能够达到心灵和谐的深刻洞见;与此同时,贵族们专享的教育中剥离了技术教育,他们有大把生出智慧的闲暇却不事劳作,专门学习科学、文学和艺术。正如怀特海所言,"不能加以利用的知识是相当有害的"。他们所经历的智力教育正是接受二手信息的二手信息,背负过量知识并未使他们产生创造的冲动,反而因为缺乏具体化的能力而显得胆怯保守,结果身心对立起来,大脑慵懒而愚蠢。若想充分地认识原理,人必须经历技术教育。怀特海认为,没有技术教育的自由教育是不能令现代人满意的。以我们所处时代的后见之明,我们能够辨别什么是名副其实的自由,什么是徒有其表的自由,什么是自由的有害方式,什么是自由的有效方式。古希腊时期的奴隶们不自由,他们在法权和内在本质上都不自由;奴隶主们也并不享受真自由,因为他们不善于行动。自由不仅意味着充分了解,还应善于行动。

怀特海极为重视自由精神在技术教育中的作用,具体做法就是重新建立起技术教育与科学、文学的关系。他强调：必须以一种自由精神来对待技术教育——1.这种蕴含着自由精神的技术教育会出处满足国家的实际需要；2.这样的技术教育是一种运用原理和提供服务的真正的知识启蒙；3.这种技术教育中，"几何学和诗歌就像硬币的正反面一样不可或缺"，或者说，理性逻辑和审美价值感缺一不可。

技术教育与科学、文学、艺术究竟是以何种关系联结起来，使得自由精神成为技术教育的精神本质的呢？怀特海这样回答。1.科学唤起的思想是一种逻辑思维，逻辑思维包括发现的逻辑和被发现的逻辑——即归纳的逻辑和推论演绎的能力，怀特海认为：没有演绎逻辑就没有归纳逻辑。然而，归纳和演绎都只发生在头脑中，仅仅是思维的活动，而技术教育使人们循着内心深处的自然本能，将思维转化成技艺，把技艺转成思维——抽象到具体，具体到抽象。2.文学的存在是为了表达和拓展人们生活的充满想象的世界，表达和拓展人们内心存在的王国。只劳动的疲惫对人有害，不读文学作品的空虚也同样会引起人的退化。合文学的技术教育使人在工作和生活之间组织有序、自然健康。3.技术教育有些情况属于对艺术家或某些艺术课程的工匠学徒的教育，这种技术教育中培养与之相关的审美鉴赏力至关重要，技术教育离不开艺术。审美趣味是社会行为中的有效因素，生产者的审美能力和消费者的审美追求本应对经济的繁荣起作用。艺术赋予人生命的活力，艺术使人具有洞察力，使人在世界的广阔性中能够控制和指导各种精妙反应和情感的波动。当技术教育融合了科学、文学、艺术的教育，学生能够同时具有广泛文化修养和精尖的专业技能，不断地自我发展，因此拥有活跃的智慧，这不正是怀特海所追求的"本质的自由"么？

怀特海对技术教育的定义，尤其是对技术教育中自由精神的凸显，为现代人摆脱双重异化倾向提供了方法。科学将使人们具有逻辑理性而脱离低级思考和低级行为，文学和艺术的熏染将会使人们避免爆发性努力和彻底放松的大起大落。工作时，人们将不是痛苦地劳作，而是充满激情地创造，免于成为"机器人"；休闲时，人们将不是一味地追求物质和欲望，也不是贪恋游戏，而是寻求高雅的休闲方式，免于成为"动物人"。怀特海指出：过度游戏就会使我们感到空虚。这是人的本性，人热爱高级的趣味，喜欢充实的休闲愉快。"文学和艺术在一个健康而组织有序的国家中，应该起着十分重要的作用。它们对经济生产带来的贡献，仅次于睡眠和吃饭。"文学和艺术带来的休闲享乐，与科学和技术带来的创造享乐节奏性地交替，将会成就人身心的和谐秩序。

三、怀特海技术教育课程设置原则

怀特海对现代商业和现代机器持积极的态度,他不认为是机器和商业把美从现代世界中驱除的,他认为机器和商业为人们增加了新的美、新的智力。"对理解的要求正如对眼睛的要求一样"①,人们需要善于发现美的眼睛,也需要善于发现美的理解力。当人们理解了现代商业和现代机器中的美,并追求实在而有用的常识,人们就会发现技术教育的重要地位和作用。怀特海诗意地说到:"技术学校的培训就像挖一口又深又窄的井,我们小心谨慎地深掘下去以引出地下的泉水,它们在我们天性的表面之下流淌着。"②每个人都有具备获得自由的天赋,都有娱乐般工作和生活的可能性,技术教育的任务就是挖掘与引导,技术教育的课程设置作为这一任务的具体行为载体十分重要。

技术教育也应该符合教育的节奏性规律。按照怀特海的教育节奏原则:"在学生心智发展的不同阶段,应该采用不同的课程,采用不同的学习方式。"他按照学生的心智发展阶段把技术教育分为两种:(1)综合性的手工技能训练(2)专门的职业训练。学生13岁时(小学毕业后),就应当开始接受手工技能的训练。技术课程应和其他课业保持恰当的比例,并不断增加,最终达到最大比例。学生17岁之后,学生可以开始学习掌握对社会有用的技术。一般而言,初等的技术学校会进行为期三年的技术培训课程(海军军官等技术培训,会需要更长的时间)。尽管专门的职业训练指向人的就业,但是怀特海仍然担心过分专业指向带来的窄化倾向。他认为劳动力在国家内需要合理的流动,在地域之间,在相关职能的不同领域间的流动。所以,他坚持17岁之后的专业技术训练的原则是:"训练比起最终的专业化来说应该更广泛一些,获得对不同要求的适应能力。"

按照所涉及的主要学科来划分,怀特海将技术教育为六种门类:(1)几何技术(2)机械技术(3)物理技术(4)化学技术(5)生物技术(6)商业和社会服务技术。为了避免学习者机械教条地理会,怀特海特意强调了他进行的是一种不甚细致的大概的划分。其中,木工工艺、五金工艺和许多其他的艺术性手工艺被归到几何技术中;农业属于一种生物技术;烹饪业如果包括提供饮食服务可能会介于生物、物理和化学诸学科之间。与商业和社会服务相关的科学,部分会是代数(包括算术和统计),另一部分是地理和历史。按照技术是"具体化"的这样一种思路,可理解为:技术包括几何学具体化、机械

① 〔英〕怀特海. 教育与科学 理性的功能[M]. 黄铭,译. 郑州:大象出版社,2010:40.
② 〔英〕怀特海. 教育与科学 理性的功能[M]. 黄铭,译. 郑州:大象出版社,2010:39.

学具体化、物理学具体化、化学具体化、生物学具体化、商学和服务学的具体化。技术教育的内容就合于怀特海倡导的教育的主题——多姿多彩各呈其貌的生活，也合于怀特海倡导的教育的原则：凡是被证明的东西都应该加以利用，凡是被利用的东西都应该加以证明。

"怀特海指出，从事技术教育的教师掌握着国家的命运，他们为学生将要参与的物质生产创造条件，同时也就主导着学校生活的气氛。"现在的技术教师任重道远，因为长久以来，人们把劳作视为一种困难，充满辛劳、痛苦和乏味，鄙视技术的观念代代因袭也影响着今时今日的人们。技术教师须培养昔日圣本笃僧侣般虔诚劳作的国民，绽出"愉快工作"的人类新文明之花。无论是课程的设置和实施中，好的技术教育者会把学科内容基始于对人的关切上，把对人的关怀与以往的所学原理、经验、习惯、思维方法等杂糅淬炼一处，使自己的思维体现出科学、文学和艺术的智慧、力量和美，并将之具体化。笔者以曾经按照怀特海的观念试教的一节课例来说明：

【课例】技术课"'打碎'杯子——信息的重新交合"

部分学生设计记录，如图：

部分学生汇报记录：

A："我设计的杯子会自己飞。我心里想：我渴了，要喝水。我的脑电波发出的信号就可以对杯子进行控制，使它飞到我身边。它本身有一个 GPS 导航系统，能准确判断我嘴所在的位置，然后用小勺一勺一勺地给我喝。"

B:"我设计的杯子能够自动加热,想喝咖啡喝咖啡,想喝果汁喝果汁,也可以直接喝水。"

C:"我设计的杯子带有密码锁,只有正确地输入密码才能喝到里面的水。这个杯子适合在野外作战的军人使用,比如沙漠环境。这个杯子这个位置储备了少量的压缩食品,防止长期没有食物。"

D:"我设计的杯子是防烫伤的,外面有好几层纸(注:后来又改为橡胶)。有一个温度显示,不烫的时候是绿色的,烫的时候是红色的。"

E:"我设计的杯子适合锻炼身体的人用,跑步的时候,人一边跑,一边摇,摇才能出水。这样人就能同时锻炼胳膊和腿。消耗了多余的热量,又及时地补充了水分。"

F:"我设计的杯子能听 mp3,能看电影,打游戏,还能打电话。上课时老师还发现不了。"

G:"我设计的杯子上面有一个按钮。万一我遇到了坏人,按这个按钮可以紧急呼救,这样家人和警察就知道我有危险,还知道我所处的位置。"

H:"我设计的杯子是宇宙无敌第一款情侣杯子。一个人去旅行,另一个可以拿着这个杯子看。"

I:"我设计的杯子是给小朋友设计的,是吸管杯。吸管藏在两个兔子耳朵里。这个造型会让小孩很喜欢,能多喝水。"

J:"我是给老人设计的,有特别的挂的装置,这样颤巍巍走路的老人也可以随身带杯子。"

K:"我设计的杯子,防烫伤、有显示灯。上面有可爱的卡通图案,小朋友会喜欢。还能弹出牙刷和牙膏来,给人刷牙。"

L:"我设计的杯子,有按钮,可以加热,这样就可以喝热水。还可以像发射火箭一样地飞起来。"

M:"我设计的杯子,可以加热,也可以喝冷水,上面带有刻度。"

N:"我设计的杯子会走路,它走到小孩子面前,小孩子就会多喝水了。"

"'打碎'杯子——信息的重新交合"一课的主旨是通过信息交合法的介绍、理解和运用,引导学生打破思维定式。笔者本人执教这节课时发现:当学生展开神奇的想象力,打破"杯子"之后设计的新杯子无不呈现出科学的逻辑思维、艺术的审美感和人文情感的表达,无论学生还是教师本人都感到了直达心灵的震撼体验,这才是技术课的价值所在。

四、怀特海技术教育思想的现实意义

1. 对个人的意义

人是有血有肉的生命体,需要筋骨舒活来使得血脉通畅。人天然热爱生产和创造,愿意有目的地行动,只是受到传统观念的腐蚀才抵抗劳动。人体的各个感官都联系着人体与智力活动,尤其集中在眼睛、耳朵、口和手。怀特海认为,感官和思想是互相协调的,身体的创造性活动与大脑活动之间是存在相互影响的。相互反应的过程中,手的作用最为重要。怀特海认为,到底是大脑的发展促进了手指的灵活,还是手指的发展促进了大脑,值得讨论。换言之,怀特海是持着这样的认知:手上的活动使人脑的思维越来越活跃。有些智慧只能在劳动中产生,手上不活动而单纯学书本上二手知识,相当于闭锁了一条思维创生的路径,使自由教育效果大打折扣。通过技能教育的开展,手上的活动多起来,人贯通之处更开阔,浪漫之处也必然多起来,会实现更多知识和原理的精审。现代社会技术快速发展,时时处处需要技术,人不可能离开技术而存在,技术教育对每个人都很重要。

凭借怀特海的技术教育思想,人的自由精神和虔诚的生活态度可以复苏回来,人的异化有望得到救赎。怀特海所倡导的技术教育勾联尽善尽美的理想,源生出新颖性、热情和强烈的渴望,展露出人的自发性和决定的独创性。"在个人连续的事态中,向着完善理性且目标在望的上升途径与尝试过各种不同的完善的变化形式且在进展过程中的任何延滞相比给予人们更为强烈的激情。"[①]技术教育将人们的社会活动归指为生活旨趣,使人们内心趋至存在的至高点——和谐与自由。

2. 对国家的意义

各民族之间的竞争最终将取决于工场而不是战场,胜利将属于在利于成长的条件下工作、受过训练并精力充沛的强者。国家直接需要的人才是享受工作的熟练工人、具有创造精神的科研人员、关注新思想发展的雇主。严格进行手工艺训练,提高适应能力,培养爱本行、讲效率的感情——这就是为生产培养既能干又快乐的人的必由之路。

---

① [英]怀特海. 观念的历险[M]. 洪伟,译. 上海:上海译文出版社,2013:246.

如果工人只是有熟练技能，但是疲于奔命、厌倦工作，他会一方面花心思逃避监管，同时对自己的工作粗制滥造、得过且过；如果科研人员只是按照社会的需要去搞研发，而没有愉快的智力探索和对他人的关怀，就不可能有善意的发明；如果雇主只是追求金钱，他们不会更有进取心而只会更贪婪，他们不会关注社会服务却会变本加厉地榨取工人，那么未来社会就会失去进步的希望。因此，怀特海所倡导的以圣本笃为代表的技术教育意义重大。如果工作能够成为娱乐，一切都是另一番景象：工人会在生产时怀着神圣的天职观念，积极而愉悦地生产出最好的产品。大量普通产品的生产只是一个最低的生活标准，个性产品的完善使人们能够通过购买到鲜活的产品凸显出自己的个性。人们才能够看到好的社会产品的美：精致的工艺、巧妙的组合、独特的品味；科研人员会以蓬勃的想象力进行自由的组合和创造，将人类栖居之境遇扩大，将人类所处维度丰富起来，发现和发明出益于人类的新事物。兼具理性和冒险品质的雇主是现代社会最活跃的因素。好的雇主需要开拓的心胸和视野，为了追求伟大理想甘愿冒着风险，而不是为了保住自己的金钱只做那些已经被广泛接受的产品。在别人做传统的旧产品的情况下，他可以聘请新观念的科研人员，雇佣新技术的工人，最大程度地激发现在这个复杂的商业社会的活力。这些社会最需要的人都应该由技术教育培训出来。

怀特海的《教育的目的》中曾出现三组名词，可列出来作以比对：

管理人员	工程师	工匠	（第一章　教育的目的）
雇主	科研人员	工人	（第四章　技术教育及其与科学和文学的关系）
学者	发现者	发明者	（第七章　大学及其作用）

这三组名词绝非一一对应的关系，但却显现出怀特海一直在构想完善的社会秩序中应包含的各个阶层。可以隐隐地发现管理人员、雇主、学者/工程师、科研人员、发现者/工匠、工人、发明者之间的模糊联系。无论哪个阶层的人，都应该活出人的意味，愉快工作，生生不息地自我发展，思维和表达精确，懂得爱人和审美。前进的社会需要三种人：学者、发现者和发明者。怀特海扩充了发现者和发明者的概念范围，推动高度概括的原理的进步的人就是发现者，把一般原理以特殊方式进行应用的人就是发明者。学者最重要的不是发现原理或发明研究成果，不能直接推动生产力。学者更有想象力，更有生活的热情，更能感染人。发现者和发明者被学者感染，从而积极活跃起来。

"有风格的管理人员讨厌浪费，有风格的工程师尽可能地节约原料，有风格的工匠更喜欢创造精美的作品。"通过风格这种至高的智慧和至善的道德又把三个不同社会分工的人群统合起来了。

怀特海的技术教育思想追求的是人类全体的境界与素养的提升。"低层次的思考意味着低层次的行为，在经过短暂的无节制开发后，低层次的行为就意味着生活水平的降低。社会共同体共同表现出的普遍的伟大，无论是质上的还是量上的，都是稳定繁荣、快乐幸福、能够自我支撑和保持信誉的首要条件。"①人们思考教育时需要心怀"大我"，需要深入思考人类生活的各种价值，技术教育作为一种学习如何"具体化"的学科尤其需要被思考。怀特海把技术教育置于整个民族的范畴里看，如同从顶点俯看这个世界，技术教育与人的心灵相连接的力量从中显现出来。

4.2　为古典打一场保卫战

怀特海相信，以古典文学和古典哲学为基础的教育，可以使受教育者获得品质的锤炼和精神的愉悦。"古典语言最大的优点是：使人的心灵同时受到各种伟大思想的熏陶。"②古典教育，例如拉丁文学习，具备"生动具体、激励行动，历史人物在品格和历史表现上始终如一的伟大"。怀特海认为"对伟大的崇高的感知是道德的基础"，"如果我们不伟大，我们做什么或结果怎么样就无关紧要"。③

身为"研究古典文化在教育的地位主要委员会"的一员，怀特海目睹古典文化在现代教育中地位的衰落。他也经常会听到很多人抱怨：现代人们变得唯利是图失去了古典的追求。尽管怀特海理性地意识到再也不能回复到那古典气息浓郁的时代，但是他从自己的经历得出一个观点，那就是古典文化的教育是教育的基础，"从未有一个时代像现在这样，更需要青年人保持对罗马的想象"，人们将会再次意识到古典文化的价值。他乐观地认为，通过在中学教育中设置古典文化课程可以重兴其地位，他把这一举动称为"为古典文化打一场保卫战"。

现在的中国教育其实也面对相似的问题，人们并不珍惜自己传统文化。中国的古典文化至今仍是杂合在语文教学中一个部分，而不是一门独立的课程。中国的国情与

---

①　[英]怀特海. 观念的历险[M]. 洪伟，译. 上海：上海译文出版社，2013：93.

②　[英]怀特海. 怀特海文录[M]. 陈养正，王维贤，冯颖钦，刘明，译. 杭州：浙江文艺出版社，1999：117.

③　[英]怀特海. 教育的目的[M]. 严中慧，译. 上海：华东师范大学出版社，2020：86.

英国虽不尽相同,但中国教育也需要打一场古典文化的保卫战。怀特海的古典教育思想,将可作为这场保卫战中的遥远的号角。

一、古典文化在教育中该如何设置

与其他沉湎古典文化衰落的学者不同,怀特海对现代人追求物质利益的特征不做道德上的指责。他提出:"当古典文化是通向成功的**必经之路**时,它就会成为最受欢迎的学科。"过去,古典文化在教育中占据绝对优势,这使得学术生活中各个方面都弥漫着古典气息。然而,现代生活的每一个部分,甚至每一个细节都是一门学问,而每一门学问又包含着多个学科的知识。现代人不再如先辈们那么热爱古典文化,原因就在于古典文化的独尊地位不比从前了。作为使教育者获得品质锤炼和精神愉悦的教育内容,古典文化本身的魅力仍然存在,只是缺乏价值的普遍认同而已。怀特海找到的突破办法就是,提高古典文化在教育中的地位,重新使其成为"必经之路"。

课程 通过全面审视古典文化在教育系统中的危险,怀特海得出的结论是:"在今后几年中,古典文化的命运将由英国的中学做出决定。三十年内,不管愿意与否,那些伟大的公立学校都将不得不跟着出牌。"课程设置首先应成为古典文化流传下去的保障。如果古典文化被清扫出这个时期的课程表,教师就不会教授这门课,就不会有学生关注古典文化了。怀特海提出"将古典文化教育和其他科目一起出现在这个时期(中学阶段)的课程表上;只有这样,古典文化教育才能从根本上得到保护"。当古典文化纳入中学课程,经过一定时期的发展,衰落的古典文化将再次焕发活力。中国的古典文化零星地见于语文课本,继续增加其比重可能引起其他应学的语文知识的内容被删减,将古典文化独立作为一门课程应该是很好的办法。

速度 怀特海从不是无法将理想落入现实的空谈家,他的逻辑十分严谨。"为了取得明确的令人满意的结果,学校开设的古典文化课程必须经过仔细的计划安排。"而怀特海的计划恰当地关注两个重要的因素:"尺度和速度"。教育者应找到好的译本或疏本、选出最优秀的诗作,来帮助学生避免生命的浪费;教育者还应介绍作品的历史背景来启发学生的想象来实现快速阅读;此外,教育者还需关注学生的学习周期,使语气对比、形象化比喻、情绪转化等与学生的思想节奏变化一致。短短的中学时光,学完全部的古典文化教育课程,速度无疑是摆在教育者面前的严峻的问题。怀特海曾说过:"就精确知识而言,秘诀就是速度,速度,还是速度。"古典文化教育仅仅利用五年时间完成,对速度要求这么高,算不算精确知识呢?从他的表述中判断,古典文化要学习的并非精确的知识,而是用以快速丰富学生心智的鉴赏,而这种鉴赏在外部受到课程设置的速度要求跟其内在的性质是一致的。"如果你用一个显微镜来观察罗马的圣彼得大教堂,那么对它的建筑师是不公平的;如果你以一天五行的速度来阅读《奥德赛》,那么这部伟大的史诗也会变得枯燥无味。"这时的快速并非为了精确,而是为了保证不失掉其古典文化原本的审美趣味,美感往往是急切而热烈的。古典文化教育的原则显然不是怀特海提出的"少而精"的原则,而更像是与这一原则互补的"多而广"。古典文化比其他科目更快地丰富学生的智力品性,快速的大量阅读为学生的人生打下一个宽厚的文化底蕴的铺垫。

接触 很多误认为现代教育需要把古典文化抛出去的人都缺乏教育的想象力,他们觉得古典文化过时了,现在的生活跟古典毫不相干。怀特海恰恰在古典文化教育上倡导"接触学习",怀特海认为接触是教育实践的核心。尽管教育节奏的第一个阶段是浪漫阶段,但是儿童浪漫的心向来自周围世界具体的事实,只有具体的事物才会使人形成领悟。接触什么也很关键,学生不必去学天书般的原始文献、宪章纲领之类,学生学习的应该是"美味可口"的古典文化。怀特海建议:"我们能够通过直观演示来展现生活方式。各种建筑物图片、各种雕像模型、花瓶的图片,或者说明宗教神话或家庭生活场景的壁画。"通过古典与古典的对比,古典和现代的对比,学生能从直接的感性经验中明白,人们是如何改变形貌服饰、建筑、技术、艺术和信仰。古典文化作品中伟大的英雄形象也会让学生亲身目睹伟大崇高,激励学生去模仿那些伟大的行动,形成崇高的品格。

二、古典文化在教育中该如何展现

古典文化并未被抛弃在其产生的年代,而是一直流传着。怀特海在《教育的目的》演讲词中提出,现在是神圣的所在,因为历代的先贤们正不分时代顺序地在现在进行伟大而令人激情迸发的集会。如果现代人想要跟先贤们进行交流,就该能够使用先贤们惯于使用的语言,即古典的语言。想使用古典语言,就要阅读古典文本,"古典文化重要性的所有要求都落脚在一个基础之上——那就是没有任何东西可以取代第一手的知识"。欧洲的历史四分五裂,幸而因为罗马的统一性影响而趋于联合,在欧洲的历史背景下,不学习外语意味着不能直接阅读古典文化作品。为了学习西方古典文化,怀特海建议他本国的学生学习外语。正如怀特海所说:"在古典文化的学习中,我们通过对语言全面而透彻的学习,来展现我们在逻辑、哲学、历史和文学的审美情趣等方面的心智。语言的学习——拉丁语或希腊语——则是促进这个最终目标的一种辅助性手段。"中国的学生若要学习中国的古典文化,也需要在**古典语言**的说文解字上下一番功夫,通过学习古典语言使学生的心灵受到其中蕴含的伟大思想的熏陶。

词语 要读懂古典文化的作品,那些与现代用法差异较大的词语往往是最先需要明确其意义的。正如怀特海发现拉丁语带着某种稀奇古怪的内涵,因为拉丁语的语言是"不开化"的语言,有时词语会呈现句子的功能;中国的古代汉语中词语也常常具有这样的特点,例如《诗经》中的词语往往就有很独特的意思。"风雨如晦,鸡鸣不已"①"伐木丁丁,鸟鸣嘤嘤"②,寥寥数语,其景跃然纸上,声音和意蕴都充沛起来,朴素而优雅,又显出生动流畅的韵律和旨趣。然而,如果并不明确"丁丁"的读音,就容易会产生疑问:为什么伐木会发出金属相撞的声音叮叮当当的呢?"丁"的古音读 zheng(音同"争"),确是非常恰当的描摹出锯子与木头之间摩擦的声音。古典的语词体现出使用民族在其所处时代的精神生活。在古典文本中,当我们看到人在犁地,其实也是人用语言犁地;看到人在造屋,也可算做人用语言来造屋。今天的人们很难用同样简明的语言将其翻译成现代语,而不损失其原来的内涵和美感。古典语言的大地上,每一块泥土都不一样;古典的语言的砖块,每一块砖都不一样。即便同一词语,也有不同的语意。即便同一词语的同一语意,在一咏三叹中也有情感浓淡的差异。任何词汇都是独一无二,没有绝对意义上的同义词。当一个个古典语言的内涵获得了明晰,一个个句子在学生头脑中形成鲜明的形象,就会形成古典的语感。

语感 "语感是潜意识里对语言作为一种有确定结构的工具的鉴赏力。"需要大量阅读古典文本,通过长期的积淀才能获得语感。怀特海 10 岁时开始学拉丁文,12 岁时开始学习希腊文。他自称,"除了节假日外,我的回忆是:每天都要读几页拉丁文和希腊文著作者的作品,并考试拉丁文文法和希腊文文法。上学前要复述几页拉丁文文法规则,都用拉丁文,并用引文举例说明"。③ 这样的学习无疑是有利于人的心智成长,培养学生获得理解和操纵句子的能力。怀特海成为一个"七张面孔"的哲学家,而不单单只是数学家,这种训练功不可没。每种语言都有确定的心智形式,读得多了就能够辨识出语言之间的张力。中国的学生也可以通过每天阅读《老子》《论语》等古典文化的作品,在语言的范围内建立语感,让语言去完成使命,尽力去理解和揣摩其经典

---

① 《诗经·郑风·风雨》。
② 《诗经·小雅·伐木》。
③ [英]怀特海. 怀特海文录[M]. 陈养正,王维贤,冯颖钦,刘明,译. 杭州:浙江文艺出版社,1999:6.

文本的内在意义。

美感 现代人往往滔滔不绝地使用语言,可通过反复讲解来表明自己,甚至可以用更多的语言对讲解进行讲解。人们在使用语言时带有不假思索的惯性,不警惕在表达时所用的语言,使语言变得淡如白水、寡然无味。现在研究生的毕业论文动辄数万字,难免语句粗糙和结构松散;而《老子》八十一章,《道经》《德经》上下两部,也不过五千字。古典的语感有着节制的美德,所以也格外丰厚。通过学习富有语言张力的古典哲学,学生的语言和思维都会得到锤炼,表述时会在脑中形成不同语言之间谨慎的联系和跳转,从古典的语感走向古典的美感。通过古典文化的学习,学生会渐渐区分语言的优雅和粗糙之间微妙的不同。"语言和情感表达的精巧联系,书面语和口语所需要的感官的高度协调发展,都会引起因为成功运用语言而唤起的强烈的美感。"古典文化的浸润,使学生在语言表达上更加晓畅朴质,在字里行间留下丰富的想象空间。怀特海说:"文学之所以存在,是为了表达和扩展我们生活的那个想象的世界,表达和扩展我们内心的王国。"①语言的美感是人有血有肉的证据,说明人没有被高速轰鸣奔驰的现代异化为机器,是人走向"哲学般深邃、艺术般高雅"的基础。

三、古典文化教育将给予民族的未来以何种馈赠

通过继承古典的语言和文化,人类将获得诸多的馈赠。怀特海认为自己在古典教育中所受的拉丁语训练获益的顺序为:逻辑、哲学和历史。这是每一个人都能从古典文化教育中获得的馈赠,一个民族的未来也与每一个人从古典文化教育中获得的馈赠密切相关。

逻辑 使儿童思维清晰、表述有条理的最直接方法是逻辑学书籍上的知识,但是那些知识显然更适合大学生的心智水平。逻辑学书中的一般性陈述,中学阶段的学生是难于理解的,很难建立起与自己生活的联系。古典语言的学习和古典文化的熏染,是儿童形成逻辑的有效途径。现代语言的学习固然在儿童开始时很容易入手,但是到了中学阶段就渐渐缺乏新鲜感。通过古典语言的学习,陌生感造成了新鲜的感受,学生又开始鼓舞起语言学习的兴趣。因为古典语言的复杂,学生要去阐明词汇和短语的含义,语言分析的习惯在逐渐地自觉形成。随着年龄与心智的成长,学生会试图去进行现代语言跟外语或者古典语言的翻译,并尽力地让思维和表达都更具条理性。

---

① ［英］怀特海.教育的目的[M].严中慧,译.上海:华东师范大学出版社,2020:70.

哲学 古典语言能够唤醒人的哲学的本能。"语言是对思维活动的最直接的刺激",在逻辑与历史之间穿梭,学生的哲学本能会变得愈发活泼生动。古典文化对于那些坐在沙发里阅读柏拉图和维吉尔的学者非常有价值,对立志从事思辨性质工作的学生也非常有价值。众灵学院的日晷铭文"Pereunt et Imputantur"(时光长逝,虽逝犹存)①,通过直接表象展现出的、五光十色、不断流逝、弗具意义的"Pereunt"和以因果校验展现出的世界中、每一个事件都将影响未来的"Imputantur"做出对比,将给年轻的孩子以思辨的启迪。"子曰:'譬如为山,未成一篑,止,吾止也。譬如平地,虽覆一篑,进,吾进也。'"②也包含着过程性的哲学蕴思,也将引导学生的心智更加理性。"故道大,天大,地大,人亦大。"③也会诱发学生思考客观规律与主观能动之间的辩证关系。凡此种种,不胜枚举。

历史 学习古典文化,学生可以感受到历史的脉络。虽然"百里不同风,千里不同俗",但是人性是共通的。通过古典文化教育所学的历史与历史学科里学到的历史是有差别的,历史不再是时间线索上的事件,而是真切鲜明的生命活动。学生通过深刻体验不同时代的人的种族冲突、观念冲突以及动荡的人的历史,清晰地看出人的境况,由此会更加清醒地省思,当代中国人把握什么样的现在,怀抱什么样的历史,应当展望什么样的未来。尽管"活在当下"是一句常被人喊得很响亮的口号,但是如果人们生活的现在仅仅是单向度意味的现在,没有历史流淌而至的痕迹,就好像一个民族丢失了自己的根,扁平、单薄、脆弱,最终会导致民族精神的崩塌。开展古典文化教育,让学生学习理解古典语言的意义也在于,通过对不同时代的汉语言的相互观照,形成精确、明晰、独立的语言分析能力,从而能够在伟大的古典文学和古典哲学作品中获得恰如其分的灵魂滋养,成长为内心饱满而有时空感的立体的人,思想总是积极活跃着,也总有着丰富的情感。

怀特海列举了一串英国在诗歌和历史方面的重要人物的名单,包括培根、霍布斯、洛克、贝克莱、休谟、穆勒、莎士比亚、谢里丹、狄更斯等。中国也可以列出一长串名单:老子、孔子、庄子、孟子、荀子、墨子、韩非子、董仲舒、杨雄、韩愈、周濂溪、程明道、程伊川、王阳明等。"薪尽火传,靠的是火种不灭。"④古典文化不能丢弃,现代中国人应当

---

① [英]怀特海.宗教的形成 符号的意义及效果[M].周邦宪,译.南京:译林出版社,2012:115.

② 《论语·子罕篇》第十八章。

③ 《老子》第二十五章。

④ 蔡元培.蔡元培讲伦理学[M].南京:凤凰出版社,2011:序.

向为民族和全人类留下伟大遗产的先行者致敬,向提出古典教育思想的怀特海致敬,重兴古典文化在教育中的地位。古典文化教育的基础有两个:1. 对传统经典的透彻理解;2. 能够意识到这一途径的大量的经验丰富的优秀教师。后一基础对古典文化教育的实践更为重要。

4.3　后现代数学教育与善

怀特海认为,初等数学教育的困境根源有二:1. 初等数学课程消极地遮蔽了其哲学意义,使学生意识不到数学学习的意义;2. 初等数学知识被枯燥而复杂地被堆砌起来。因此数学课程的改革,正要从恢复数学的意义和减轻数学的难度入手。怀特海数学课程思想博大精深,他不仅指明了初等数学课程改革之道,也提供了具体的术,对于那些志愿"把数学学科从'是一种机械训练'的指摘中解救出来"的教师是巨大的鼓舞,至今仍存有经久不衰的魅力与震撼。

一、善——数学教育的本质意义

怀特海认为,现代人们低估了数学教育的意义,从而使之变得廉价。正是因为不能正确而充分理会数学课程的意义,才会出现数学课程设置、实施、评价等多方面的问题。

怀特海做了这样一个对比:古典专业的学生学语法,他们明确学习的终极目的,是去阅读维吉尔和贺拉斯,去学习最伟大的人的最伟大的思想;而学数学是为了知道九点圆的性质,这难道不掉价吗? 数学学习的真正目的当然不是现代教育实践中那样去堆积特殊数学定理。数学学习的终极目的当然也该是学习最伟大的人的最伟大的思想。"初等数学如果能够被正确地设想的话,就会正好能够给予普通人以所能接受的方式接受的哲学训练。"

数学的地位在现代世界陷落,但是在历史上,数学曾被诸多伟大人物作为自己思想抽象形成的模型。"柏拉图回避不懂几何学的人们,康德称数学为国王科学,斯宾诺莎也认为自己如此痛苦地探求的真理,究其实质与数学的真理别无二致。"[①]雅思贝尔斯有一个著名的"轴心时代"的说法,这显然也是一种用几何模型统摄的观点。不仅西

① ［俄］舍斯托夫. 在约伯的天平上［M］. 董友,等译. 上海:上海人民出版社,2004:5.

方如此,中国古典哲学也如此。河图之数:"天一生水,地六成之,地二生火,天七成之,天三生木,地八成之,地四生金,天九成之,天五生土,地十成之。"《周易·系辞·上传》有云:"蓍之德圆而神,卦之德方以智。"老子的道德经有云:"道生一,一生二,二生三,三生万物。"《中庸》的精髓在:"执其两端,用其中于民。"孔子教诲弟子说:"吾道一以贯之。"数学在人类的思想发展历史上曾经起至关重要的作用,怀特海深刻地认识到这一点,他认为编著一部思想史而不深刻研究每一个时代的数学概念,就等于说在哈姆雷特这一剧本中去掉了奥菲莉这一角色。①

早在公元前 3 世纪,柏拉图就进行过数学与善的演讲,听众有著名的色诺芬和亚里士多德。② 怀特海赞同柏拉图把数学和善结合起来,但是他认为柏拉图的演讲尚未充分展开,作为善的概念来说明数学的直觉这一点上还未澄清。因此,"道德哲学和数学已经被分配到大学生活中的不同学系。"③数学的哲学意义彻底地被从数学中剥离出去,只独立作为数学存在,数学因此变得干瘪而无思想光泽。

因此,怀特海也做出题为《数学与善》的讲演,他站在新的时代扩充了柏拉图的数学与善的思想,使之数学的哲学本质重新回归。"我的论题是现代数学和善的概念之间的联系,不涉及本质上将被包含的任何详细的数学公式。我们将考虑现在正在发展中的科学的一般性质,这是一种哲学的研究。许多数学家知道他们的细节,但却忽视了它们的科学的任何哲学的性质。"

"圆满的善""至善"常被视为人文领域中价值祈求的顶点,数学如何与善联系起来呢? 柏拉图更倾向于静止的永恒性。数学是被抽象出来的,所以不会受外在环境的干扰和影响。善的理想,也是如此。"数学的肯定性建筑在它完全抽象的一般性上。"数学具有准确性和稳定性,因此也相关着普遍性和必然性。例如,二二得四——这是抽象的数学模型,抽象、精确,被运用,并最终成为一项规则。数学的创造性就在于事物在这一门科学中显示出这一种关系,这种关系不通过人类理性的作用,便极不容易看出来。④ 二二得四,可以算是数学模型的一个代表,它们仿佛在发出这样的呼声:"请你这样做,使你的行为规则合于规律!"天晴天雨,二二得四。欢喜厌憎,二二得四。二二得四是规律,几近真理。试图反抗真理会使人心灵困苦,而懂得遵守二二得四的规

① [英]怀特海.科学与近代世界[M].何钦,译.北京:商务印书馆,2012:27.
② [英]怀特海.怀特海文录[M].陈养正,王维贤,冯颖钦,刘明,译.杭州:浙江文艺出版社,1999:245.
③ [英]怀特海.怀特海文录[M].陈养正,王维贤,冯颖钦,刘明,译.杭州:浙江文艺出版社,1999:246.
④ [英]怀特海.科学与近代世界[M].何钦,译.北京:商务印书馆,2012:26.

则的人就能够获得自由——懂得合于规律就是智慧,而智慧就是本质的自由。"解决三角形内角之和等于两个直角的问题的人,能够解决人类混乱忧郁思想中产生的一切问题。"①数学的学习能够建立人的理性,数学即善。苏格拉底说过,做床的木匠在没有做床之前,头脑中就有床的理念——从数学的角度去思考也可以理解为"模型"。铁匠、木匠、厨师、医生,他们知道做什么,他们有"善"的概念,他们有规定自己任务的现成的、切实的动因。最高的抽象思维控制着人们对具体事物的思想。苏格拉底们向手工匠人,向有技术的人学习这种艺术。怀特海发现,许多数学家是善人,很多哲学家是数学家。②

　　比之柏拉图,怀特海更强调过程性,他对数学的论述有一种"生命—过程"的动态变化之感,而善也蕴含在这样的变化之中。他提出,不存在纯粹静止的数这样的实有,即便是"六等于六"这样的命题也不要看成单纯的重言式。怀特海利用了一个重要的概念"模型"作为桥梁联通了数学与善,他提出"数学的本质特点也是从被模型化的特殊事物中抽象地研究模型"。或者说,数学是一个过程。数学和善的理想都是抽象性的,人们在现实实践中看不到完善的理想,也看不到数学,人们看不到一个精确的点、精确的线、精确的角、精确的圆,这都属于模型的范畴。但是,模型概念使人原本模糊的知觉被改造了。当教师把直角三角形由浓浓的粉笔线条鲜明地呈现在黑板上,学生并不知道它暗含着的无穷的性质。可实际上,点、线、线的笔直性,角,直角……这些概念都因为参考无所不包的空间而具有实质意义。三角形可能抽象自一座山的侧影、蝴蝶的一片翅膀、一片花瓣……,三角形可能抽象至金字塔、伞、夹子……学习数学的目的是要学生最终认识到其之前多年的学习说明了数字、数量和空间的关系,这些关系才最为重要。我们要影响学生的则是使之具有在具体领域中运用抽象概念的能力。当一个儿童第一次在脑海中"看见"把两把椅子和三把椅子放在一起形成五把椅子,我们就可以确定这个儿童具备了初步的算术概念。此后他可以做出一系列类似的"看见",例如他意识到把两个苹果和三个苹果放在一起是五个苹果;他意识到"把两把椅子和三把椅子放在一起"和"把一把椅子和四把椅子放在一起"是一样的……他的思想在这样的运算中越发理性。就这样,真实的经验被数学牵引向理念经验的转换,人的存在因为概念的理想化而被赋予了生机,增加了价值感和美感。数学对模型和模型之间的关系分析是最有力的技巧。从无限的现实世界中,抽象出有限的数学模型,这个

---

① ［俄］舍斯托夫.在约伯的天平上[M].董友,等译.上海:上海人民出版社,2004:11.
② ［英］怀特海.怀特海文录[M].陈养正,王维贤,冯颖钦,刘明,译.杭州:浙江文艺出版社,1999:246.

有限的模型又可以推演至无限的现实世界。无限本身没有意义没有价值，离开有限谈无限是没有意义的。有限实体离开超越本身的关联性，也没有意义。通过把模型注入自然事件，这些模型的稳定，以及模型的变化，善赖以实现的必要条件得以形成。模型把数学与善联系起来，也就把知识和经验联系起来，把有限和无限联系起来。"人类的智能可以从例示的抽象中构想事物的类型。关于人类这种特性的最明显的展示就是数学概念和善的理想，即超出任何直接实践的范围的理想。"善隐含在事物间的本质联系中，善也蕴藏于探求理想的过程中，而数学正是通向善的关键。

二、善——初等数学课程进行改革的出发点

"初等数学教学之所以步履维艰，不仅是由于它的不少思想观念被古典的权威著作吮吸殆尽，而且由于它仅仅被当作高等数学的一本枯燥绪言汇编。"初等数学的教育被设置得深奥枯燥，对于大多数人来说都是空洞无意义而又深奥难理解的。数学抛弃了对观念范畴的研讨而只是盲目地猎取一些程序处理的刻板方法。换言之，引进到教育课程的，仅只是现代技术，而不是现代思想观念。初等数学成了只有少数数学天才独享的自由特权，使人们在数学面前失去了活跃的智慧，或者说失去了本质的自由。怀特海在上个世纪提出了这样的对初等数学课程的批判，而我们不得不遗憾地承认，在当今中国的初等数学课程中仍然存在这样的问题，数学仍是大多数初中学生的噩梦，甚至在他们成人后回忆往昔时仍是噩梦。对初等数学课程进行改革也是一个从无限中获得有限模型，再从有限模型走向无限的过程。初等数学课程的改革也是朝向圆满的善的过程。

1. 初等数学课程要改革至利于每一个人的自由教育

怀特海对人本质自由的理解就是拥有活跃的智慧，教育要引人走向自我发展、自我创造的道路。他的整个教育思想基于这样一个教育目的："要塑造既有广泛的文化修养又在某个特殊方面有专业知识的人才，他们的专业知识可以给他们进步、腾飞的基础，而他们所具有的广泛的文化，使他们哲学般深邃，又如艺术般高雅。"怀特海数学教育思想也是这个至善的教育理想的一个部分。不仅是那些打算成为数学家的人，也不仅是那些因为职业关系需要掌握一定数学知识的人，而是每一个人都应该从数学学习中获得兴趣和快乐。他认为，向学生展示数学的时候，应该直面数学，直接而简练地探讨具有深远意义的一般概念，必须摈弃其深奥的部分。他坚信，除了极少数的学生以外，大凡智能健全、兴趣高雅的学生都能领略初等数学的善。他展望，通过恰如其分

的课程改革,可以使初等数学教育与现代思想相关、与每个人的自由相关。

数学学科本身的深奥倾向是一种特有的不幸,多数人难以学会最高级意义上的数学。随着传统智力观念的陨落,人们对利益的追求使教育的眼光变得狭隘,观念的局限也使得数学教育陷于低落。在怀特海看来,当时普通受教育者的数学水平是很低的,低到令人悲哀的程度。因此,怀特海发出了沉痛的呼声:"我反对将数学说成一门有着愚蠢功用的愚蠢课程。"①怀特海承认:把数学作为整体来看,数学是一门深奥的学科——这是确准(sure)的——之所以说这是确准的,因为这是人类的普遍论断。不难发现:怀特海承认数学深奥的这种逻辑方式是统计学的方式,这种推理逻辑事关数学。换言之,怀特海表面上在谈论数学的深奥,实际是在谈论数学这门学科深刻的意义,人们即便在试图以"深奥"为借口将数学推远,实际仍处于无所不在的数学之中,足见数学的有用性和数学之有用的普遍性。

怀特海作为过程思想家,他并不耽于抱怨数学教育的状况,他理解时代对教育的局限,他意识到教育制度不可能在真空状态下产生。更重要的是,他具有超越时代的眼界,他积极推动教育的改革,其中包含数学教育的改革。"我们必须把数学规划成为一门有完整独立体系的课程,学习它,不是为了别的,而是为了它自身的目的。"他提出,作为数学基础的那些概念其实一点也不深奥,而且数学很有用。怀特海提出数学课程的三重性:1.通过经常运用启发解释以及最后的具体陈述使学生最终明确掌握抽象概念的本质;2.通过一系列运用一个或几个抽象概念进行推理训练的例子使学生具有对这些概念进行逻辑处理的能力;3.必须使学生能熟练地把这些概念运用于自然界,人类社会。所有课程的学习应该能够帮助学生理解在他生命中所发生的一切,数学课程也该当如是。怀特海着重强调了他说的"理解"是"理解一切,宽恕一切"的理解。数学课程培养学生熟练地把数学概念运用于自然界和人类社会,这也是数学之善。每一个人经历了初等数学的学习之后,都应该能够感受到数学与自己密切相关,对所学的数学知识进行实践或验证,能够把数学知识和其他事物融会贯通。每一个人都应该对数学学习感到浪漫,并由此自我发展至精审、贯通、新一轮浪漫,进入节奏性的认知周期。透过数学知识的学习,学生应该能够懂得自己正在学习的真正主题是多姿多彩的生活。在学习数学知识的时候,学生应该感觉到自己在这些与自己生活密切相关的知识面前是绝对自由的,自己在生活中也是绝对自由。

---

① [英]怀特海.怀特海文录[M].陈养正,王维贤,冯颖钦,刘明,译.杭州:浙江文艺出版社,1999:120.

2. 数学课程进行改革的原则

教育家怀特海具有数学家的理性,他不是头脑发热的课程改革者,他很清醒地认识到"时间不够"就像一块礁石会使很多美妙的课改方案摔得粉碎,他在课改理念上有"少而精"的自觉。在《数学与文科教育》一文中,他论述并总结了数学课程改革的三条原则。

突出基本概念和原理　"数学原理的学习应看做一系列基本概念的学习,学生很快就认识其重要性。"教育者应甄选数学课程,以突出一般概念和原理。比如,量的概念和数的概念,是所有正确思维的基础。起初的数学学习阶段一般学习代数,数和量的概念并不截然分开,学生也很容易理解,并明白这种学习的意义所在。"代数是用来量化世界的一个智力工具。你无法回避它,这个世界无时无刻不被数量所影响着,要想说话有道理,就得用数字来描述。说这个国家很大毫无意义——到底有多大?说镭很稀有也毫无意义——到底有多缺乏。转向诗歌和音乐,数量和数字还是会在节奏和音阶里与人会面。"人们很容易就能够感受到他们在生活中遇到的数学知识,并因切近自己的生活而意兴盎然地学习。

删减细枝末节　"对于真正的教育来说,最大的危害莫过于浪费大量时间去学习那些毫无用处的思想和方法。"①数学要想在普通教育中有用,必须经历一个严格的选择和适应的过程。学生学数学的兴趣,仍是数学教育最终的尺度。课程所介绍的数学理论只限于至关重要而又不甚复杂能为一般学生所接受的部分。初等数学教育的目标是:"学生能够通晓抽象思维,能够认识到它是如何应用于特殊而具体的环境,应该知道怎样在合乎逻辑的调查研究中使用的一般方法。"怀特海提出了很多具体的建议:应该用各种抽象的(即使是简单的)代数函数方法来引进诸如变量函数特性等抽象概念;把初等代数的范围仅限于研究一个变量的最简单的函数;精减通常讲授代数课程的大部分内容;精减正弦和余弦的定义及其图像这部分学习内容;不要介绍三角函数在三角形理论中的运用。怀特海坦言,类似"歧例"这样艰深的数学知识并不高贵,不必找比这更难的内容让学生来学习以证明数学的高贵,这并不是数学教育的目的所在。对大部分学生来说,一些经过精心挑选的确切函数关系实例,肯定比一门好高骛远、贪多求全的课程要好得多。必须删除每一条只适合在今后学习中讲授的原理。如果我们一旦抛弃了用孩子们无法理解、将来也不会用到的定理,填鸭式地灌输他们的

---

①［英］怀特海.怀特海文录[M].陈养正,王维贤,冯颖钦,刘明,译.杭州:浙江文艺出版社,1999:119.

恶习的话,他们就会有足够的时间来把注意力集中在真正重要的课题上。

初等数学课程要完全摒弃其深奥的一面,不仅知识本身要简化,而且探讨知识的方式也应该直接而简练。课程实施中,要避免无意义的细节堆砌,应该严格删除学生只是觉得新奇却毫无任何重要意义的一切命题。并且,教师要少说题外话,"所有细小的题外话都应该严格被删除"。这一点需要注意,虽然怀特海一直倡导教师应避免学生生命的浪费,但并未在其他学科教学中提到教师要少说题外话的观点,可见这是数学学科的理性特征的外在表征之一。数学学科比其他学科更加避讳那些花哨的不理性的细节,数学教师语言的严谨与理性也是数学课程的一个部分。

强化实际应用 应坚持同步学习如何将重要的数学概念系统地应用于具体领域——例如,某些社会科学或自然科学的统计以及将力的多边形原理用于力学问题的图解。物理学中,学生可以按照平行四边形法则确定合力的大小与方向,也可以按照三角形法则将一个力分解为不同方向的两个分力。曲线图像是表达规律的一种方式。通过学习简单函数定律及相应图标的绘制可促使理论与实践的结合。尽管怀特海所处时代的英国数学初等教育有一种只剩图标的倾向,这也是怀特海所反对的。但是,怀特海也深信那些喜欢画图表的学生可以一直一直画下去。对函数的分析,学习函数与曲线之间的分析,仔细研究图表的特点,探索它们之间的相互关系,研究后来于图表中特点相符合的国内大事——这一切教给人们的关于数学和现代社会各种力量的知识,是我们当前的所有方法加在一起也无法与之相比拟。

怀特海对自己提出的去除深奥的方法也有辩证的补充,要将较难的数学知识置于整体的数学课程系统中判断是否应该删减。例如,他提出"对于从教科书中删去欧几里得原理一事而产生的直接后果我不能佯装满意。严密的逻辑性出现了可悲的缺陷,从而对该课程的学术价值造成了全面的极坏的影响"。此外,他还提出,"对重要命题的仔细挑选和对论点的仔细修正是必须的。不是整本书都需要,只是少数的体现基本概念的命题,对后进生不合适,但是会令更优秀的学生感兴趣"。

3. 改革后初等数学课程应当完成一系列的命题

在《数学课程》中,怀特海谈及数学课程应当完成的一系列命题的时候,采用了课程结束最后复习时候对整体工作勘漏的思维。这种思维如同朝花夕拾,阅尽路上风景都放下,只拾起心间数朵美丽不去的花。也如同历经风霜的老人,已经懂得甄别人生最终的目的,回首往事,想到成长路上的关键点。数学复习时,把知识形成体系,按照某种线索细致地展开,并进行充分的特别说明。对于学生的数学学习,自然法则+抽象思维＋经验校验＝明白无误。

怀特海首先谈到的命题就是量。量的概念、量的性质、对量进行的确定的测量,这样的学习过程在每一阶段都需要确切的例证来说明。温度、热度、电流、喜悦和痛苦,广度和距离,都被考虑在量的范畴。

他谈的第二个命题是自然规律的一般概念,他枚举了函数、曲线、定理和数学史。怀特海希望引起人们对数学史的重视。"数学史,不是人名和日期的集合,而是一般思维趋势的阐述,这些阐述使得这些学科成为最初设计时的目标。"代数学的历史是部为表现有限模型而发展起来的技巧的历史,代数调到了日常语言中序列因素的相对重要性。代数本质上是书写的语言,企图在它的书写结构中简化自己要表达的模式。这是一个伟大物理学家和伟大哲学家的时代,而哲学家和物理学家又都是数学家。16、17世纪,周期性的理论在科学中占了主要地位。伽利略观察了摆的振动周期,牛顿认为声音是由稀密相间的周期性波动通过空气时所发生的扰动而形成的。惠根斯认为光线是由精密的以太的横振动波而形成的。麦西尼把提琴弦的振动周期和它的密度、张力以及长度联系起来。现代物理的诞生必须依靠周期性的抽象概念在许多实例上的应用。17世纪时数学家盛极一时,18世纪的思想也是数学性的。19世纪的整个时期中,数学的影响在于它对动力学和物理学的影响,然后发展到工程和化学。数学通过这些科学对人类的影响之大是难以估量的。"我主张一半现代史课程应移交给数学教师讲授。"①(数学教师的优势在于适于对构成现代社会的各种力量进行量的评估。)

还有一个不能忽略的数学教育命题逻辑方法的训练。逻辑方法不仅仅是有效推理形式的单纯知识,也不仅仅是贯彻这些推理时所必需的思想集中方面的训练。严密的推理能力,需要经过相当的训练。逻辑演绎的功能,在于通过创造井然有序的逻辑系统,将这些命题贯穿在一起,从而使我们得以分享其论据。推理的艺术在于,不失时机地抓住主题,抓住那些能够说明整体情况的一般概念,并坚持不懈地整理这些概念周围的所有次要事实。抓住重要概念死不松手,认识到这样做的价值,人才会成为好的推理者。

4. 几何学在自由教育中须尽的贡献

几何学是自然科学之王。几何,不必一开始就学习符号,不受干扰,是清晰的空间概念,是简化和抽象,比代数更有优点。每当我们想解释生活中的物质现象时,我们就

① ［英］怀特海.怀特海文录[M].陈养正,王维贤,冯颖钦,刘明,译.杭州:浙江文艺出版社,1999:123.

要求助于几何学原理。

怀特海梳理了几何学习的五阶段：

第一阶段：全等的学习

第二阶段：相似性的学习

第三阶段：三角原理

第四阶段：解析几何

第五阶段：投影几何

三、善——数学教育未来发展的预见

初等数学是现代思维最具特色的创造之一。它之所以具有现代思维特色，是由于其理论与实践相互联系的独特形式。数学可以成为快乐的真正的理由，数学会吸引一些具有敏感性的有识之士。对于那些热爱数学的人来说，从数学的学习中获得的那些错综复杂的互相影响的推论，作为论点的概念之间的明显的距离，各种各样的数学方法，纯粹的抽象性质，都是永恒的真理，都是数学的礼物。

"纯粹数学这门科学在近代的发展可以说是人类性灵最富有创造性的产物。"从柏拉图到怀特海，再到我们所处的现在，时空在发展变化。如果人们对数学充满学习的热情，领略数学的真、善、美，就更能够理性而幸福地生活，共时代呼吸，与环境和谐。怀特海指出：如果文明继续发展，那么在今后的两千年，人类思想中占压倒优势的新特点就是数学悟性将占统治地位。如果学术教学不能借助现实的呼吸而沛然复苏，我们又怎能期望它作为未来文科教育的一个重要成分而生生不息，欣欣向荣呢？

怀特海是伟大的数学家，他和罗素合著了三卷本的《数学原理》。作为一个哲学家，他认为他的《数学与善》是能代表自己最终哲学观点的两篇文章之一。怀特海的数学要放在哲学背景下去理解，怀特海哲学要放在数学背景里去理解。怀特海又是伟大的教育家，他数学家和哲学家的两个身份决定了，当他谈论学科课程时，其中数学教育思想最跟其自身体验密切相关，最具代表性，最能深入地反映出他的教育思想。

4.4 重兴大学的功能：传承想象力的火炬

怀特海的《教育的目的》被认为是"在纽曼之后，关于大学的思考最为深刻的著作

之一"①,值得深入学习。怀特海把想象力看作是人类世代相传的古老火炬。他认为,想象力这支古老的火炬应该在大学里点燃知识,点燃人的生活热情。想象力是大学精神的灵魂,想象力使大学在人类文明的历史中具有超然的价值。

一、大学的功能是有想象力地传授知识

随着大学的快速扩张,大学在机构数量规模和内部机制的复杂性的发展上,都潜藏着由于理解错误而带来的隐患。大楼不等于大师,扩建不等于兴盛,人们应对大学的功能进行反省。唯以明智来引领大学的发展,抓住大学发展的机遇,尊重大学传承想象力的功能,来推进国家的文明处于世界领先。

怀特海发现,公众对大学真正作用并未建立广泛的正确认识,人们只是把大学看成是知识传授和进行科研的机构,而未真正关注到大学生想象力的培养。

在《教育的目的》中,怀特海指出,人们并非因为学习知识的理由来到大学。15世纪印刷术普及之后,书本印制和广泛阅读很方便,在图书馆读书远比上大学的学费低廉,人们不需为了获得知识而来上大学而缴纳学费。比起怀特海所处年代,当代资讯更加快速便捷,除了阅读书本,人们还可以在电脑、手机上阅读并获取信息。若仅考虑知识的传授,那么大学就没有存在的价值。可事实上,大学并没有消失,仍然存在着,并且快速发展着。所以,大学有其存在的原因,且这个原因绝不仅仅是因为其教授知识的功能。

如果大学的管理者和教师误认为大学的功能只是传授知识,大学功能的源头就被破坏了,就会出现大学的管理和教学等诸多方面的轻率行为:那些认为大学功能仅在于传授知识的老师可能会照本宣科地讲课,那些认为大学功能仅在于传授知识的院系负责人可能会选聘专业知识突出却缺乏创造性的教师。如此这般,学生在大学学到的只是干巴巴的知识,感受不到学习时那激动人心的浪漫,也不会体验到应用和展示所学原理时的激动。长此以往,学生就会失去学习的兴趣,思想变得迂腐呆滞,还可能变得缺乏生活的热情。

关于大学的功能,还有另外一种曲解。人们以为大学的功能是做学术研究。实际上,就做研究来说,研究所比大学更为专门化,也更合理。大学的确应该怀有开展原创性研究和探究客观真理的职责自觉,但是大学作为一个整体的核心功能显然是围绕教

---

① [美]雅罗斯拉夫·帕利坎. 大学理念重审——与纽曼对话[M]. 杨德友,译. 北京:北京大学出版社,2008:109.

育的。如果大学教师的科研不是为他的教育教学服务的,那么他何以充担大学教师之名呢?如果大学教师的学术研究和他的教育教学完全脱节,那么他也没有留在大学的必要。

令人遗憾的是,认为大学的主要功能是学术研究的误解是很广泛的。怀特海在其所处的时代就已经以署名发表的科研成果来衡量教师的价值。时至今日,这种科研至上的大学观念更是屡见不鲜,科研意味着个人晋职、意味着经费划拨,因此也就意味着一个大学教师在其任教大学的地位和被认可度。川大教师周鼎《自白书》一出,舆论哗然,"从前,科研是副业。现在,教学是副业"的话语引发网民大量的评论。新华网四川频道 2014 年 12 月 26 日特别刊发了题为《周鼎写〈自白书〉,川大其他教师怎么想?》的访谈,这篇访谈录里触及了更深的大学教育现实,比如有些大学教授只搞科研,想尽方法不上课,尤其不爱上本科课;授课教师挂名是著名院士,实际上课的是另外的教师;教师为了发表科研论文在某些学术刊物买版面……把大学的功能视为科学研究的结果适得其反,加剧了学术心态上急功近利的浮躁,使得大学品质被降格。

大学同时具有教育和研究的功能,但这两种功能应是交汇共融的。而不是偏重其中的一个功能,或者是把两种功能割裂后相加。

中世纪早期,大学的兴起是顺乎自然应运而生的,后来的发展是一个生长过程,大学把各种进步活动进行融合,使之有效地促进社会文明的进步。大学致力于成为思想活跃富有创新的学术殿堂,其根本目的还是要成为新思想、新知识、新文化的前沿。

大学时至今日变得繁荣,很多大学都在扩建、扩招。但这成功并不能简单地归结为学者的学术研究,而应归功于大学世界各民族的不断前进提供了充满想象力的智慧。比之知识传授和科研成果,怀特海更在意大学的学者们富有想象力的生命活动和生活热情,以及与二者相关的爱国精神。怀特海认为,大学的影响力主要在于学者们的生命活动,他们留下人类取得的成就印记,加上他们追求生活的热情,这些成就了真正意义上的爱国精神。

因此,怀特海认为,充满想象力地传授知识才是大学的恰当的功能。"大学存在的理由是,它把年轻人和老年人联合在一起,对学术展开充满想象力的探索,从而在知识和生命热情之间架起桥梁。"怀特海把大学看作是年轻人和老年人共同分享的理想之地。在大学,人们应该能够更真切地感觉到人类文明在两代人之间的传递,师生共同分享关于人生的经验,老年人对思想活跃、充满激情的年轻人阐述自己积攒起来的智慧,年轻人用热切的生命活力来感染老年人。"它(大学)的主体是教师和学生,正是他们在学习、阐明、批判、赏析现存知识的多样结构。这种结构是由正统的文学、正统的理论评注，正统的思考以及揭示正统新旨的正统实验所支撑的。"大学的活力应当展示出超越限制的某种途径。大学是实现行动探险和思想探险相结合的媒介，是将生活探险与智力探险相联系的最佳场所。

怀特海认为，"一个前进中的社会需要依靠这三种人：学者、发现者和发明者"，大学生是潜在的学者、发现者、发明者，他们应该得到关于想象力的训练。每个受过教育的人都应同时具备些许学识、发现能力和发明创造的能力，通过大学的培养，这些受教育者朝向合宜自己的方向去发展，成为社会需要的人。怀特海对自己所说的发现和发明做出了注解："发现"指的是关于高度概括性的原理方面的知识进步；"发明"指的是根据当前需求将一般性原理运用到各个特殊性的具体事物中的进步。因此，能把知识概括成原理的人可以被称为发现者，参加到实际事务中的人也可以被称为发明者。

每一个具有广泛文化的专业人士，无论是学者、发现者还是发明者，都不可能一点一点地搜集事实来解决他们随时面临的具体问题，他们必须以充满想象力的智慧使问题的解决变得游刃有余。世界在发展，每一秒都是崭新的，从容不迫地面对新世界的人需要富有想象力。人要想持久地拥有想象力需要接受培训，而想象力培训最重要的阶段就是大学阶段。

想象力并非生而有之，也并非总是保持在同一品级和能级上，想象力不能放在头脑的"冰箱"里保存并支取。如果想象力没有得到激发和训练，跃动的智慧也就渐渐消逝。

儿童期的想象力纯真超拔，但是接触到可据想象的事实来源尚不丰满；老年人渐渐失去雄发的意气，思维变得平缓低沉；年轻人比儿童有更多的知识和经验，又未被生活的琐屑所磨折，是想象力最为蓬勃的人生阶段。而在我们的时代，多数人的这个想象力蓬勃的人生阶段是在大学度过的，因此大学对想象力培训的责任是不可推卸的。

"年轻人总是充满想象力的，如果这种想象力通过训练来进行加强的话，这种想象力的能量能够在很大程度上保持终生。"大学教育所能给予人的心智教养的重要内容之一就是要把想象力化为人的生命机体的一部分，常用、常有、常新。

文明是美好人生的理想，也是一所大学的理想。这个理想在于发现、了解和阐释世界万物潜在的和谐，而这种和谐引导出和激发出人类经验的每种模式。文明社会的文化展示的是和谐与不和谐的混合状态。大学在走向和谐的历程中正与不和谐进行着斗争，同时也传播着人类传统即刻表达的和谐的欢乐，大学在混乱经验的处女地上开拓和探索。

"充满想象力的学术探索会点燃令人激动的气氛,这种气氛会带动知识的变化。"知识因此会变得灵动而丰富,被赋予各种可能性,不再是记忆的负担,而是转化成为人的直觉般的智慧。充满想象力的学术探索是人类世界在秩序和创造性之间平衡的途径,像建筑一样构建人类文明的高尚目标,又充满诗意地活跃着人类进步的梦想。生命各有差异,每个人的想象力水平不同:有的人想象力丰富而缺乏经验,有的人经验丰富而缺乏想象力。大学要培养的是能够把想象力和知识、经验进行完美结合的人。这种培养,使得大学生在离开学校教育之后,在工作岗位上、在生活中总是积极地思考、创造和行动,保持生动的气韵。大学并非是以学费为交换的关于学问的商品,大学应为人们提供的是一种生活方式:有学问而充满想象力。

二、大学功能的实现者:用想象力点燃学问的教师队伍

大学功能的实现者就是大学教师。"大学组织的全部艺术,就在于供应一支用想象力点燃学问的教师队伍"——这比大学在学生数目上的快速增长更重要。竺可桢曾阐发相近的观点,"一个学校实施教育的要素,最重要的不外乎教授的人选、图书仪器等设备和校舍建筑。这三者之中,教授人才的充实,最为重要。教授是大学的灵魂"。[①] 大学的楼群再多、图书和仪器再充足,也不能直接地实现大学的功能。大学的好坏,根本上还是取决于大学的教师水平。我们无法设想:大学教师是生活倦怠的人或者是迂腐学究,教着生硬的书本知识,却培养出了有想象力的学生——这根本上违背了逻辑。大学对学生想象力的培养也需要接触式的学习,获得的是生命的直接经验。要把大学的学生培养得具有想象力,首先大学教师必须是充满想象力的,他们以身示范让学生"传染"上想象力。大学教师应该是一群富有想象力的学者,他们的作用是唤起生活中的智慧与美。具体说来,是唤起受教育者对生活中智慧和美的感受力和实践。

"教育是对生活探险的训练,研究是智力的探险。"这两种探险有着内在的联系,而且这两种探险都离不开想象力。因此怀特海向大学的管理者提出倡议:"你想让你的老师充满想象力吗? 那么鼓励他们去研究探索吧。你想让你的研究者充满想象力吗? 那么,把他们带进那些正处于生命中最热切、最富想象阶段的年轻人的智力同情中去

---

① 杨东平. 大学精神[M]. 沈阳:辽海出版社,2000:45.(竺可桢:《大学教育之主要方针》)

吧，这时这些年轻人的智力正开始进入成熟期训练。"如果大学的教师不从事研究，那么他的知识就缺乏更新，无法在新时代新世界中应用起来。大学教师的研究能够促使他自身的知识得到更新，教师本人也会因此领悟到一些看似陈旧过时的原理对现实具有即时的重要意义。我国对教学最早的认识可追溯到六经中《书·商书·兑命》中"敩学半"，海人不倦和学而不厌之间本也有着密切的关联；如果大学的研究人员不从事教育，那么他所从事的研究就失去了活的机缘和价值。无论一代人的研究有多么卓越，如果他们未能将想象力的火炬传承下去，都会对民族未来的发展造成挫伤甚至灾难。研究人员应该跟年轻人在一起，使自己的活动成为年轻人生命经验中的一个部分，使那些有天赋、有激情、思想活跃而想象丰富的学生可以亲身见证老师如何实践，使学生尽量圆满地度过他们的智力获取时期。

　　大学教师应该如何对学生进行想象力的培训呢？在对学生进行想象力的最初训练的阶段，教师不应要求他们对直接行为承担责任。大学生应该养成无偏见的思维习惯，自由地思考，不管对错，自由地欣赏未被危险因素干扰的多彩世界。在其后的训练中，大学教师要充分预估学生在进入社会后所面临的困难。新毕业的学生往往作为职场新人被安排在服从命令履行固定职责的岗位上，而长期按照固定的程序来工作就会钝化想象力，随后的职业生涯所需的素质很可能在初入职场那几年被泯灭了。所以，大学教育必须起到前期准备的必要作用，促进学生对构成这种职业基础的各种一般原理进行充满想象力的思考，在尚未进入职场前就已经得到把具体细节和原理结合的想象力的锻炼——能够从现实中升华出原理，也能够把原理应用于现实，想象力能够在理论和现实间自如地飞跃。这样，学生走入职场后，不会被单调沉闷的底层职位击垮，不会为盲目的经验所驱使，而是具有找到工作的意义，创造性地自我发展，养成良好的职业行为习惯，锻造出可靠的职业品格，而又不丧失那重要的想象力，有进一步提升发展的空间。有教养的心智与那些未受到良好教育的心智主要的区别就在于，未受到良好教育的人疲于应对新世界的种种变化，总是感到猝不及防；受到良好教育的人会对新鲜的变化感到兴奋，自然而然地找到智慧的视角，总是能创造性地思想问题，处于豁然明朗的生命状态。具有想象力的人不仅具备表现在思想活动上的天马行空，也具有迅捷精确的行动力，所以往往能够展出令人满意的效果。有想象力的人在思想和行动上的自如与和谐会使人感受到生命的美好与欣喜，从而保持着生命的热情。

　　比起单纯的教知识或做研究，把想象力跟学问联结起来是更困难的，对教师的素质修养的要求更高。想象力是如何起作用的呢？怀特海认为，"想象力是这样发挥作用的,它总结出运用于已存在的事实中的一般原则,然后对符合这些原则的各种可供选择的可能性进行理智的考察。它使人们在面对新世界的时候,能够构筑出一个充满智慧的视角,并通过展示出令人满意的效果而保持生命的热情"。作为一个理性主义者,怀特海十分严谨,他说的想象力并非脱离事实的胡思乱想和没有原则的胡编乱造,而有着比较强的逻辑性,是激情与理智的克制、事实和创造力相结合的产物。想象力归属于那样一些人,能够总结出一般性原则并且能够把这些一般性原则理智地运用到特殊性的具体现实中。也就是说,具有想象力的人既要有善于归纳的思维,也要有善于演绎的思维,能够从"多"到"一"、再从"一"到"多"地去思考。这种思维的习惯使人不至于陷入怀特海所反对的那种"惰性观念(inert idea)",而保持生命的活跃状态。因此,以具有想象力的方式传授知识的教师必然是逻辑缜密而又关切生活的。

大学教师需将想象力和知识融合,这种融合需要满足一些条件,因此大学也应是能够为教师提供这些条件的场所。怀特海说到,"想象力和知识的融合通常需要一些闲暇,需要摆脱束缚之后的自由,需要从烦恼中解脱出来,需要各种不同的经历,需要其他智者不同观点和不同才识的激发。还需要强烈的求知欲以及自信心"。从怀特海的语言逻辑中我们可以看到他思维的逻辑:闲暇是想象力与知识融合的首要条件。繁重的课业和科研负担会令人不胜其扰,而这种纷扰无疑是对大学教师的想象力伤害极大的,进而影响到大学功能的有效施行。大学的教育直接与大学生步入社会的生活相连,大学教师的授课状态直接会影响他们对工作和生活的判断。在此种意义上看,大学教师必须保证足够的闲暇可供生成智慧,能够进行有想象力的教育和科研。当大学里学生的数目在大幅增加时,教师的人数也须相应地按比例增加,使教师们不必背负过重的课业和科研负担;其次,大学教师的教育和科研应该有相当程度的自主性,令他们的想象力可以不被束缚;此外,大学应该有自由的制度和足够的经费,使得大学教师可以不那么拮据地游历与游学,并聘请一些校外的智者交流和讲学,以鲜活的生活与思想来激发想象力——这应该也是大学教师"备课"的一个重要部分,教师个人经历和学养会在课堂散发浸润了生命的辉光。还有一点非常重要,那就是教师的自信心和自豪感。大学教师的付出要能够看到成效,让教师有自我价值的认同。大学快速扩张的一个弊端是,个别不具备升入大学资质的学生也因为录取分段降低而进入到大学。其中有些既无理想也无情怀又资质平庸、不善学习的学生,把拿到一纸大学文凭当成终极目标,学习态度不端,缺乏年轻人应有的活力,还平行影响其他同学,这种状况在某些大学会比较突出,使得大学教师上课时心灰意懒、没有激情。

三、大学功能的保障:大学教师评价机制和大学管理

当怀特海意识到大学快速扩张可能引发的问题时,他首先想到的是重新考虑大学的评价,重中之重就是大学教师的评价。大学教师评价的本质是价值判断,对教师的发展有导向性的作用。

怀特海认为,大学教师评价最大的错误在于——根据署名发表的作品来衡量一位教师的价值。这种评价方式是最便于操作的,符合数据量化的分析要求。但这种评价方式有很大的弊端,有导向跑偏的风险。为了在评价中获得较高成绩,大学教师们把全部精力都投放在写论文上,而对培养学生的想象力没有积极性。为了完成论文数量的目标,还会出现粗制滥造的情况,难于沉潜于漫长而艰深的研究,使大学学术精神陷于衰微。"对于某些思维最为活跃的人来说,写作或写下短小的文章,看起来似乎都是不可能的。在每一个教师群体中,你都会发现一些较为出色的老师不在发表论文或是著作的名单当中。他们需要和学生面对面,以讲座或是个别交流的方式,来表达他们的创造性思想。"如果孔子或苏格拉底活在当代,没准他们也会因为未刊发论文而无法获得大学教职。可是他们对人类文明所做的贡献是无法估量的。

师生之间面对面的讲座或交流,也应该被看作是思想成果。但是,现在的教师评价制度尚未建立比较合宜的评价机制来审核此种思想成果。一个有多年工作经验的教师靠着吃老本教学或钻研性地教学,实质上是有差异的,但是这种差异十分微妙,哪怕可以明显感知但很难测评出来,或者测评的分数差异微乎其微。大学教师评价是否可以靠学生对老师的评分而定呢? 是不合适的。怀特海在聘任教师的时候,也觉得对教师的评价十分困难,"如何区分大声喧哗和精力充沛,如何区分滔滔不绝和戛戛独造,如何区分智力不稳和才华冠世,如何区分偌大书本和真才实学——再没有什么比这更困难了"。连怀特海这样的教育人士在评价大学教师时都觉得困难,以学生的评价来判断老师的教学成果更是"外行评价内行",可能失于偏颇。学生的学业能力水平大多低于教师,在客观公正地评价教师的思想成果上的能力不足。而事实上,学生对教师的评价往往带有主观的感情色彩。一个风趣幽默但学术水平和专业技能不强的老师很可能受到学生的喜爱与追捧。以学生来评定老师,会使那些风趣幽默的教师获得满意的分数,可能因此导致某些教师沾沾自喜忽略在专业方面的自省和提升。

考虑到所有因素,怀特海提出了一个教师群体的总体效率的有效评价办法:"作为一个整体,出版发表作品的方式可以按照其对人类思想的贡献,给予一定配额比例。这样的配额比例,应该以思想的价值分量来评估,而不是作品的数量。"怀特海或许基

于在他所任教的哈佛、剑桥这样的大学有独立自主的人事任免权,而且大学里教师身上存在着强烈的集体荣誉感,才提出这样一个评价办法。将这个评价办法直接用在我国未免水土不服,我国的大学教师还多数处于"端着铁饭碗"的状态,即便无所作为不学无术,只要不触犯法律或严重的道德问题的底线,也还会留在大学教师队伍中。如果我国的大学教师打定了主意,不想评优或晋级,不迟到、不早退、不旷课,但是却出工不出力地随波逐流混日子,按照怀特海的评价方案,就可以保住自身,而其他老师却会受到这个老师的牵连。

关于大学教师的评价虽然不能得出一个统一的标准,但是每所学校都可以尽量地避免评价的片面,进行多个维度、多个层次、不同时间节点的综合性的评价。如何制订出适合每所大学长期发展规划和具体短期目标的大学教师评价方案,还需要大学具体的管理者的智慧。但是怀特海的另一个观点倒是引人深思。他认为"公正对待教师的问题对事实影响不大。在工作时间和薪资的合法性之下,雇佣一个人来提供合法的服务,这本身就是完全公正的。接受这个职位,意味着愿意"。如果把大学教师的评价跟岗位和薪资挂钩,并能明显地表征出不同的付出之间的差异性的时候,评价机制的引领作用或许会更为有效。只要评价的准则是教师们认可接受的,评价的过程和结果能够做到公开公正,大学教师评价就可能起到重兴对大学功能正确理解的作用。

谈及大学管理,怀特海认为跟商业组织的管理是截然不同的。在一个商业机构里,明智的管理者可以做出规划安排人去按部就班地执行,就能保证商业机构的顺利运转。但是大学不是,大学是一个生长想象力的地方,管理者不应对教师们指手画脚,本质上教师们应该自由地决定自己的活动。因此,大学管理者的智慧,体现在能够听取大学教师的公众意见,并能够激发教师们对大学办学目标的共同的热情。当教师的意见得到尊重和采纳,教师会对管理者的办学目标做出自己力之所及的范围内的积极行动,这样大学的工作才会得到高水平发展的保障。

关于大学的管理,还有另一点非常重要:不怕犯错。对于大学来说,最大的错误就是不犯错。大学必须以富有想象力的方式来被创建和发展,即便犯错也是发展中不足道的微尘。为了不犯错误而故步自封就会导致大学的萎顿和消亡。怀特海认为,"一所大学的成熟需要 300 年时间"[1]。这个逐渐成熟起来的过程是漫长的,是大学在跟不和谐的因素的斗争和混合中朝向和谐的过程。不怕犯错的开拓和探索才会释发出

---

① [英]怀特海. 怀特海文录[M]. 陈养正,王维贤,冯颖钦,刘明,译. 杭州:浙江文艺出版社,1999:148.

大学的活力。那些曾经创立和管理大学的人物曾以他们的想象力对他们所在的大学产生深远的影响。那么在今天,大学快速扩张的今天,想象力更要与时代同舟共济,推动国家的进步。

4.5　有机思维和终身学习

在离开了大学之后,人们并非不再需要学习,而是已经具备了相当程度的自我学习、自我教育的能力。离开大学之后的学习是走向"深如哲学""高如艺术"可行性的智力成长。在《教育的目的》中,有三个篇章是在继续谈论这些自我学习和自我教育的法则和进路,分别是《思想的组织》(也译作《有机思维》)《对一些科学观念的剖析》《空间、时间和相对性》,读来稍显艰涩。

目前国内有一些通行的《教育的目的》译本,不包含后面三章的内容。如果能够仔细研读,还是能够有所收获。

一、让我们一起生成有机思维

在怀特海思想体系中,有机是什么?有机就是对不同元素做出调整,使它们可以呈现出某种预定的性质。[1]成就一个事件,就是一个有机的成功——在万千事件的可能性之中,克服有机组织的任务本身的困难,成为唯一的确定的事件。让我们一起生成有机思维,不再以孤立、静止的眼光来确认事件,充分考虑到空间和时间的绵延。

1. 组织即有机的组织

"组织"一词本身就暗含有机涵义。让我们来感受"组织"这个词,它不同于"建构""排列",会引起我们生物学的想象,想到莺飞草长,想到玫瑰开放。

因为怀特海的有机哲学思想,《思想的组织》常常会被译作《有机思维》。行文之中,"机体"作为名词、"有机"作为形容词、"组织"作为动词,表达同义。"思想的组织"就是思想的有机组织,隐含着人们对事物在时空之中的创进性生成、发展的认识、思辨和理解。

有机地组织思想,让我们不仅仅看到已经客体化了的世界,还能看到事物的关联,看到世界的创造性演进,能辨识那些在自然界母腹之中尚未实现的潜在。有机哲学有

---

[1] ［英］怀特海.教育的目的[M].严中慧,译.上海:华东师范大学出版社,2020:122.

着融贯的特点。"有机哲学体系努力保持的这种融贯性,就在于发现任何一个现实实有的过程或合生在其构成成分中都包含其他现实实有。这样,世界的明显的协同性就会得到解释。"

帕克·帕尔默在《教学勇气》的导言部分,引用了里尔克的诗歌《别分离》,在教师群体中引起了广泛的共鸣。"何为心? 若非与繁星聚在一起",每个人都有被友善理解的渴求,都有与他人密切联系的渴求,以及对心灵沟通的渴求。除了那些客观的知识,除了教学的技巧,我们可以发掘更多:我们的内在景观、学科的意义,以及我们想要靠近的伟大事物。这些可能就是组织的意义。

2. 复杂境况中的即刻行动需要科学理论

怀特海把科学看作某种特定类型的思想的组织。这种思想的组织(即科学)的源头,可能来自于理解的欲望,也可能来自于对实践的欲望。两者对比起来,在实践中寻求指导以使行动达到预期目标,似乎更能够凸显科学理论的重要性。

在一些非常复杂的境况下,我们根本来不及准备万全,我们甚至根本来不及整理观念,需要即刻就做出正确的行动,使行动获得完全的胜利。"科学理论方面的重要性,恰恰是在实践中,由于那些发生于非常复杂的境况下必须立即采取行动的事实而呈现出来。如果我们在开始整理观念之前等待行动的必需品,在和平时期,我们将失去贸易;而在战争中,我们将失去胜利。"[1]

在实际事务中,"预见"是一种习惯性的思维方式和行动方式——没做过的事就像做过一样,没到过的地方就像曾经去到过一样。这种洞察式的理解需要训练。尽管有些人可能天生比别人更敏感,有这种天赋,却也需要理性的训练来激发这种天赋,他们需要科学理论的学习。所以,每个人都需要学习如何科学地组织自己的思想。

3. 科学有更平凡的起跑场地

通常人们把科学想得高高在上,是那些专门人员才能接触到的内容,去研究"生命、遗传、物质体、分子、原子、电子、能量、空间、事件、数量和数字"。可能这种狭窄地集中于有限的范围,有助于研究的深度。但是因为缺乏思维的宽度,容易失去一些深度未知的潜能。

把宽度和窄度很好地结合起来,才有科学的和谐。

在《教育的目的》中,怀特海说到:"我认为科学有一个更平凡的起跑场地。它的任

---

① [英]怀特海.教育的目的[M].严中慧,译.上海:华东师范大学出版社,2020:123.

务是发现存在于构成我们生活体验的感知、感觉和情感的流变的关系。由视觉、听觉、味觉、嗅觉和更早期的理智的感觉,这些所产生的全景是行动的唯一领域。科学就是把经验用这种方式组织起来的有机思想。"

怀特海的有机哲学更贴近普通人,更尊重每个人真实情境中所发生的一切生活体验,而这些体验都可以被有机地组织起来。

4. 科学发展进入了一个有机时代

怀特海说"科学发展进入到一个有机时代"[①],这个论断在 1916 年得出,堪称富有前瞻性,但是人们对这个论断的辨识和接纳需要时间,直到今天恐怕仍然不是每个人都充分地意识到了这一点。

哪有一台照相机会比眼睛更精敏?哪有一台机械比人的前臂更精敏?我们几乎要靠着对有机体的模仿来认识世界和改造我们所居处的境况。

在我小时候,我看到的科幻片中,最先进作战能力的拥有者是机器人,有着钢铁的坚硬外壳。每当要变成机器人的时候,要按一些圆形按钮。这种科学幻想基于人们仅仅掌握着比较低端的科学技术,人类那受到了掣肘的想象力不能想到更先进的景象;再后来的科幻片,里面就不再有大大的圆形按钮了,取而代之的是可以用手指来划动大屏幕,这当然是因为科学有所进步;最近几年的科幻片里,不再有手指划动大屏幕的画面,而是脑电波直接改变或切换全息影像,我们可以感受到科技进步的意味;最近的科幻片里,外星人不再是钢铁战衣的物体,而是形貌怪异的有机体,它们有强大的能力,完全不像机械那么笨拙。这反映出一个事实:人们逐渐地意识到,更文明、更智慧的思想和行动必定来自于有机体。

正如怀特海所说的"有组织的思想是有组织的活动的基础",如果我们想要做有机体那样灵动自如又天衣无缝的行动,就需要我们具备有机体那样富有组织的思想。怀特海把《思想的组织》作为逻辑科学范畴的内容。教育如果能够把人培养成"深如哲学又高如艺术",需要我们掌握有机组织思想这种逻辑科学。

5. 常识思维的整体装置

有人认为人是理性动物,强调人是有意识的。然而,我认为更合适的说法是:人是经验动物。我们都有那种心不在焉、缺乏意识统领自己的体验,比如睡眠、疲惫、困乏、生病等等。其实,除了这些时刻,我们对我们生命中遇到的绝大部分事物也是视而不

---

① 〔英〕怀特海. 教育的目的[M]. 严中慧,译. 上海:华东师范大学出版社,2020:122.

见、听而不闻的。我们不会有意识地记住今天回家时第二个路口遇到的第四个人穿什么衣服;我们一边看书一边哼着歌,歌都准确地唱完了,但是我们完全没有认真地想这首歌的曲调和歌词。"没有人会随着清晰而有意识的知识行事,没有人在做一件事的时候,脑海里自动地出现他清晰掌握的知识。"维持我们的生活运转的那套系统,被怀特海称之为"常识思维的整体装置"。

怀特海强调,"科学植根于被我叫作常识思维的整体装置的东西。常识思维的整体装置,就是那个由此开端、由此重现的基准"①怀特海在《对一些科学观念的剖析》中,进一步解释了常识思维的整体装置——"总体说来,间接衍生的思想有一个很大的原初领域,也就是按照类型给出的、感觉表象的最初思想的领域。这就是我们思考事物的方式,据我们所知,并非完全出于抽象的需要,而是因为我们承袭了环境中的方法。这就是我们发现自己思考的方式,一种只有通过巨大的努力才能从根本上搁置的方式,而且只能在很短的时间内搁置。这就是我所说的'常识思维的整体装置'。"

我们可以从视觉、听觉、嗅觉、触觉等多个感官来领会一只猫咪。在黑暗之中,我们听到"喵呜"的一声就判定那里有一只猫。我们几乎不会有一个逻辑的过程,我们听到了声音—声音是"喵呜"—猫咪才"喵呜"地叫,狗不那样叫。我们直接就会想到,那有一只猫。甚至于,我们在听到那一声"喵呜"的时候,会复合很多感受和记忆;这只猫的名字、毛色、眯着眼睛的神态、弓起背来的样子、靠着人的小腿摩蹭的感觉……当一个感觉被触发时,相关的感觉表象也常会一下子涌来。一种生动的有机性,流曳在各种感官之间。

不能夸说常识思维的整体装置中有多么大的理性成分,因为常识思维的整体装置工作时几乎是不假思索的。常识思维的整体装置所给人带来的认知是非常原初的,甚至没有开启意识的作用。但是,多个感觉客体,自觉地协同努力,通过实践关系和空间关系相互联结,结合到对一个事物的知觉中,这本身是有机的,也是耐人寻味和充满启迪的。我们的经验尽管是零零散散、含混不清,但是它们之间却又有着无法割舍的关联。

或许这正是有机体最聪明的地方,如果人时时刻刻需要调动自己的意识,处于一种神经紧绷的状态,去接受庞大复杂的思想任务,那么人会很快磨损自己的生活而把自己搞垮。我们仅仅是形成了心智习惯,在遇到特定情境刺激时相应地做出反应。因

---

① [英]怀特海.教育的目的[M].严中慧,译.上海:华东师范大学出版社,2020:127.

此,我们并不关心涌向我们的整个世界,而只是"抱握"某一个现实实有。也因此,我们不会在已经学会游泳之后,还在提醒自己每一个动作该如何规范、如何配合呼吸。"常识思维的整体装置"会把一些东西变得不再占用我们思想的"内存空间",很多时候这可以被看作是教育的结果。

当然,我们也需要警惕,在需要我们调动起理性进行观念冒险的时候,理性可能退回到本能或常识。同时,我们需要注意,怀特海也提到这样的一种猜测:"其他星球上的其他存在,它们根据完全不同的概念来安排了类似的经验,也就是说,它们在各种体验中把它们的注意力主要集中在不同关系上。"对别一种经验法则的概述要有敬畏,对视域的变化要有感应和觉知,对他者所处的视域(与自己相异)要能有包容和尊重。

6. 复杂、凌乱的经验领域是思想组织开始的地方

让我们来想一把椅子,出售它的人、见过或使用过它的人、正在享受它舒服的支撑感的人、将来把它劈了烧柴的人,对这把椅子的经验各不相同。经验之流按照"形成有关物质客体、限定的时间流变、同时性、重现性、相对位置和类似的基础观念的概念"作为参考系,来考虑这把椅子。这些经验正是人类思想组织的基础,我们不能脱离开经验来组织任何思想。然而这些经验是如此复杂而又凌乱。

如前文所述,意识并不是经验的必然基础。在《过程与实在》当中,怀特海说到"意识忽隐忽现地闪烁着。即使在它最明亮时,也还是既存在一个清楚明亮的聚光区,又存在一大片经验的半影区,后者透露出强烈的朦胧理解的经验。"这句话值得我们好好地思考,意识最明亮的时刻,"半影区"的那些热烈而朦胧经验不正是我们教育的开始吗?

我们不会到了几十岁还在背诵 1+1＝2 这个真理,这种已经会了的"明亮"过分地向我们的经验敞开,并不会激起我们要去学习的冲动。我们想要学习的东西,正是自身未曾探究过的,半隐半现的材料,你能清晰地感受到这个懵懵懂懂的东西多么具有新颖性,你被强烈而朦胧地召唤了,它对你说"快来看,我很重要"——这就是"兴趣",在怀特海语境里也可以说成是"重要性"。

怀特海的教育节奏三阶段"浪漫—精审—贯通",首先开始于浪漫。"浪漫的情感本质上是一种兴奋,从接触未经修饰的事实,到开始认识事实间未经探索的关系的重要意义"。这种浪漫不顾惜稳妥,不甘于单调的重复性事实,甚至会主动迎战。人类学习不是从最简单的知识开始学起,不是从所谓需要优先学习的知识开始学起,而是从强烈的兴趣开始,从一个人感觉到极度重要的地方开始,不管是不是很难,不管是不是

有知识基础。怀特海在批判人们不假思索地使用"先易后难"原则时说:"有些最难学的东西恰恰必须先学,因为自然如此规定,也因为它们是生命力必不可少的。"人类的思维方式就是如此,所以会有想象力的飞跃,所以会有观念的冒险,也所以才会有世界的创造性进展。

在杂多的事实、琐碎的经验之中,带有强度的重要性感觉的"兴趣"奔向你。怀特海在《思维方式》中说到:"追求真理的热情以兴趣为前提。持久的观察以兴趣为前提。因为集中注意意味着不顾不相关的东西,而这种不顾只能以对重要性的某种感觉来维系。"一旦进入到了"浪漫"的状态之中,也就进入了教育的节奏性周期,专注集中会对知识增补,寻求系统阐述的精确性,寻求对感兴趣的事实作出分析和揭示。到了掌握了一般概念时,必然会引起想落实于具体实践的冲动。"精审"与"贯通"是顺着"浪漫"之水推舟。

理解教育节奏,需要注意到,循环叠套的教育节奏周期,绝不像是工厂流水线上抬起又放下的机械手臂那样周期性重复,教育节奏是有机的,因而是创造性的,始终都有新颖性的闪光。有机哲学不是单调重复的机械活力论,有机哲学对我们的指导不只是生生不息,还要我们时时更新。

每个人心念之中的重要性感受是各不相同的,每个人的教育节奏也是参差错落的,有机体的魅力在于"夫物芸芸,各复归其根类",怀特海有机教育思想也告诉我们"人类天生是一个适应并局限于一定生存模式的具有个体特殊性的物种"。有差异的人,应该被给予有差异的教育,而这种差异是十分微妙的,是有机的差异,寄赖于人这个有机体自身的生成。怀特海说:"我们必须记住,自我发展才是最有价值的发展。"

7. 有机逻辑给我们自由和魄力

怀特海试图用一些数学模型来说明思想组织的过程,这对于一个数学家来说是极好的规避语言表述可能触发歧义漏洞的办法。但是我们一般的读者理会起来稍微有一点点困难,我把我自己不确定、不成熟的理解尽力做一点不完善的阐述:(1)算术阶段:明确命题,例如:是 p 或 not-p 或 p or q 或 not-p or not-q;(2)代数阶段:引入字母,使命题可以逻辑类推,数字的概念就被扩大了,例如 F(x) 是一个真命题;(3)一般函数理论阶段:从内涵转换至外延;(4)分析阶段:研究特殊逻辑结构的性质。

我们普通人看数学,尤其是高等数学肯定还是会有点困惑。网上热传北大数学系的韦东奕的一些授课视频,黑板上密密麻麻,一个数字都没有,有人评论说"不知道的还以为是英语",或许正是因为抽象程度的提高。

怀特海的那个逻辑演进过程同样会让我们很困惑,其实我们在最基础的生活中也一直在做类似逻辑进阶。比如,"它是一只猫",这是一个算术阶段的命题;"如果它会喵喵叫,它是一只猫",这差不多进入代数阶段,同理"它如果汪汪叫,那么它不是猫,它是狗";"这只猫非常黏人,喜欢蹭人的腿,喜欢被抚摸",我们注意到更多的细节;然后我们可以进一步做更多的逻辑结构上的分析;这个解释也可以举例为(1)苏格拉底是一个哲学家;(2)如果苏格拉底爱智慧,不断省思,他是一个哲学家;(3)苏格拉底因为是一个爱智慧的哲学家,他得到"不敬神"和"蛊惑青年"的罪名,被判处了死刑;(4)苏格拉底被城邦的人们判处了死刑,他的死是正义的吗?我们可以沿着逻辑的道路去思考一些问题,也可以通过逻辑推演来做出自己省思之后的判断。

怀特海在《思想的组织》结尾处写到"不合逻辑的思想在得出结论时犹豫不决,因为它从不知道自己指的是什么,也不知道自己能假定什么,或能在多大程度上信任自己的假定,以及对假定做出任何修改会带来什么后果。"[①]这或许是他写这一章的初衷。一个受过教养的心智更有机、更智慧,不会呆滞迟钝、犹疑不定。所以,组织我们的思想,让其富于有机逻辑。让**有机的思想给我们自由,给我们魄力**。

二、我们该如何剖析科学观念?

如果我们能以一种谦卑的姿态,审慎地认识人类在社会发展进程中的历史和命运,不难意识到我们仍然对这个世界理解不足,仍有大量未知的领域等待我们去发现。也不难生成这样的警惕——我们今天想当然地认为是正确的观念,可能在未来的某一天被发现是错误的。正如地心说在十六世纪被哥白尼推翻,而牛顿经典力学的观念曾经推翻亚里士多德关于力和运动的观念那样。怀特海梳理了这样一组概念:事实、客体、时空、力场。

1. 科学观念是美的、有价值的

科学的本质并不是价值判断。但是科学产生的动机是价值判断。

"人类建造了科学的大厦,因为他们判定科学是有价值的。换言之,动机涉及无数的价值判断。再有,致力于躬耕科学领域的那个部分是一种有意识的选择,而这种有意识的选择涉及价值判断。这些价值也许是审美的、道德的、实利的。它们是关于结构之美的判断,或关于探索真理的责任的判断,或关于在满足物质欲望的功利的判断。

① [英]怀特海.教育的目的[M].严中慧,译.上海:华东师范大学出版社,2020:141.

但无论这个动机是什么,没有价值判断就没有科学。"①如果没有审美价值感作为目的因,就很难有科学的发展和创造性的进展。

2. 就物理科学而言,思想就是事实

怀特海提出,"在没有预先确定什么是真实存在的情况下,人类如何对科学取得一致意见? 我们必须在对事实的分析中找到这个答案,而科学活动的领域由这些事实组成。"②可见,"事实"这一观念是十分重要的,值得我们好好地剖析。我们不妨跟着怀特海的思维进路,以一种有机哲学的视角来辨析"事实",会获得很多启示。

基于实践层面的考虑,物理科学似乎应该纯粹是关于事实问题的判断,无涉研究者个人的审美趣味,也不该被道德束缚。科学的进步,科学在社会生活中地位的提升,有时也会是双刃剑。如果物理科学完全失去价值判断的调控,那么诗人华兹华斯的"我们谋杀是为了解剖"③,可能就会增添令人惊恐的现实意味。

如今,物理学科体系本身已经很庞大,拥有大量的文献,其中不乏缺乏创新的、学究式的文献,形成了由二手材料堆砌而成的崭新的"故纸堆"。本体论和形而上学早就被排除在物理学之外。在物理科学的早期,希腊人"倾向于从事物的先天概念中推论科学的原理。因为他们生动的自然主义,和他们对第一手知觉的喜爱,这种极其有害的倾向得到了抑制。"④当形而上学跟物理科学的角色互换,现在的人们不再信任第一手知觉,不再信仰生动的自然主义,现代科学那种价值无涉的有害倾向是否获得了有效的抑制呢?

这个世界上有很多事实,但是不是每一个事实都值得我们花费时间和精力去研究。在《教育的目的》演讲词中,怀特海就曾经提出,"在科学训练中,处理一个概念的第一件事就是去证明它"。怀特海强调,在这里,"证明"的意思就是证明其价值。命题的真实与否并不构成我们采用的必要条件。"在我们最初接触一系列命题时,我们总从是否更具重要性的角度入手。""严格地说,我们并不试图证明或反驳任何事物,除非其重要性值得如此。"物理科学中的命题,当然也应该选择那些具有重要性的、值得我们研究的命题。

怀特海提出,"从一种抽象的观点来看,把形而上学的探究排除在(物理科学)外是

① [英]怀特海. 教育的目的[M]. 严中慧,译. 上海:华东师范大学出版社,2020:177—178.
② [英]怀特海. 教育的目的[M]. 严中慧,译. 上海:华东师范大学出版社,2020:143.
③ [英]怀特海. 怀特海文录[M]. 陈养正、王颖贤、冯颖钦、刘明,译. 杭州:浙江文艺出版社,1999:201.
④ [英]怀特海. 教育的目的[M]. 严中慧,译. 上海:华东师范大学出版社,2020:143.

一种缺憾。形而上学的探究是对科学价值的必要批判,它告诉我们科学全都到来将是什么样"。① 单纯的物理学,一定会受到其所处发展阶段的局限性之中,也仅能向人们展现有限的已知(且未必为真)部分。缺乏对科学全部到来的预判,因此也就缺乏和谐与美,有失衡的风险。如果物理科学得到形而上学的有效指引,科学的发展就可能进入一个更为有机生动的和谐秩序中。

当我们形成一个即刻的判断,例如"嘿! 红色的",其实已经不是初级的感知思想,尽管这是我们无声地在脑海里想到的第一个思想,也常常是我们口语表达会想到的第一个思想。但是这是我们常识思维的整体装置反应的结果,它更好的表述差不多应该是这样:"嘿! 在那儿,有一个物体,是红色的。"这种表述包含了一种空间关系,包含了红色物体与感知意识整体内容的关系。因此,不同的人眼中的"事实",都是基于个体的常识思维的整体装置的。

怀特海认为,物理科学是由一些初级的思想,以及对这些思想的思想组成的。无论人们如何尽力地保持客观公正,仍然不能否认的是,事实是被感知的事实。"人类在感知,并发现自身对感知进行思考。**关键不在于那些不经思考的感知元素,而在于思考。**"

有时候我们会对思想和事实作出区分——事实是给定的,思想是自由的。怀特海并不这样认为。怀特海说:"就涉及的物理科学而言,事实就是思想,思想也是事实。"

他进一步解释到,"在狭义的对感觉表象的即刻领会上,我们可以拣选和修改我们的感觉表象,让事实在一定程度上服从意志"。这不是任性,也不是就某些个体性格特征而言的,而是人性如此。我们并不会捡选全部的事实,而是按照意志来捡选部分的事实。我们能选择我们的身体经验,我们对主导的必要感觉有所选择。我们会反思自己,这在我们某些感觉表象跟普遍的认知不相容时,我们的即刻领会就会做出调整,达至必要的和谐。

对事实的思想同样也不是自由的。"有意识的思想内容(涉及间接衍生的思想)并不完全由意志选择构成。""我们的思想表述之流只是部分地被明确的意志修改。"比如我们去"**思想二加二等于四**"与"**肯定二加二等于四**"是不同的,但是我们的意志难道能够修改"二加二等于四"的事实吗? 显然不能。

所以,我们似乎应该带着某种弹性来看待"事实"和对事实的"思想"。尤其是科学

---

① [英]怀特海. 教育的目的[M]. 严中慧,译. 上海:华东师范大学出版社,2020:143.

在解释具体事实的情况下,语言的影响带来一些强加的精确概念,就可能会损伤我们即刻的感知经验。实际的思想表述,最初的或者间接衍生的,都是科学需要解释的具体事实。我们不能因为简化、抽象、过度普遍性而失却富于想象力的可以产生新发现的区域,也不要因为固执于一己的"事实"陷入不可调和、不能止息的矛盾中。

如果科学成为悬在高空的抽象观念,既脱离开我们切近的生活经验,又不能拿来解释常识,那将会无可避免地变成惰性的、不与任何事物反应的观念。

怀特海说:"科学的目标是,把我们的反思和衍生的思想,与感觉表象的即刻领会所涉及的最初思想相协调,它还旨在产生这样的衍生思想,并逻辑地编织在一起。这就是科学的理论,它要达到的和谐是理论与观察的一致,其中观察是指对感觉表象的领会。""因而,科学的目的是双重的:(1)产生与经验相一致的理论,(2)解释自然的常识概念,至少解释出主要梗概。"

"从生活走向物理,从物理走向社会",这不仅仅是物理教学应该关注的设计细节,也不仅仅是某种学习背景时的情境创设。而是科学本身就该如此。

关于科学的目标,怀特海还有一个表述:"科学的目标之一是思想的和谐,也就是,确保我们有意识的思想表述不会做出逻辑相反的判断。另一个目标是这种和谐思想的扩展。"[①]例如,当我们看到那个"嚯!红色的"的事实时,我们不会认为在那里有一个物体,同时既是红色的也是蓝色的。我们认定在那里有一个物体是红色的,这个思想与我们的经验相和谐,但是这个程度的和谐是不足够的,是可以进一步地扩展开来的,获得更为延展的和谐思想。

3. 我们如何感知客体

被感知的客体很大程度上是我们想象的假定,当我们看到一只猫,看到它弓起来的背,听见它喵呜喵呜的声音,感觉它靠着我们磨蹭,我们意识到,猫很高兴看到我们。这个时候,我们需要能够区分开,单一间接的思想客体(那只猫),与许多直接的感觉客体之间有什么不同?

"单一的感觉客体是一个复杂的实体。"其实,当我们说到这一只猫,其实已经包含了声音的感觉客体、视觉的感觉客体、触觉的感觉客体,以及我们想到一只猫并想象它的感受。即便作为单一的视觉客体,也很难保持不变。即便那只猫看起来一动不动,作为一个视觉客体仍然可以在时间上延续并在时间上可分。那只猫真的一动不动吗?

① [英]怀特海.教育的目的[M].严中慧,译.上海:华东师范大学出版社,2020:145.

可能是因为视觉在本质上有一段时间的持存。实际上这个部分都是流变的,但是在思想上的视觉之流是"稳定"的连续。怀特海的结论是:"一个视觉客体能保持完全相同,这是一种思想的幻象。"①

由此可以推想,我们的记忆与认知的诸多问题。我们不是生活在一瞬间里,我们是生活在持续的时间里。我们意识的区域里既不是纯粹的记忆,也不是纯粹的即刻表象。解决的办法是观察。我们观察的"现在",本身是一个持续的时间。我们把现在和过去、未来放在同一个基础上,把过去、现在和未来包含在它的前因、后继事件中。利用聚合原理(Principle of Aggregation),"意识的要素即使不发生在同一个现在,它们之间的实践关系也能被建立起来。"空间范围也是混乱波动的,为了能够让智力得以顺利思考,要把注意力集中在关系足够简单的部分,办法就是缩小范围,这个原理是收敛原理(Principle of Convergence)。

通过聚合与收敛,时间更短、空间关系更简化,使得客体感知呈现出这样的特征:感官类型同质性、感官质量同质性、强度同质性,因此得到了最后的感觉客体一致性,这是最后的简单性。

比如,我们看一个橘子半分钟,拿着它、闻闻它,注意它在果篮中的位置。在这半分钟里,橘子的感觉之流表象是直觉的第一个原初的思想客体。支撑橘子的果篮,是一个相关的感觉表象。当我们把我们观察了半分钟的橘子阐述为一般词语上的橘子,我们其实已经使用了两个原理:聚合原理和假想的感觉表象原理。过了五分钟之后,我们回来了,那个橘子还在那个果篮里。其实这是一个新的原初知觉思想客体,但是它与我们之前体验了半分钟的橘子不可区分。我们将一个橘子的两个表象聚合为一个橘子,获得了"知觉的第二个原初的思想客体"。我们看到这个橘子符合我们对橘子的设想。我们设想的橘子符合意识中认为一个橘子需要的现实性的那些特征,例如形状、气味、颜色和其他。任何进入我们意识的因素,都不是单独或孤立存在的,不仅仅是一个感觉表象之流,而是结合了情感、意志、想象、概念和判断。想象,是"完成"橘子的必要条件。

在《过程与实在》中,怀特海也谈论了同样的问题,但是换了表述的方式。通常哲学对知觉的讨论是阐明两种知觉方式:因果校验方式和表象直接方式。怀特海把两者之间相互作用称为符号指涉。其中,"一种知觉仅仅通过某种感觉质,使同时性的空间区域以及来自感知者的空间投影免于模糊性",叫作表象直接;因果校验式知觉与直接

① [英]怀特海. 教育的目的[M]. 严中慧,译. 上海:华东师范大学出版社,2020:149.

表象相反的特征，是"模糊的、不能控制的、有很重要的情感色彩"。原始的经验、矢量性的感受、感情的调子都是跟因果校验相连的一些词汇。"当人心经验中的某些成分，鉴于其他成分而引起了意识、情感及习惯，这时人心便以符号进行活动。前一组成分是符号，后一组构成了这些符号的意义。造成从符号向意义过渡的那一机体功能活动将被称为符号指涉。"我们常使用符号，比如语言。对于高级生命来说，符号使用是根本的，也很难避免符号使用的错误。

4. 力场

旧科学的思想客体被认为具有一种不属于物质宇宙整体的简单性，被封闭在有限区域内，其环境的变化只能由不构成其本质部分的力所引起。现代物理学被默许放弃了从简单性中获得复杂性的无望努力。现代科学的"目标不再是简单性，而是连续性和规律性"[①]。这个思想客体充满了所有的空间，它是一个"场"。

在场中，"标量和矢量在整个空间中特定分布，这些量在每个时间点上对每个空间点都有它的值，这些点在整个空间和整个时间连续分布，可能有一些特殊的非连续性，构成这个场的各种类型的量，在时间和空间的每个点上，都有确定的关系。这些关系是自然的终极法则。

以一个电子的场为例，这样一个场的整个设置是一个单一的科学思想客体，电子及其放射形成了一个基本的整体。电子本体，是这个场的焦点。"焦点的基本性质是，在任何场的场都完全由焦点的先前历史及其在过去所有时间的空间关系决定。"[②]

距这个电子越近，相关历史就越近。场和焦点是相关概念，本质上关联在一个有机统一体中。

按照怀特海这样一种场依存式的分析，把场作为一个整体，作为一种行动的可能性，一种现实的可能性。"对这种可能性背后的现实性的设想过程，是把规律性和永恒性引入科学思想的统一过程，即从事实的现实性出发，到可能的现实性。"

三、对时空相对性的有机理解

"时间和空间具体表达了物体之间的关系。依赖这些关系，我们判断得出：对于我们而言，它们都是外部性的。也就是，空间中的位置和时间中的位置，两者都具体表达了对外部性的一种判断，或许还是很必要的判断。"

[①] ［英］怀特海. 教育的目的［M］. 严中慧，译. 上海：华东师范大学出版社，2020：175.
[②] ［英］怀特海. 教育的目的［M］. 严中慧，译. 上海：华东师范大学出版社，2020：176.

1. 感觉→知觉→科学

时间和空间具有简单性,思想选择时间和空间作为区分客体的基础,原因或许正因为如此。写一个故事,我们往往需要交待时间、地点、人物。评论一个事件,我们也需要这样做。

本质上,一把椅子是不可确定的,哪怕一个确定的人出现了确定的这把椅子的视觉。但是,存在着跟观察的这个确定的人,他的身体也处于某种可定义的状态,存在着跟他的感官有确定关联的确定的分子和光波,这形成了视觉发生的充分的准则,让我们真的相信"我们看到了椅子"等同于"那里有一把椅子"。

按照实体哲学的思维,那把椅子占据了空间中的一些点,这样就"整体与部分"(whole and part)的概念无形中偷换为"全部和某些"(all and some)。而怀特海试图找到一种模式,建立起时空广延的一种联系,使"整体和部分"保存其本意。哪怕是一把看起来完全一样的、也占据同样空间的"点"的椅子,也跟这一把椅子是不同的。这种空间广延通过事件之间的关系被表达出来。

时间是一维的,比空间的广延更容易理解。如果说时间之中有一个点,这个点与时间广延之间有一组关系。我们活在事件的持续中,并非事件的"点"中。

当我们谈到具体的时间、地点时,这种精确的边界归因不是在谈视觉的即刻表象、也不是在谈我们的知觉客体,这个情况下我们已经是在谈科学的思想客体。在这个意义上,我们都是在做科学的认知,只是我们自己并没有在意。

2. "收敛至简原则"与"点"

传统的欧几里得数学把点定义为不可分割的和没有量级的;而在现代语言中,一个点被描述为"通过无限地持续缩小一个体积(或面积)达到一个理想化的极限的过程"。空间收敛为平面,平面收敛为直线,直线再收敛为点。点的起源,正是充分利用了收敛至简(the principle of convergence to simplity)原理所得出的成效。

时刻,moment,是"瞬间的所有自然"。当我们把注意力集中在最小扩延的绵延上时,我们接近了极限,即时刻。时间系统的永恒空间,要保留要素如:平面、直线、点,所以也就形成了瞬时空间的概念。

这种收敛至简的观念,如果我们通过审辩、运用得当,有助于我们处理很多生活中的困难。

3. 对"简单性"的超越

一言以蔽之,怀特海的时空观可以表达为"没有生成的连续,只有连续的生成"。

事实上我们并不能真的去切割时间或空间，就像去切土豆、切西瓜那样。"根本不存在静止不动的、让我们好好观看的自然。"没有静止下来，等待我们人类去好好观察的一瞬。只有流变是真实的。

例如，我们说"现在"这一个瞬间，其实很难那么确定是一个时间"点"。我们把 1 秒去处理，精确到 1/10 秒，或者 1/100 秒，甚至 1/1000 秒，仍然是有误差的，是用一种平均系统来达到的。所以我们并不能把世界看成事件的"粒子"组成的。

怀特海在《教育的目的》中说到："我们的目标不是简单性，而是连续性和规律性。从某种意义上来说，规律性是一种简单性。但是它具有稳定相互关系的简单性，而不是缺失内部结构类型或关系类型的简单性。"怀特海在《自然的概念》中也说："科学的目的是寻求对复杂事实的简单说明。我们极容易错误地认为事实是简单的，因为简单性是我们寻求的目标。每个自然哲学家终生的格言应该是：寻求简单性，但要怀疑它。"①

4. 以想象力重建的"现实世界"

每个人的生命经历都不是真实世界的全貌，我们并没有直接意识到这是一个顺利地运行着的世界，我们是在想象中，设想我们所处的世界在顺利运行着。用怀特海的话来说，就是："第一个无意识的思辨行动就是世界的创造，有自我意识的哲学的第一个任务就是去解释世界如何创造。"②

创造世界和解释世界，既是跟现实世界的关系的问题，也是我们如何对待自己的主体性的问题。就像怀特海的有生自然观所谈论的那样，"如果我们强调环境的作用，这个过程便是因果关系。如果我强调我的活动的享受的直接模式的作用，这个过程便是自我创造"。③

如果我们强调自我享受、自我创造，那么到处都能发现新颖的闪光，到处都有机遇和挑战。我们如果想要迎向伟大的时代，就要努力地"让这个世界适合于我们的感觉，而不是让我们的感觉适合于这个世界。"④我们的教育不是要培养所谓"适者生存"的人，而是要培养力争上游、奋斗不已的人，培养愿意建设祖国、建设世界而创造不息的人。

---

① ［英］怀特海. 自然的概念［M］. 张桂权，译. 南京：译林出版社，2011：134.
② ［英］怀特海. 教育的目的［M］. 严中慧，译. 上海：华东师范大学出版社，2020：192.
③ ［英］怀特海. 科学与近代世界［M］. 何钦，译. 北京：商务印书馆，2012：152.
④ ［英］怀特海. 教育的目的［M］. 严中慧，译. 上海：华东师范大学出版社，2020：193.

第五章　怀特海有机认识论、有机实践论和有生自然观

5.1　怀特海有机认识论——从审美到理性的创造性冲动

所谓认识,是从具体经验中强烈的审美走向理性。

所谓实践,是将体系化了的理性认识转化为具体的力量并产生新的审美焦点。

如果说人们对世界有一个"认识—实践—再认识—再实践—再认识—再实践"的过程,那么"审美—理性—具体化"的智识周期正好显示了这种过程的特征。凭着创造性的冲动来认识,也凭着创造性的行动来实践,生生不息。方东美评价说:"易经'生生'一辞,中文直解原作'生之又生,或创造再创造',故从向采怀德海之术语 Creative-Creativity 译之,庶几格义相当。"①

认识不是一个机械过程,认识所凭借的是一股浪漫心向,是一种创造性的冲动。"创造性冲动"有三个维度的概念——"重要性""表达""理解"。其中,重要性是强烈的兴趣,能引起表达。个体化的表达也许是模糊的,但是却能唤起理解。如果按照教育节奏的理念来套用一下,在理解渗透时,肯定还会引起新的重要性,新的

表达,产生新的理解,隐约可见一个非封闭的循环,就像"浪漫—精审—贯通"那样,是

---

① 王锟. 怀特海与中国哲学的第一次握手[M]. 北京:北京师范大学出版社,2014:154.

一个循环叠套而又交替主导的认知周期。

一、重要性

在怀特海对思维方式的探讨之中，最为核心的概念是"重要性"概念。怀特海对重要性所做的定义是"导致将个人感受公开表达出来的那种强度的兴趣"[①]。重要性，它是支配性的统帅，是专注集中的核心。在生命的特定某一个瞬间，没有什么可以战胜"重要性"，甚至没有什么可以影响"重要性"。

1. 重要性意味着"理智自由"地捡选"实事"

谁也无法回避纯粹的实事，但是实事又是杂多的。对于有限的理智来说，我们必须做出选择，这要求我们"要这个不要那个"[②]。在这个选择中，理智的自由选择了"重要性"概念，使实事富于意义。为了获得知识，我们首先必须使自己不受知识的束缚。这种重要性的感觉，使人摆脱知识的束缚。理智的选择需要自由，甚至也本能地自由。

或者我们会联想到，苏格拉底所说的那种"爱欲的迷狂"，那是哲学家对智慧的无尽的追慕与探索之情。或许我们也会想到"生我所欲也，义亦我所欲也"。在二者不可兼得之时，我们势必做出选择时，那不容分辩的"重要性"的感觉。怀特海认为，我们应该把自然界的关系不确定的、易变的方面作为自觉观察的首要论题，这是认识论的第一原理。那就是一些以社会发展为己任的人，批判令人不满的部分，关注影响社会进步的要素，把这些作为生命中最重要的事。是的，"重要性"的感觉正是如此，让其他的事项都变得可以忽视，而仅余这最为强烈的唯一。为什么我们能够做到不顾及旁支而直扑真理？为什么我们会舍弃一些物质和名利而守持我们的天职？为什么我们能够做到持久的沉浸而不倦怠？很多时候，"我之为我"，或者"世界之为世界"，都因这"重要性"的光芒。

所以，节奏性的教育周期的开头一定是有**自由**的特征，有相当的开放性。学生感到自己在**主动地选择**了某些**自己喜欢**的学习内容，而不是被强制地塞进了一些自己不想要的知识。

2. 重要性接近于"兴趣"

关于"重要性"，怀特海认为包含有两个方面。"一方面以宇宙的统一性为基础，另

[①] ［英］怀特海. 思维方式［M］. 刘放桐，译. 北京：商务印书馆，2013：11.
[②] ［英］怀特海. 思维方式［M］. 刘放桐，译. 北京：商务印书馆，2013：10.

一方面以细节的个别性为基础"。① 这样"重要性"在细节的个别性方面,更接近一个词语,即"兴趣"。这两个方面是同一的,又是互为补充的。比如一个婴儿,他欲求认识这个世界,他要知道的不是某种偶然,他感兴趣的也是这个宇宙普遍的真相。在这个意义上,"兴趣"和"重要性"是一回事。不感兴趣的事情往往不重要,不重要的事情也让人提不起兴趣。"追求真理的热情以兴趣为前提。持久的观察也以兴趣为前提。因为集中注意意味着不顾不相关的东西,而这种不顾只能以对重要性的某种感觉来维系。"

我的小学时期,一次隔壁班上着音乐课,而我的班级在上数学课。被音乐打动的我默默在心底哼唱着那旋律,直到那歌声无法抑止地冲出我的喉咙,全班师生听见了我响亮的歌声哄堂大笑起来。我的中学时期,有一次沉迷于读小说,完全忘记了身在何处今夕何夕,直到老师抽走了我的小说我才抬起头来。类似这样的经历让我们非常容易接纳这个"重要性"的概念。相信很多《思维方式》的读者,曾与我有相契的感受,回想起自己某些沉迷于"重要性"事件的过往。

在科学史上,有很多类似的小趣闻:安培追着黑色背板的马车演算的故事,牛顿误以为自己已经吃过饭了的故事,等等。如果说人们有某种对行为的普遍认知,安培追着马车演算一定是不符合这种普遍认知的行为规范,人们会觉得他的行为非常可笑。但是这样的行为甚至是安培本身不可预知和不可控制的,因为那种强烈的"重要性"的感觉。在哲学史上,也有类似的故事。维特根斯坦就是一个随时拿着小本子,不管走到哪里就一边思考一边书写的人。罗素评说自己的这个学生说,如果说自己(罗素本人)对哲学的热爱是雪团,那么维特根斯坦对哲学有着雪崩般的热爱。按照世俗的观念,莫名其妙在小本子上不停地写、写、写的维特根斯坦是一个怪人。但是他根本无暇顾及别人是不是以奇怪这个词语评价自己,那种"重要性"的感觉穿透了他。

在"重要性"和"兴趣"的关系上,不是所有人都能抱持怀特海的融通。课程论发展到今天,多元差异仍然是一种常态显现:要素主义、永恒主义对传承宇宙中那些重要性的知识的追求,与人文主义者和经验主义者对儿童兴趣的保护,这二者之间往往会有着莫名的冲突。要素主义、永恒主义一方,不要浪费学生有限的时间和生命,硬是要塞给儿童科学和经典;另一方的观点是,要把儿童局限于游戏和"自由自在"地生长,不必去碰那些艰难生涩的知识。当这样两种不同取向的课程观念出现在同一家庭的父母

---

① [英]怀特海. 思维方式[M]. 刘放桐,译. 北京:商务印书馆,2013:11.

双方之间,或者出现在一个班级的不同任课教师之间,简直是小型的灾难。可是,如果按照怀特海的观点,这两种观念的冲突就显得生硬机械而多余。

怀特海对"重要性"和"兴趣"的分析如此有机和谐,我们有理由相信:完全有可能通过好的教育,让学生既能自然地组织起自己的生命经验,同时这经验又关乎永恒深切的重要真理。这也让人不禁感叹,怀特海在课程学的地位被严重地低估了,需要得到重新的审视。

3. "重要性"与"视域"概念密切交织

"视域"概念在怀特海文本解读中是一个必然会反复出现的重要概念。生活在同一个村落的两个古代人,一个人站在镇子中间看到往来人群,一个人站在山顶看到往来人群。按照实体哲学的观念,他们看到的事物是一样的。但是事实上,他们看到的景象完全不是一回事,他们所把握的重要性内容也完全不一样。这是老师在面临所谓相同课题相同教学资源却会上出云泥之别的课程的原因,也是坐在同一课堂的学生学业水平差距很大的原因。

一个因为不敢举手而在课堂上憋尿的孩子,他的全部"重要性"集中在千万不要尿裤子上。他的视域所看到的"重要性"事实,只能是从他自身出发的。一个跟小组伙伴拌嘴吵架的学生,在小组合作时无法跟同伴交流,他的全部重要性集中在"我才不要理他"上面。饿得发昏的学生,看黑板上的字都是模糊的,一门心思想什么时候才能下课去吃饭。他们的"重要性"的感觉跟老师的教学目标不同,因为他们没法站在老师的视域上设想。

"任何事实都不仅仅是它本身","联系性是属于一切类型的一切事物的本质。"①所谓事实是我们从自己所处的宇宙中的一点所看到的世界中的一个事实,是经过了联系和对比而形成的。而我们强求绝对客观无偏私的经验,其实也是不合宜的。因为事物的本性就包含这个联系。如果抹杀事实与其环境的联系,相当于抹杀了事物的本质性的因素。

每个人视域都不同,每个人的生活经验都会呈现出一种显著的特殊性。即便是所处环境近乎一致的两个人,视域也会有所差异,导致了对重要性的感受不同,所谓"习相远"大概就是由于这种分化。

怀特海在《教育的目的》演讲中提到,"在我们最初接触一系列命题时,我们总从是

---

① ［英］怀特海.思维方式［M］.刘放桐,译.北京:商务印书馆,2013:12.

否更具**重要性**的角度入手。这是我们所有人在后半生所做的事"。① 无需调动自己的注意力，无需刻意地调动自己的理性，我们会自然而然地按照对周围事物的感兴趣的程度来划分事物效用的等级，排除掉某些东西，而把注意力引导到某个方面。重要性的判断对于主体的视域有要求，而视域的形成需要宇宙间各种事件的联动，也关乎空间性和时间性上的机缘。教育不是容易之事。在教育中我们会强调熏陶、习染，会说"举一村之力培养好的儿童"，大概都出于这样的原因。

4. 文明需要重要性的完满性使道德支配经验

在我们的生活中，重要性不是单一出现的，我们会同时、在同格环境中遇到不同的重要性。有一些艺术作品中，比如歌剧《卡门》，观看时首先被视听震撼，仅仅感受到歌舞之美，让人暂时忘记了从道德的角度去思考，道德隐而不现。但是，人们心里会有道德的标准。在冷静下来之后，道德感会再次呈现出重要性来，形成类似"这些人真的是好人吗？"的追问。

在不同维度的审美经验中，由什么来支配过程呢？有很多维度的重要性，人们需要对这诸多的重要性形成统一的最后的重要性概念。

我们要选择"什么重要"，我们还要选择"什么更重要"。选择"什么更重要"比选择"什么重要"还要难。精神渗透入宇宙行为系统，成为一些行为的准则。"文明总是达到和谐、深度和生动的统一的目的。"一种道德的自觉希望我们能够做出符合道德的行动，我们的实践需要保卫我们行动的重要性。道德对文明是有用的，也是重要的。

5. "重要性"和以"浪漫"为开始的教育节奏

让我们回到怀特海直谈教育的层面，来思考他关于"重要性"的观点。怀特海非常重要的关于教育的观念之一，就是教育节奏思想。进入到有节律的生命搏动里，创造性地进展，首先必定要有兴趣（重要性）的感受，那是浪漫，是愤悱，是按捺不住的蠢蠢欲动，是求有不得的寤寐思服。浪漫阶段最显著的特点就是专注集中。浪漫似一股洪流，推动着学习过程进入精审，进而融会贯通地运用。在学习的任何一个阶段，浪漫的精神都是自始至终地存在着的。换言之，学习者始终都感到自己所学是如此重要，如此心心念念。以往过于追求应试成绩、太过重视精确知识，生硬剥离了浪漫和贯通运用的那种教育，确实需要教育者深刻反省。

怀特海的教育节奏思想，正是针对人们不假思索地按照两个原则行事来提出的，

---

① ［英］怀特海. 教育的目的［M］. 严中慧，译. 上海：华东师范大学出版社，2020：4.

这两个原则是："先易后难"和"必要优先"。按照怀特海的观点,根本不存在什么一定要优先如何如何,才能开始学习;也不存在一定要先从最简单的知识学起的必要。怀特海不止一次地表达过这样的看法:预设过低的目标会让人厌倦。一个不会写字的孩子,可以听语音的经典故事,获得必要的涵养。一个孩子学"锄禾日当午"这一整句话,可能会比只学"锄"这一个字更符合他学习的天性。类似的例子不胜枚举,但是固守"先易后难"和"必要优先"观念的人甚至教育者,仍然众多。

"有些最难的科学应该先学习,因为人的先天秉性如此,亦是生存所需,学会这些东西对生活非常重要。"学习最难的知识常常是我们的最佳选择,怀特海对此提出了三点原因:1.顺合我们天性;2.生存所必需;3.对生活有重要性。我不厌其烦地跟很多朋友宣传怀特海的这个观念。我每次都会用这样的一个假设:如果一个人必须做一百件事,其中三件是最重要的,而九十七件是简单的。优先去做那简单的九十七件是对生命的耗损,在处理完那九十七件之后已经疲惫不堪,如何应对那重要的三件事? 难道不应该在最初就一鼓作气地处理那重要的三件事吗? 随着这三件事的处理,很可能其他的九十七件自然而然地迎刃而解了呢。我们的教育,常常就是在优先做那简单的九十七件事。比如,孩子们沉重书包里的按件计数的作业,他们通常不得不先完成简单、思维含量更低的作业以实现更好的作业完成"效率"。我将之称为:教育实践中兢兢业业为恶、勤勤恳恳害人的情况。

"对重要性(或兴趣)的感觉体现于感性经验的存在本身之中。一旦它失去了支配地位,经验就会变得琐碎,并接近于虚无。"[①]缺失了"重要性"感觉,一切都无甚差别,按部就班可以,机械流水也可以,甚至失去也可以。缺失了"重要性"感觉,说得严重一点,就是缺失了主体性的价值判断的感受和能力。碎片化的学习、碎片化的经验与碎片化的人生,常常就肇始于这个人缺乏"重要性"的统帅,活得太过漫不经心、得过且过。与其说,我们在教育中唤醒学生的兴趣,其实我们是在唤醒学生对生命里"重要性"的认识,唤醒学生对不同能级的"重要性"的评价与选择,让他们都能成为以"重要性"统帅人生的人。

二、表达

人通过创造性的冲动来认识事物,这种创造性的冲动的一个部分就是表达。而表

① [英]怀特海.思维方式[M].刘放桐,译.北京:商务印书馆,2013:12.

达对于我们认识世界是有意义的,是生命色彩的显露与自明,表达让别人认识"我",表达让"我"通过别人来认识自己。中国古代的学者讲究"讲习",古希腊的哲学家讲究"对话",现代教育也常常采用小组讨论并公开发表的形式,这些都说明表达的效用。

有时候我们会说"嘴巴跑得比脑子快"、会说"脱口而出"这个词,这说明表达是一种冲动。一个小品中,有这样一个片段:女士说"不说话能憋死你不?",男士委屈回答"能憋疯"——可见表达是一种多么难以抑制的强烈冲动。

1. 表达的基本领域是复杂而具有差异性的人体

相较而言,重要性的规律、真理是一般性的,众多的人会在这些规律、真理的重要性上达成一致,或对其产生共通的兴趣;而表达在本质上是极为个体化的。即便是同一个事件或许会有不同的角度,即便是同一事件、同一角度也有不同的表达。人体作为有机体,当其发生表达自己内心感受(情感的、有目的的)活动,都出于其个体性。

表达活动是复杂多样的,怀特海说:"重要性作为'一'的世界通向作为'多'的世界,表达则是作为'多'的世界给予作为'一'的世界的礼物。"①

人体就是作为人的表达的基本领域。往宽泛的方向去思量的话,那因为呼吸而出入人体的空气也是人体的部分,那落在人体上的尘埃也是人体的部分。一个善于烘焙面包给孩子吃的妈妈,换了烤箱也要摸索一段时间。那翻阅熟了的书,戴久了的眼镜,用惯了的相机似乎都在人的习惯性使用中变得柔顺于人的意志,它们算不算是人体的一部分呢? 它们是否也在无声地表达呢? 自己读的那一本,无论你想看哪一句,一下子就翻到那一页。换成别人的,同一个出版社出版的,同样的书,同样的页码,上面印着同样的字,读起来也会莫名涌起陌生的感觉。

人是身体与心灵复合的统一体。武侠小说里常有人剑合一,演员讲究人戏合一,似乎也说的是这回事。按照这样的思路,我们自身与外部世界的界限变得似乎不那么清晰了,我们与周遭的联系似乎变成了我们真切的存在。同时,这也似乎在传达这样一个信念:人是境况中的人,人是复杂而自身发展且与周围交互变化着的,人的表达也因此复杂多样。这种信念帮助我们尊重差异性表达,接纳自己也接纳他者。

2. 有机体的表达以心灵为核心

怀特海提出,"认识论的第一原理应当是:我们对于自然界的关系的不确定的、易变的方面是自觉地观察的首要论题"②。这意味着,认识的首要论题不是生理满足层

---

① [英]怀特海.思维方式[M].刘放桐,译.北京:商务印书馆,2013:22.
② [英]怀特海.思维方式[M].刘放桐,译.北京:商务印书馆,2013:30.

面的吃喝拉撒。认识世界，一定怀有超越动物性生存的人类自觉。怀特海说："**人的心灵是有机体的核心**，它所关心的主要是人的存在的细微末节，它并不轻易去沉思身体的基本功能。它不是注意身体对植物性食物的消化，而是抓住阳光照在叶子上的光彩。人的心灵是诗歌的源泉。人是宇宙的产儿。他们具有一些莫名其妙的好奇心和不合理的希望。"[①]显然，怀特海说的"莫名其妙的好奇心"和"不合理的希望"都是褒义的，是价值创造的原动力，人类文明是由此演进的，社会也是由此发展的。教育培养人，要养"心"，这个"心"就是有机体的核心，即人的心灵。要超越动物性生存的需要来培养人，要培养人的价值感，要给学生以各种各样的有价值的经验，要让他们能够为了追求价值性的创造而不惜突破自己、突破直接现实的局限。

无论人体的外延可以延展到多么宽泛，其核心在于人的心灵。怀特海颇费许多笔墨，来对比植物、动物和人。植物的组织似乎是民主制的；动物的组织由中枢来支配，因此好像是君主制；人的组织是比较高级的君主制。这个高级的君主制的核心是人的心灵。人的心灵感受，会导致他作出不同样态的表达。例如，一块石头，按照万有引力的自然法则，不偏不倚地吸引宇宙中的每一个物体。一个人愤怒，他不会不偏不倚地对着整个宇宙挥拳，他只去击打那个让他愤怒的对象，来获得情感的满足。或许会有人觉得，似乎这种表达跟动物很相似，人的愤怒和动物的愤怒的情由仅仅是程度的差别。可是，一旦跨过分野，一切都不一样了。让动物愤怒的可能仅是争夺食物、配偶等，是生存的目的和希望引出的表达。人类的愤怒可能是因为人追求生命价值，而生命价值的重要性是因为尚未实现的理想，这理想让目的具体化，让行动具有色彩。人文情感使得人类的生存目标和其他动物的生存目标相比，更富于价值取向。

3. 表达的演进历程：发声—口语—图样—书面语

下面，我们来按照表达演进的历程做出梳理。发声是最早发展起来的表达，其优点在于不影响四肢活动。在几乎没有什么社会化科学的年代，人们的生存依赖于繁重体力活动，因此发声比手势、语言更容易被人类选择。"发声是有机体存在的深层经验的天然符号。"人类的祖先，在他们思维还处于没有充分开化的胚胎期，就能够运用发声的方式来进行表达了。口语就像人性一样悠久，它支持肤浅的、易于控制的表达。口语的变化发生在情感表达和符号之间，也是二者的混合。所以口语的三个特征就是：情感表达、符号和二者混合。"口语发展成了一种一般的社会成就，因而是人类的

---

① ［英］怀特海. 思维方式［M］. 刘放桐，译. 北京：商务印书馆，2013：31.

成长中一个重要的创造因素。"接下来是绘图的表达方式。客店、商店会挂有图的招牌,宗教会用图案、图画作为象征符号,古时的大贵族绘制纹章……这些表达似乎可以看做在口语发声和书写表达之间的过渡,或者可以把原始图像看作书面语的先兆;书面语言作为表达的有效工具,大概只有五六千年,而五六百年以前的欧洲能够阅读的人还是少数人。我发现,怀特海所说的这个历程,跟一个人从婴儿到儿童到少年极其相似,而这种相似必定会引起很多关于教育的蕴思。例如,我们如何在合适的敏感期,发展孩子的何种智能;当儿童说出某些让我们反感和惊诧的话,我们该如何看待与处理;如何更好地教会学生学习古代贵族都没能拥有的语言礼物……

我把怀特海对口语的观点主要归纳为三点:①**反映直接当下的特殊性**。怀特海认为,口语是毫无人工因素的,反映的是直接当下的特殊性。哪怕在某种机缘下,客体仅仅被模模糊糊地感觉到,但是一旦被表达出来,就说明了注意力的集中——人在那个境况中把注意力集中在那个客体上。我们不假思索地冲口而出的话,有些并非我们非常清楚地了解,却是瞬间注意力集中于某处的显现。②**因境遇而有所差异**。只要语言主要是口语,当下环境中的特殊性关系就是主要关系。例如"一个温暖的日子"这个句子,一方面存在意义的同一性,另一方面,生活在寒带的人说出这句话与处于温带、热带是有差异性的。③**口语的有效性仅限于面对面的直接社交**。口语需要当面交谈,或者说口语需要沉浸于彼此相对、可以倾听和注视的场域或氛围之中。面对面的交谈一定胜过录音机,哪怕说的是完全相同的内容。在我看来,之所以幼小的婴儿最好吃母乳,好处除了安全与营养,也在于感受母亲的温度、呼吸、气味,听到母亲对他的喃喃低语。而无论网络课程多么花样翻新层出不穷,低龄的儿童仍然适合面对面的教育教学,因为他只能运用口语,他需要在口语对象的表情和瞳仁里判断自己的表达是否合宜。

怀特海没有详述书面语言如何在很多场合替代口语。他只说:"书写语藏之于册,它抽出了显著的环境而在不同的时间和不同的地点被打开阅读。"①口语有效性限于面对面交谈,可以算是其无法更广泛地传播的弊端。如果把思想写成书籍,就算窝在沙发里也可以随时翻阅,这样就不再需要面对面,也可以跟古典先贤"对话"。另外,按照我个人的理解,口语表达当下直接特殊性,常会出现舌头跑过头脑的情况,认识模模糊糊,缺乏理性的补充。而人们在表达这个方面,呈现出理性和完善的追求。比起口

---

① [英]怀特海.思维方式[M].刘放桐,译.北京:商务印书馆,2013:38.

语,书面语言可以在更为冷静理智的情况下进行,还可以修改与弥补。

4. 语言与思维不能完全对等

随着人类文明的发展,语言越发理性化。人类发展的历程中,长期使用语言,抽象出来的语言被人们自觉使用,语言的要素和其再现于经验之中的意义都被人们很好地联系起来。语言反映了特定历史和地域的表达的文明。语言对人类文明而言,意义重大。"如果没有语言,思维的维持、思维的从容恢复、思维的交织为更为复杂的东西、思维的交换,都要大大地受到限制。人类文明是语言的结果,而语言又是向前发展的文明的产物。思维的自由是由于语言才得以可能,因为正是由于语言,我们完全摆脱了主观心情和客观条件的直接性的束缚。"[①]最为显著的一个例证,莫过于雅典人运用变化精致的语言,而西方关于自由的概念正是从雅典人那里继承而来,二者之间有着绝非偶然的联系。

但是,怀特海认为那种把语言和思维等同起来的观点是极端的。曾几何时,语言的地位被确认为思维的本质,语言就是思维,思维就是语言。怀特海对此持否定态度。怀特海承认,在所有的表达方式中,语言是最重要的。"语言是表达的系统化。"[②]他反对的仅仅是对语言的那种极端的看法。人的思维是无法在两个头脑之间倒出和灌注的,但语言却可以转述和翻译。尽管转述和翻译一定会有不完善之处,但是只要可以转述语言和翻译语言,就说明不能把语言和思维完全对等。

5. 语言与精神活动彼此创造

在怀特海的观念里,"人类的精神活动和人类的语言彼此创造"[③]。这种彼此创造,被怀特海形容成"作用和反作用"。当一个人在表达,哪怕肤浅,哪怕表达的仅仅是自己模模糊糊的感受,但是这感觉的内在性被语言激发出来了。想要表达得清楚,其实也就加深了思考。可以推出,怀特海认为口语是先于思维的。无论是他对表达演进历程的看法,还是他要先谈"表达"再谈"理解"的逻辑顺序。按照怀特海的观点,人类文明里,情感活动、物理活动是先于思维的。"思维是与它同时的这些活动的产物,而当思维出现时又改变了这些活动。"让我们想象一块石头投入水中,激起层层波澜。怀特海的这个例证里,投石入水是兴奋,应该与前文所述的"重要性(兴趣)"相关。波澜是投石入水引起的结果。波澜是什么?或许对应为语言。"波澜引起思维,而思维扩

---

① [英]怀特海. 思维方式[M]. 刘放桐,译. 北京:商务印书馆,2013:35.

② [英]怀特海. 思维方式[M]. 刘放桐,译. 北京:商务印书馆,2013:34.

③ [英]怀特海. 思维方式[M]. 刘放桐,译. 北京:商务印书馆,2013:40.

大和歪曲了波澜。"①

有谁注意到"思维扩大和歪曲了波澜"的说法？语言是会被放大和扭曲的,是会脱离原初经验和语境的。怀特海对语言的抽象是有所警惕的。他说:"语言的发展所固有抽象有其危险。它使人脱离直接世界的实在事物。它脱离了平衡的重点,而终结于那些机敏的人士的琐事之中。"在《思维方式》的序中,怀特海还这样说到:"哲学真理应当到语言的假定中去寻找,而不要到它明确的陈述中去寻找。"在很多著述与讲演中,怀特海都谈到语言的局限,以及语言可能会引起误解。怀特海在《过程与实在》中提出,对于"相信语言是对命题的充分表达"的观念应当否定②。换言之,我们要建立起这样的认识:语言并不总能充分表达命题。他还说:"任何语言都只能是一种省略性的表达,为了理解它的直接经验相关联而具有的意义,需要有想象的飞跃。"③甚至有时,怀特海会更直言不讳,在《教育与科学　理性的功能》中,怀特海说:"这个事实受语言的影响而被隐藏起来。"我们必须谦卑地承认,我们对世界的认识总是肤浅的、不完全的,全然地信赖语言和全然认为语言能够做到充分表达是盲目的。

6. 语言是人类获得的礼物

语言是有机体存在的深层经验的天然符号,因为使用语言,有机体内在性的感觉得到了激发,经验被接受和再现,思维的自由成为可能。

关于语言,怀特海还有一个提醒。语言的功能有两个:跟别人交谈,跟自己交谈。后一种功能却常常被忽视。"语言可以被看作是从一个人自己的过去到一个人自己的现在的表达。"④这种表达丰富和涵养我们的心灵。人类的心灵是语言给予人类的礼物。让我们跟自己交谈,珍惜语言的礼物。

三、理解

表达激发理解,想要更好地理解的欲望会激发更好的表达,更好的表达可能激发更好的理解。在创造性冲动推动的认识论周期中,理解是最后的阶段,直接触发实践。唯有好的理解才能指导好的实践活动。

我们有理由相信,一个文明的社会,流通的语言是更理智、更有美感的,其背后有

---

① [英]怀特海. 思维方式[M]. 刘放桐,译. 北京:商务印书馆,2013:36.

② [英]怀特海. 过程与实在[M]. 李步楼,译. 北京:商务印书馆,2012:4.

③ [英]怀特海. 过程与实在[M]. 李步楼,译. 北京:商务印书馆,2012:24.

④ [英]怀特海. 思维方式[M]. 刘放桐,译. 北京:商务印书馆,2013:33.

着更好的理解。怀特海对科学主导的十七世纪、十八世纪做出反思时谈到，"**在应当力求理解的地方做了批判和推翻的工作。**"①这可能是人们最常犯的错误，我们不去理解他者和世界，甚至不去理解自己，只轻率地想着推翻和批判。我们的理解当然是需要不断扩充的。柏拉图那种时时省察、认识到自己欠缺并追求完全的理解，依然是人类理智的理想。

1. 理解的信念——没有任何在本质上不可被认识的事物

在怀特海看来，理解不是一种完全静止的精神状态，它总是带有不完全的和局部地渗透过程的特征。如果说对某一个有限事物的理解是一条带有创造性的通道，理解受到其有限性的限制。但是，有限事物是无限多的。怀特海非常肯定，在无限的有限事物中，没有任何东西实质上是否定无限性的。对任何有限的东西的认识总是包含了与无限性的一种关联。"随着时间的推移，人类可能获得一种洞察自然界其他可能性的想象力，从而获得可能性的理解。"②

无知是偶然的，认识是有可能性的。

没有任何事物在本质上不可认识③。因为随着时间推移，人类可能获得洞察本质的可能性的想象力，从而获得其他时代的某一事物的可能性的理解。理解一方面受到有限性的限制，另一方面却为理智朝向无限性打开了窗子。

2. 要同时关注理解的深度和宽度

我们并不能一味地追求理解的深度，这可能会造成理解的狭窄。我们一定要注意保持理解那绵延在生活经验之中的宽度。

怀特海以文艺复兴时期为例，那个时期倡导恢复希腊人学识与文化传统。一味"复兴"文艺的时代就有一些妨碍智慧的兴趣的正常扩展的兴趣。即便西方文明的生父被认为是希腊人，即便扩充为希腊—希伯来—埃及思想的希腊思想，也只是重要性的一个有限方面。

在科技飞速发展的今天，也仍然存在相似的情况。我们的时代产生各种各样的科学成就，却未产生有各种各样的兴趣的博学者。科学预先假定了一种更为严格限制了的环境。这种严格限定确保了科学朝向纵深，这或许就是人们欢欣于科学进步感的原因。但是深度带来的狭窄像是双刃剑，我们需要对此有深刻认识。有限的科学的清晰

---

① ［英］怀特海. 思维方式［M］. 刘放桐，译. 北京：商务印书馆，2013：43.
② ［英］怀特海. 思维方式［M］. 刘放桐，译. 北京：商务印书馆，2013：41.
③ ［英］怀特海. 思维方式［M］. 刘放桐，译. 北京：商务印书馆，2013：41.

性和其外的黑暗的宇宙决然分裂。人类掌握的科学越多,似乎人跟宇宙的关联性反而缩小了。随着科学的发展,领悟的宽度被窄化。在应该力求理解的地方做了的批判和推翻的工作。

专业化发展正在吞食人们的综合技能,这是不争的事实。数学教师不能去教地理,车工不能去做木工……甚至都在病症治疗方面的不同科室之间,对彼此的知识也不甚清楚。让人不禁联想到怀特海谈的教育目的,我们要培养的人才不仅要有专业知识,还要有文化。无机堆砌的大量知识的人,无趣而无用。所有精确知识的学习,都应该始于大量事实面前半明半昧懵懵懂懂的浪漫。而且,即便是进行专业的学习,也要在一开始教授比其专业稍微宽广一些的知识,而不能一开始就对其理解做出狭窄的限定。

我们的理解要有深度,但是也要保留有一定的宽度来适应各种琐碎的状况。当理解被窄化,在各种知识面前,我们失去了一探究竟的"重要性"的蓬勃感觉,都被权威吓到噤声而失去了表达,那么社会进步就会被阻碍。如果人能跳脱出眼前的直接现实性来审视自己所处时代,就会跟怀特海产生共鸣:任何一个时代,从这个时代以外的眼光来看,都是理解的深度和状况的琐碎之间的一种粗糙的混合。一味求真和批判,有时不如我们扩充理解。事物由好到坏,或由坏到好,对我们的理解都有意义。改正和衰败的概念会进入我们对事物本性的理解之中。那些暧昧不明、含混无秩序跟明晰、秩序一样重要。一般概念为秩序和混乱都留有余地,也指出扩大我们渗透理解的道路。"现代人面前是大量的精神财富可供选择。但是却失去(重要性)感觉。文明若要流传下去,需要扩充我们的理解。"失去重要性的感觉,失去我们在理解的可能性上的信念,失去跟理解相关的主体性经验,失去扩充理解的想象力,可能恰恰是我们当前教育的问题。

3. 理解的自明性和扩充理解所需要的渗透

怀特海说理解是自明性的,自明性是一切伟大之处得以支撑自身的基本事实。

他没有解释什么是"自明性",但是很多哲学家都谈到过"自明性",笛卡尔认为"真理即清晰明白的观念",海德格尔认为"真理即是去蔽",胡塞尔谈"面向实事本身",从这些表述中可以看出自明性是一种哲学知识的至高标准。

自明性大意是指不证自明,不言自明,也很难证明、很难言明的。一个智识被荫蔽着的人,无法通过讲解的方式使其理解。就像柏拉图的"洞穴之喻",如果一个人不是自己回头看到烛火,他不会认为平时看到的只不过是一些影子,而且也很难说服他。

我大胆推断，怀特海所说的"理解的自明性"，不仅是真理自身的明白清楚，而且是人作为理解的主体，内在地、先验地领会到了真理。

自明性的东西是非常有限的，而且我们也很难表明自明性的东西，更重要的是，我们不可能自明性地理解整个世界。就算像孔子一样聪明，他也没有办法从他所处的时代来理解 ChatGPT。

"我们绝不可能完全理解，但我们可以增加我们的渗透力。"①（或者换一个思路，理解不可以是完全静止态的。如果真的有什么东西是我们完全理解的，那个东西也就失去了价值。）理解具有连贯性，所以努力去理解也是我们的责任。而朝向理解进发，则有一种渗透感，或者是一种上进感，一方面确定自己还有未知未明的部分，一方面能感觉自己的进境并因为这种成功而鼓舞。

"渗透感也系于我们对可理解性的经验之上，它必然与理解的增加有关。离开某种增加的感觉来感受完成，实际上并不能达到理解。因为这不能朦胧地感受到与外在事物的未探讨的关系；在某种完成感之外来感受渗透也不能达到理解。理解的渗透需要伴随成就感。渗透本身是一个不完全意义的概念，它缺乏成就。"②成就感会影响到接下来对理解的渗透。在《教育的目的》中，怀特海也谈到过为什么人生的其他智力周期都不如婴儿期的成就那么大，原因在于任务设定的状态是非自然的，具体表现之一是：缺乏中间阶段的成功带来的鼓励。

4. 理解是时代进步的原因

怀特海指出，人类作为有限存在者，不可能完全地掌握整个宇宙，因此也不可能有全面的理解。如果存在着一种完全的理解，这样它就不过是已知事项的重复，也就失去了意义。人类所能做出的理解是阐明理智的某一个方面，同时也是可以继续探求的。所以怀特海对"理解"的谦卑里也带着积极的要素。

从柏拉图创立的哲学传统至今，我们可以接受这样的观念，对无知的自识才会令人有求知的热望，才会有进步发展；对人类理解力的狂妄固不可取，而那种不求扩展理解的做法也是怀特海所批判的。例如，剑桥学院有一位休厄尔博士曾经在诗中写到"我不知道的，就不是知识。"怀特海认为，这种异端的想法使想象的思维枯竭，从而阻碍了进步。所以，怀特海对理解的理解沿中道而行，不会失于任何一端的偏颇。

---

① ［英］怀特海.思维方式［M］.刘放桐，译.北京：商务印书馆，2013：49.
② ［英］怀特海.思维方式［M］.刘放桐，译.北京：商务印书馆，2013：46.

对于理解,怀特海说:"我们探求的是理解理解。"①对理解的理解,深化了我们理解的范畴。在《教育的目的》中,怀特海也曾说到理解——"理解一切,宽恕一切"的那种理解。或许我们不应该认为这是一种巧合,对理解的理解和关于宽恕的理解有某种一致性。当我们能够更为深刻地理解,到了理解理解的程度,我们就更容易宽恕一切而开端启新、继续前行。

不存在完美的事实,所有事实里或多或少都有一些不完美的细节。有时人们会舍本逐末,因为一些不重要的细节而去推翻某种可能性。如果我们理解理解,批判的声音可能就会转化为理解的共鸣,理解困境、理解艰难、理解现状。就像南风效应,事情可能因为理解而转向好的方向。"为了理解的存在性,我们必须把握这样一种深度的本质特征,这种深度超出一切错误的细节,它是该时代可以识别的生活上升的原因。"②理解是一个时代进步的原因。

5. 理解的两种方式:内在理解和外在理解

在怀特海的机哲学体系里,理解有两种:1.把被理解的事物看作是有内部结构的,按照这一事物的因素及这些因素构成整个事物的交织的方式来理解;2.把事物看作一个统一体,获得关于它对环境起作用的能力的证据的理解方式。第一种方式是内在的理解。第二种方式是外在的理解。两种方式是相通的,而且都要理解事物与过程的关系。第一种方式,把事物看做是一种结果;第二种方式,把事物看作是一种原因因素。如果我们把事物看作是一种原因因素,考量一个物体与所处宇宙的相互作用,就相当于把宇宙的过程纳入理解概念之中了。

诚如怀特海所言,如果我们能够相通地做出内在理解和外在理解,我们的理解可能会更加有机而生动。遗憾的是,偏颇于一种理解而造成的冲突与对立是比较多地存在的。例如,课程设计者和作为课程实施者的教师之间,作为课程经验者的学生和施教者之间,教师和评课人之间,都会因为不同的理解立场而产生冲突。

6. 两种与理解有关的逻辑运动:证明和推理

有两个概念与理解紧密联系:证明和推理。这两个概念都不是自明性的,都是逻辑运动的过程。

首先来看证明,这是在《教育的目的》里就曾经做出浅显阐释的概念。怀特海所说

---

① [英]怀特海. 思维方式[M]. 刘放桐,译. 北京:商务印书馆,2013:41.
② [英]怀特海. 思维方式[M]. 刘放桐,译. 北京:商务印书馆,2013:43.

的"证明"一个命题首先包含了证明该命题的正确性,"正确"说明这个命题有价值,或说有"重要性"。在《思维方式》里,怀特海更为深层次地阐明了"证明"这个概念。逻辑证明从前提出发,而前提以证据为基础。证据是以逻辑为前提,至少以逻辑具有某种重要性这个假定为前提。通过证明这种逻辑运动,人类的不完满的自明性得到了扩充。"自明性是一切伟大之处得以支撑自身的基本事实,而证明是人们经常借以获得自明性的途径之一。"

接下来说推理。在《思维方式》中,怀特海提到:"推理是我们用以达到我们所能达到的那些理解的手段。""尽管理解是不完满的,只要模式已经被识别出来,它就是模式的自明性的证明。同样,对于有限的经验来说,推理是进一步渗透这种自明性的成就。"更多地对推理的讨论,怀特海写在《科学与现代世界》一书中:"打开关系模式的锁钥所指的情况是这样:普遍条件中被选定的某一套条件在同一事态下然而又涉及该条件的无限变种的模式,就可以纯粹运用抽象逻辑来推演。任何这类被选定的条件就叫一套假设或前提,推理就是从这种假设或前提下开始的。如果把这一套选定的假设推演出它的模式来,然后再把这一模式中所包括的普遍条件的全部模式表达出来,便是所说的推理过程了。"推理的逻辑运动比起证明,更偏于抽象,甚至也不一定正确,推理的意义可能在于其是严谨逻辑下的新发现。

怀特海说到理解的两种类型的推进方式:一种是运用既定模式上的上进。这种模式的作用是使日益增加的各种各样的细节协调起来。另一种模式是将新模式引入概念经验之中。这是关于伟大的未知世界的一种新见解。我认为(而不是怀特海认为),不妨把证明和推理跟这两种模式做出一种比较粗略的、并不十分整饬的对应。在既定模式的范畴内,证明的逻辑进境可以加深理解,也是一个协调细节的过程;而推理则是通过抽象演绎,朝向非既定模式的创进。二者都是理解的重要推进方式。把细节集合于既定模式之内理解,是证明;发现强调新细节的新模式,是推理。

既定模式是已然存在的理解模式,其作用即使日益增加的各种细节协调起来,平平稳稳地完善不足。一方面,这种平稳,有利于人们理解。而另一方面,把细节结合成为既定模式的理解推进方式,限定了对细节的选择,宇宙的无限性被当作不相关的东西而被忽略。或许那些被选定的细节是协调的,而且初始时有着上进感和创造性的清新气息,但是仅是既定模式的集合就变成了诸多雕虫小技的枯燥积累,会成为知识发展的不可克服的障碍,造成知识的窄化和沉落,最终导致时代缺乏飞跃。

在此,怀特海有一个语重心长的提示:证明毕竟不是理解,如果证明不能引发自明性,证明本身是极不必要的,它会引起人心的半心半意(half-heartedness),而这种二等心态会导致缺乏理解的行动。①

新模式关注的是被忽略的细节,是"在此之外",是从已知向未知的探寻。强调发现新细节的理解模式提供了关于伟大的未知世界的新见解,是对人类理解的扩大。今天的我们,所知道的已经比古希腊人所知道的多很多,这也正是后一种模式在起作用。然而不能就此停止,不能让既定理解成为惰性的观念来阻碍时代进步。文明需要存在下去,理解的扩大是至关重要的。

而从字里行间可以看出,怀特海喜欢推理,喜欢发现新细节,喜欢想象力的飞跃,喜欢观念的冒险,喜欢那些使人类进入新领域、新世界的勇敢尝试。证明和推理都是预定和谐的,它们相信有那样一种自明性的存在。"它们预先假定了某种清晰性,它们也预先假定了那种清晰性表现了我们对于周围世界(事实的世界、可能性的世界、价值的世界、目的的世界)的模糊不明的认识的一种不完满的渗透。"

7. 理解是过程对"审美不相容"与"逻辑不相容"的和谐

哈佛大学亨利·舍费尔(Henry Sheffer)发现和提出了"逻辑以不相容性为基础",他的发现启发了怀特海对理解的认识。

不相容性指:"构成一对命题的各自的意义的事物的两种状态不可能并存。它否定了这些意义之间的一种可能的连接。"怀特海尊崇这条原则,认为这是逻辑的基本概念,也是逻辑学的重大进步。

"从这个不相容性概念中可以得出否定概念和推理概念,这样就为整个逻辑运动做了准备。"不相容性是一种否定性的感觉。怀特海在《过程与实在》里,在谈及主体性原则的时候,也谈到这种否定性感觉。他认为,往往否定性的感摄才是有意识的。肯定性的感摄虽然有一种新颖性质的可能,但事实上由于强调了一致性,所以是盲目的感知到的。否定性的感觉是一种萌芽。意识对否定的感觉,使否定性的感觉得到了充分发展。意识对否定的认知,最终上升到了自由想象的顶点,产生了概念新颖性的东西,这种新颖性的东西在世界四处探寻,不是被动体现而是主动探寻。这种认识是意识的胜利。

不相容性的提升,说明了理智的进步。我来试着举例来说明,"这块石头是灰色的",也包含了否定,否定了它是红色的、蓝色的。对一个感觉的肯定包含了除此之外

① [英]怀特海.思维方式[M].刘放桐,译.北京:商务印书馆,2013:46.

的所有其他的可能性的否定。所以这个也是一种认知,但是比较粗浅。越为细腻的感觉,越是能从灰色内部感觉到不同的程度,引起不同的审美的感觉,深灰,黑灰,浅灰,所以这个否定的认知程度就会更大一些,或者说"这块石头是接近白色的灰色"这个认知就要比"这块石头是灰色的"更具体更深入,也有更广的不相容性。**否定性的感觉激起我们的认知想象,拓展了我们审美经验,让我们的世界变大了,所以也更自由了。**

不相容性有两种类型:逻辑类型和美学类型。逻辑和美学的不同在于它们所包含的抽象程度不同。逻辑注重的是高度的抽象,而美学则根据有限的理解的必要条件的允许而与具体的东西保持接触。比如一个图形是圆,就不可能同时是方形的。又或者,一个点是红色的,就不可能同时是蓝色的。单纯从逻辑上而言,这种不相容是很抽象的。但是当我们转向具体事实时,引起的往往是审美不相容的感受。比如一张画上,点如果是红色引起的是和谐的审美感受,那么换成蓝色时可能会是强烈的不适感。"如果我们满足于高度抽象,就可以达到一种不难的理智的相容性。"但是"一旦我们增加自明性,抽象会减少,我们的理解会渗透到具体事实"。[①] 在我们对理解的增益中,就包含能够理解区别中的对抗。逻辑的理解从一些原始观念出发,随着享受的发展,会发现结构的统一。而审美的享受是整体先于细节,一开始过于强调细节的和谐就把美给破坏了。各种艺术形式的美的最伟大的范本都到了"不可思议的平衡"。当我们极致地研究细节,必定会发现不完美,即便是最伟大的艺术作品。美学是不可能得到充分讨论的。好的经验的本质在于渗透到未知的、未经验过的东西之中去。逻辑和美学是有限的精神部分渗透到无限者中这个难题的两极。

逻辑的基础启发了我们对过程的理解,接下来的论题是"不相容性和过程"。"不相容性"原则里也包含了斯宾诺莎的"有限者"的概念。所谓有限者,即排斥了可与其自身比较的其他事物的东西。"由于过程,宇宙摆脱了有限者的局限性。过程是有限之中的无限的内蕴。"[②]过程可以打破界限,消融不相容性。对"不相容性和过程"的理解,是一种"将变化和永恒(二者相辅相成)地交织起来的理解"。

众所周知,怀特海以《过程与实在》确立哲学地位,有很多的人认为其是过程哲学家,他所谈的理解中包含过程概念也就自然而然。在我们的宇宙中,过程是一个无可辩驳的事实。我们所处的现在,源于过去而又蕴发未来,变动不居。就是在这样的过程之中,审美不相容和逻辑不相容都最终成为和谐,这需要理解起到作用。

① [英]怀特海.思维方式[M].刘放桐,译.北京:商务印书馆,2013:57.
② [英]怀特海.思维方式[M].刘放桐,译.北京:商务印书馆,2013:52.

5.2 怀特海有机实践论——从理性到具体化的创造性活动

认识和实践，二者之间关系紧密，我们无法抛开认识去谈实践，也无法抛开实践去谈认识。在寻求认识和理解时，在自然的脉冲之中，蕴含其间的创造性的冲动必将推进人类创造性的实践活动。在谈认知的时候，人类的渴望是**完全的理解**。在谈到实践时，人类的渴望是**行动获得完全的成功**。在总结成功的实践活动时，人们有一种可怕的倾向，就是将其教条化。怀特海的实践论，不是以教条的方式表达。趋向真理的渐进路线一定不会是蒙昧的教条。怀特海的思想是有机的，助益我们能有机地理解一切，帮助我们在社会活动中取得成功。

怀特海谈视域，谈过去、并行的现在，还有那个尚未成形的未来。如果我们能透视出这个关系来，不就是掌握了过程并通向文明的宇宙吗？与一个文明的宇宙联结的我们就更能够调整好自己的视域，把握过程的形式，进一步推进宇宙的文明。

一、视域

在《教育的目的》里《大学及其功能》的那一章，怀特海描述过人类智识的探险，十分生动形象地描绘了一个"站得更高（山顶）、看得更远、行动更有效"的人的形象。"在相对简单的环境里，探险者凭借本能指引，在山顶视线范围内找到自己要去的地方，去直抵那里。"可能这就是视域对于实践的意义。同样的一个人，站在低处看到的景象跟站在高处看到的景象是不同的，做出的判断和行动也就会不同。

在现代更复杂的社会机制中，人们面对的是更复杂的生活探险和智识探险，想要获得实践的成功，需要能够做出各种充满想象力的理解和把握，并做出坚定的选择。教师去设置或实施课程时，也需要视域的调整。因此，谈实践，最重要的概念莫过于"视域"。

1. 概念的建立与判断应建立在视域之上

所谓"视域"，是指任何一个实有，无论属于何种类型，无论潜在之中还是完成了，在本质上都包含了**它自身与宇宙其他事物的联系**，这种联系可以被看作是从这个实有来看到的宇宙，所以我们可以把这种联系成为这个实有的宇宙的视域，简称为视域。

视域,可以被理解成事物与过去、并存的现在、未来的事物的联系。有时我们接触到一些观念会偏于强调事物与并存的现在的关系,忽视其与过去、未来的关系;而另一些观念会偏于强调事物与过去、未来的关系,忽视其与并存的现在的关系;甚至有时人们会孤立地谈论事物或事件。如果离开视域,撇开与过去、并存的现在以及未来的有机关系,一切就会变成琐屑。

很多具体的战略、战术,我们都可以在怀特海所谈的"活动"的这个篇章里,找到相应的理解方式,你会感受到其间流转变化的深意。例如,三十六计走为上计,为什么?如果没有对过去所有事实的认识,没有对自己能力的充分的判断,就能确定走为上计吗?要得出一个判断,需要对所在整个宇宙关系的透视,对过程的认知和预见。

当视域发生差异时,概念就需要做出校正。以某种视域来对待这一组事件所形成的思想观念,如果曾在某一时期有效,就会被认为是成功经验,人们往往容易不加批判地将其应用于其他的事件。人们习惯于援引过去,使得有缺点的见识因此被导入语言和文字,还在语言和文字之中生根。如果我们不加批判地信任那些背着缺点和旧包袱的旧有的语言和观念,我们脱离了视域,造成了现实与观念的撕扯,使文明得不到创造性的进步。当文明尚且处于襁褓之中,大量生活技巧被创始出来,虽未得到普遍地运用,但是会形成某种条框。往后知识和技术的种种进步,都是沿着黄金时代开辟出的道路在前进。那些具有开端启新的本领的文化固然具有旺盛的生命力,但是我们同时需要警惕:开端启新通常也意味着不成熟和不完善。一方面,我们保存了某些文明的传统;另一方面,也继承了许多旧问题,还会引发怀特海在《教育的目的》中谈到过的"惰性观念"。

人类对日常事件的判断、人类对善的感觉(good sense,或译为"良知")常常处于一种认知的危险中,那就是:视域变化了,而我们的观念没有发生变化。一切概念都是可错、可修正的,哪怕是那些看似颠扑不破的真理。"旧的普遍性概念,如同古老的山峰一样,会受到侵蚀,减损其高度,并被新的对峙的山峰所超越。"[1]

视域可以超越直接现实性。直接现实性当然是视域不可忽视的一面,具有顽强的能量。但是,如果我们的概念和判断如果仅仅是从直接现实性出发,既不管直接现实从哪里来,将要到哪里去,剩下的就仅是困囿于现在,缺乏超越。如果我们按照现在来教育儿童,十几年后他们长大了,他们要面向的却不是现在的世界。这个道理似乎是

---

① 〔英〕怀特海.过程与实在[M].李步楼,译.北京:商务印书馆,2012:20.

显而易见的,但却常常被忽略。如果不能以此时、此地、此情境的视域去透视与展望,不去寻找新的概念,那么我们无疑就犯了错。

以一种前瞻性的、超越直接现实的视域,抛却刻板陈旧的概念,积极重建那未来的概念与判断,更符合有机哲学的实践路径。怀特海说"知识的增长使我们能够预见未来","专业知识赋予一个人预见能力"。

2. 回到关系性的情境和经验中看待事物

我们生活在一个关系性的宇宙之中。我们需要回复到关系的世界,回到更为普遍而具体地存在着的经验和环境,我们需要更加有机地认识和进行实践。我们时常会把"透过现象看本质"挂在嘴边,其实我们更强调的是"看本质",感觉自己得到了精髓,认清了本质会沾沾自喜。但我们实际上真的透过了现象吗? 我们是怎么透过现象的呢? 其实不就是武断地割裂了真实生活的联系吗? 当我们认定他人的本质、认定一件事的本质,例如一个孩子的本质,这很可能都是轻率的,这也是我们需要反省的。

在怀特海看来,传统哲学中的"形式"是一个没有推移、没有丧失、没有获得的领域。而后继的哲学在根本上仍然是希腊思想的延续,就算"走",也没有"走"出多远。中世纪思想家们,因为继承希腊哲学传统而受到了思想的损害。穆勒在《逻辑学》第五卷第三章指出:他们认为,只要确定了语词的意义,他们就算了解了事物。辞典内的单词、单句,无声地暗示:撇开环境的抽象是可能的。他们认为"哲学问题看作对于事物的相互关系的理解,而每一种事物离开与任何其他事物的关系仍是可以理解的"。哲学是形上之学,这让人们把注意力聚焦于事物的永恒形式,以期做出某种质的规定;这看似无可厚非。

如果从我们的经验中抽出了此时、此地、此种环境中的事件的特殊性,所剩余的残渣难道就更为本质吗? 诚如怀特海所言"形式实际上关系到它们自身以外的东西"。例如,泥土的形式是什么? 罪恶的形式是什么? 它们都不是绝对悬于真空中的概念,"泥泞(这个词)关系到泥土"①。《瓦尔登湖》里,梭罗说到了"老祖母的泥泞",唯有真切地理解这具体、真实的泥泞,才能真的长出"有翼的靴"。

3. 从视域中把握"潜在性"实有

潜在性是尚未成为现实性的领域,却又是转化为现实性的可能。对于既成事实,现实性使其顽固而难于改变。而潜在性却是可以在不确定中把事实的发展推向我们

---

① [英]怀特海. 思维方式[M]. 刘放桐,译. 北京:商务印书馆,2013:66.

期待的方向。在《过程与实在》的解释性范畴中,怀特海提出,"不确定性在实在的合生中变为确定的,这就是'潜在性'的意义"①。

现代性社会最大的局限就是看不到潜在性,实体哲学笼罩下的人们只关注机械性的既成现实。实体思维的人们,眼里只能看到现实性,无法超越直接现实性,当困境来临就是比较沮丧和绝望;如果能发现潜在性的意义,就能够超越现实。有一个很好的例证,在罗斯福首次履任总统的 1933 年初,正值经济大萧条的风暴席卷美国的时候,到处是失业、破产、倒闭、暴跌,到处可见美国的痛苦、恐惧和绝望。按照机械唯物的观念,这个基础上的发展一定是很糟糕的,因为发展会被客观环境制约。在那个阴冷的下午,罗斯福在宣誓就职时发表了一篇富有激情的演说,表现出一种压倒一切的自信,告诉人们:我们唯一害怕的就是恐惧本身!(The only thing we have to fear is fear itself!)新总统的决心和轻松愉快的乐观态度,"点燃了举国同心同德的新精神之火"。罗斯福入主白宫后,提出了旨在实现国家复兴和对外睦邻友好的施政方针,对内积极推行以救济、改革和复兴为主要内容的"罗斯福新政"。"新政"抛弃了传统的自由放任主义,加强政府对经济领域的干预,实行赤字财政,大力发展公共事业来刺激经济。为了推行新政,罗斯福将一批具有自由主义色彩的律师、专家与学者组成智囊团,征询方针政策问题;通过"炉边谈话"方式,密切与人民群众的联系,与反对新政的最高法院进行坚决的斗争并成功地改组最高法院。这种行动上的"尤利西斯"式的成功,是潜在性的成功。

"潜在性"关系到将其转化为"现实性"的欲望。"它(潜在性)关系到生命和运动,关系到包含和排斥。它关系到希望、恐惧和意向。"②"直接性是过去的潜在之物的实现,也是未来的潜在之物的储备。希望和恐惧、高兴和幻灭都从在事物的本性的极其重要的潜在之物中获得它们的意义。我们满怀希望地追寻踪迹,或者万分恐惧地避免追寻踪迹。直接事实中的潜在之物构成了过程的推动力。"

怀特海的话语体系明显现出有机性和过程性,还有一些语汇与"潜在性"颇有亲缘,比如"精神极""永恒客体"。在怀特海的话语体系中,"现实性"与"潜在性"相对。在传统哲学中,关于"现实性"也常常有"实体""事件""绝对"的分类。相应地,怀特海的另一些语汇与"现实性"相当接近,比如"物质极""现实机缘"等。与此相关的还有一些概念,比如:"对永恒客体的包容是"概念性的摄入"(或译为"概念性的包容");在过

---

① [英]怀特海.过程与实在[M].李步楼,译.北京:商务印书馆,2012:38.
② [英]怀特海.思维方式[M].刘放桐,译.北京:商务印书馆,2013:67.

程中,潜在性的现实实有获得实现是"客体化"。总之,"潜在性"和"现实性"是具有生机、可以活动的两个词。"现实性是潜在性的例证,而潜在性是用事实或用概念对现实性的特征描绘"。两种类型相辅相成。或许正因为"潜在性"与"现实性"之间的这种节奏性的流转变换,过去、现在、未来也就在这种流转变换中展开。

我完全能够理解怀特海为了让大家去除实体概念所做的努力。那些潜在的实有,也是实有,虽然未具有现实性。这种对潜在性实有的认识,在帮助人们超越直接当下的现实性,更具信心地活在现在,也更积极地走向未来是有用的。深刻领会"潜在性"对每一个人都有意义。充分理解"潜在性",有利于我们把握那些尚未到来的现实,并以未来的方式来构建我们的现在。

4. 审辩两类直接经验:亲密、强烈、模糊的经验和清晰、明白、无偏私的感性知觉

如果怀特海仅仅说潜在性的实有,对讲演的听众和读者而言,仍然显得有点虚幻,不好把握。怀特海接下来做的工作,就是使其更容易领会。怀特海认为,几个世纪关于"实体"的讨论,尽管重要,但却不是最为朴素的经验。为了理解现实性,我们需要重新审视我们更为直接、朴素的经验。

怀特海把人类经验分为两个大类:一类由质的经验的感觉构成,其主要特征是复杂性、模糊性和强烈性;另一类人类经验是"感性知觉",由形式的区分所构成,清晰、明白、公正无偏私,但是缺乏亲密性、强烈性和模糊性。

怀特海在《教育的目的》中,需要去谈智力教育的要素,那就是古人所说的"智慧"。读到这里,我们可能会觉得突兀,谁会觉得智慧不重要呢? 但是我们可以倒着来推这个逻辑,如果人们都能意识到智慧重要,就没有必要提了。我有一个私下的推测,那就是:智慧被怀特海同时代的人遗忘了。科学主义笼罩下的十七世纪、十八世纪,过于信赖实体,导致人们对清晰、明白、公立无偏私的人类经验比较信任,而对模糊、复杂和强烈的人类经验有所忽略。知识是可以用考试来度量的,尤其是可以落在笔纸测试中考核的知识,非常客观,容易区分、比较和选拔。智慧虽然伟大,但同时,智慧是模糊的,不容易度量。

当然,这是我们身为教师所熟悉的领域。推广至生活更广泛的范围,都存在着类似的问题。过分在意现实可见的证据,忽略模糊的整体经验,这都是需要我们自省的。

怀特海说,"对高级感性材料(如视觉和听觉)的注意,损害了上两个世纪的哲学发展"。人们不相信那些不能眼见耳听的经验,招致了认知上的缺损。我们知道盲人摸象的故事,每个盲人都有清晰的细节认识,虽然他们摸到真的象腿、真的象牙,但是他

们不知道整体的大象。

5. 经验分类的三个基本根据：清晰与模糊、秩序与无序、善与恶

怀特海找出这三组对立的经验，并且大概地阐述了这三组经验之间的关联。

在人类历史上，当对杂多的模糊的认识转换成了对数的观察时，人类在认识较高级的生命所必要的那种形式的交织，即发现善上就迈进了一大步。

怀特海讲了一个小松鼠的故事。有一次，怀特海所住的营地里有一个松鼠妈妈，它有三个孩子。搬家时，她不停跑来跑去。因为缺乏计数能力，她不知道自己是不是带走了自己全部孩子。她不会体验孩子们都在的满足，也不会因为孩子不在而感到痛苦。我们没有办法评价这只松鼠妈妈的善恶。

但是，同样的事情如果发生在人类母亲的身上，如果一位情志正常的母亲抛却自己的孩子却没有感觉到痛苦，我们会觉得这个人不善。而这种不善是因为其缺乏必要的秩序感。人们褒奖一个人，说一个人思维清晰、有条不紊。人们责怪一个人，说这个人思想模糊而紊乱。

沿着这样的思路继续推演，我们就比较容易理解，柏拉图追求善并因此追求秩序，追求那种永恒的形式。柏拉图以天上的理想国为善本，而现实世界中"宇宙万物及其变化的世界是一个静止的绝对低级的副本"。人心为这种永恒性的闪光眩惑，这样的超时间性的、绝对静止的、完满与转化无关的哲学思想，阻碍了哲学的前进。

怀特海总结了希腊的黄金时代的这种认识冲动对欧洲思想的影响：

① 作为一个预先作出的基本假定，静止（注：非流动性的）的绝对（注：顽固的，不可修正与调和的）传给了哲学化了的神学；

② 结构的抽象（例如数学）具有了显著的实在性，离开了它们在其中产生的结构；

③ 这些结构抽象被认为按其本性与宇宙万物无关的过程，过程性已经丧失。

通过上述怀特海对希腊时期思想对欧洲思想的影响，我们可以发现：尽管清晰、秩序与善相关，但是我们不难发现，过于强调清晰与秩序也是错误的。"人类知识的研究应当从考察可以在人类经验的转化中识别出来的模糊的变异开始。"正如怀特海所言："对于促进新事物来说，将经验中的模糊的和无秩序的因素结合起来的力量是特别重要的。"

所谓未发先豫，所谓防微杜渐，都是能在事态没有扩大之前，找到了模糊无序的经验的力量；所谓韬光养晦、所谓启迪蒙昧，也都是在事态没有发生前，就在模糊无序中意识到了未来的契机和方向；而所谓亡羊补牢，所谓事后诸葛亮，都是因为自己在模糊

无序中对未能够有预见性、不能前瞻的懊恼和责备。

怀特海在《教育的目的》《过程与实在》《观念的历险》等著作中反复提及的"预见"的能力,绝对不是等一切都清清楚楚、明明白白才去思考和行动。预见就是去把握模糊无序,将经验中模糊、无序的因素结合起来,从而有一种促进新事物的力量。

6.如何对待终极类型的存在

怀特海认为,"蕴含于创造过程的存在的终极类型有两种:一种是永恒的形式及其在潜在的欲望和实现的事实中的双重存在,一种是实现了的事实及其作为不久以前的过去和直接当下的双重存在方式。在直接当下中隐藏着一种趋向未实现的未来的欲望"。

怀特海强调"双重存在",就强调了有机关联性。如果拆分了阐述,就冒着割裂看待的风险。但是为了更清晰的理解,还是在坚持有机关联的前提下,分别展开,以四种存在方式来解读:

① **永恒的形式**,在潜在的欲望;

② **永恒的形式**,在事实之中;

③ **实现了的事实**,作为一种过去;

④ **实现了的事实**,作为直接当下,且隐藏着趋向未实现的未来的欲望。

永恒的形式始终都是目的因,在潜在的欲望之中,无论是被觉知或未被觉知;在事实之中,永恒的形式是一种动力因,是自律和激发。

当我们面对一个事实,这意味着这件事已经完成了,是过去的事了;但是与此同时,我们所处的境遇就是这个当下,我们要面对这些实现了的事实。

如何对待这四种存在方式,决定了哲学的类型,也决定了思维对生活实践的影响。每个人都有自己的哲学,自己的思维方式,也会因此给自己的生活实践带来各自不同的影响。

二、过程的方式

即便调整好了视域,在复杂的社会活动中(或者说是心智探险中)想要获得成功仍需要对全盘的把握和对某种重要细节的精妙处理。当我们谈到过程的时候,可能更多的是想到一种生命的生动性。我们谈到过程的时候,几乎就是对那些不与任何事物发生任何反应的惰性观念的对抗,是要让行动之中总是闪耀着智慧和人性的光。

1. 生命的生动性寓于朝向自我形成的转化之中

怀特海考察统一体的各种形式，从"脉搏、分子、岩石、植物的生命、动物的生命、人的生命"，到"广义的社会学、自然规律、时空联系"，发觉"在多种多样的潜在的东西的形式之中就存在着稳定的目的。"就像常言说"种瓜得瓜，种豆得豆"，背后的真理就是，豆会长成豆，瓜会长成瓜，**我们无法通过种豆来得瓜**，事物最终会朝向自己的性命和目的。"万物并作，吾以观复。夫物芸芸，各复归其根。"事物在转化的过程当中，其实是自我形成的过程，成其所是，自在自为。

目的是对过程的导向，是终极的原因。换言之，我们想要获得好的过程，必须有明确的目的作为这样一种原因和指导。怀特海认为，"我们必须解释达到秩序形式的目标、达到新秩序的目标，解释成功的标准和失败的标准。如果对历史过程的这些特征没有一定的理解，哪怕是模糊的理解，我们就享受不到经验的合理性"。

读到这里，我们或许会想到《教育的目的》。唯有很好地理解了目的、明确了目的，才能更好地在过程中实践。怀特海谈学生是有血有肉的生命，教育应该引导学生自我发展。有效的教育也是学生的自我教育，有效的训导也是学生的自我训导。此间道理似乎大家都能体会，不再细说。

当我们注意到事物发展的过程性时，要关注到过程中的那些尚未成型的事实和潜滋暗长的能量。存在的直接性处于流变之中，生命的生动性寓于转化之中，它具有以获得结果为目标的形式。按其本质来说，现实事物的目标是自我形成。在过程之中，事物朝向目的发展，"乾道变化，各正性命。"

2. 有限现实事物的有限重要性之外还有无限东西的无限重要性

有限事物的有限的重要性，举例来说，我喜欢读怀特海，我是有限者，喜欢研读怀特海是我的有限的重要性。在我之外还有很多别人，他们也有自己的兴趣，还有很多属于他们自己的重要性。形形色色的植物、动物、人，在多种多样的潜在的形式之后，会存在各自的稳定的目的。

稳定的目的，会使有限事物的多个方面跟多个有限事物之间是和谐统一的。例如，一个人想做好的老师，他去这个给学生搞实践活动，带着学生读书，还有他自己读书，他做很多各种各样的事情，但是他的目的是稳定的。再比如，一个人他有自己的兴趣，这个人他自己的兴趣很可能跟整个人类的这个兴趣是一致的，因为人会本能地被伟大的事物所吸引，人会聚拢在伟大的事物周围。因此，有限的东西的重要性它是否就包含了无限东西的重要性。

一个人的命运,似乎只是一个人的人海沉浮,其实又同时是历史和民族的缩影,跟全人类的命运相关;一个人的个性化的兴趣,它同时可能也是千千万万人的兴趣,作为一个学科系统来讲也是有重要性的,与整个人类文明进展的某个重要关节趋同。意识到这一点,我们就不会满足只认识有限者的某一个过程,而是想要去推己及人、时空绵延地去辨识过程的形式。

3. 生命的本质要到既定秩序的破坏中去寻求

经验的重要性需要秩序适当稳定,这一点是必然的。我们当然会也希望某种稳定的经验。秩序如果很稳定的话,我们的生活似乎好像就更容易运行。作为老师,我们常常会希望上课的时候班级是安静的,会希望这个学生的成绩很稳定。

但是宇宙如此,世界不会静止不动,天地不仁,生活就是这样变化。"实在世界中没有什么纯粹的惰性事实。"这一时刻占据统治地位的秩序,它在内部转化当中。真正的经验是在流变的,慢慢地转变,或者忽然歇斯底里地转变了。过程是对现有流行东西的一种破坏。无论是秩序的流行,或是秩序的破坏,都是对经验的一种基本的解析。

如果人们想去寻求生命的本质,我们不能到秩序当中去寻找,容易得到一些僵化的思想,甚至容易形成静止、割裂地看问题的思维方式。因为生命始终处在一个秩序—破坏—新秩序的过程当中。所以我们是应该在秩序的破坏当中去寻找生命的本质,进行创造性的活动。

所以,尽管秩序被破坏时,面临着秩序的调整,人们会有短期不知所措和失去活力的状况。按照发展、进步、创造性进展的这样的一个角度去想,勇敢地迎向生活的不确定性,从秩序的破坏之中,我们也需要能看到令生命振奋的积极要素。

4. 创造性活动的过程有一种节奏性的自然搏动

谈认识论,要谈及节奏性的自然搏动;谈实践论,还是要谈及节奏性的自然搏动。两次谈论的区别在于追求理解和在实践中调整策略。

宇宙既不是静止的,也不是稳步推进的。我们不能静止、封闭地去理解宇宙。创造性活动的自然搏动是历史事实的自然单位。尽管科学常常是研究显得重大的平均效应,但是过程是节奏性的。**"如果过程是现实事物的基本的东西,那每一个终极的个别事实都一定可以描述为过程。"**[1]这句话是怀特海击出的重拳,因为,如果每一个事实单位都是过程,过程是基本的东西,那么传统哲学的那种抽象就是错误。

---

① [英]怀特海. 思维方式[M]. 刘放桐,译. 北京:商务印书馆,2013:83.

我们学习《教育的目的》就会知道过程的节奏性,懂得把每一次创造性的活动看成是历史事实的自然单位。这个宇宙是互相联系的,也是无限性的,我们就是按照其节奏性的自然搏动去辨认出有限的事实单位。

5. 过程的转化绝不是重言式

在怀特海所处时代,重言式正流行。当时是实体思维主导,人们习惯于使用判断句式,例如"人是直立行走的动物""人是会使用工具的动物",……主词+谓词的表达,谓语后面接着的是对主语的同义反复。主词+谓词的表达,不可避免会陷入"实体—属性"思维的窠臼。这个话语方式是把两个静止的事项做静止地比对。第三讲《理解》当中,怀特海就对重言式发出过批判之声。

怀特海强调过程性,强调转化形式中的动态变化,甚至于不惜用冗长的篇幅来说明。即便是 $2 \times 3 = 6$ 这样会容易被大家看成抽象静止的数学公式,怀特海也认为其不是重言式,而是一个动态过程。前面的这个 2 和 3 去相乘,这里有一个过程,所以这个 $2 \times 3 = 6$ 中的 6,是两个集合数融合成的集合数,6 是复合的事实。$2 \times 3 = 4 + 2$,这就是两个不同的过程,得出具有同样数的特征的结构。而且 $2 \times 3 = 6$ 不一定是必然被遵守的原则。比如两个集合的水,每个集合有三滴水。因为每一个水滴表面都有张力,融合后的最后结果,可能变成了一个大滴,也可能溅起来变成十几滴水珠。我们可以把很多我们平常会认为静止的东西,按照过程转化的角度去理解,而不是重言式。

当我们看到一个判断句式描述出来的事实,哪怕这个表述是扁平的,是重言式的形式展现的,但是如果我们能看到这个表述背后的故事,那些生动的过程的转化,才能有效地分析问题和展开行动。比如在教学中,我们如何把一个规律和公式,以生动、优美的方式呈现在学生面前?

6. 创造性活动的基本因素:材料、过程和结果

对过程形式的考察,其实也是对每一事实单位的诸特征的考察,包括对材料、形式、转化和结果的考察。每一次活动都会有相应的一些材料,这个材料是由先前的这个宇宙的全部内容来构成的。材料的转化,是一种结构的过程、分级的过程和排除的过程。完成的事实只有处于形成未来的那种活动材料中才能得到理解。

前面已经提及,在一个事实发生之前,先前宇宙当中的一切都是材料,这是他的基本的要素之一,然后在中间有一个转换的过程,一个结果。任何一种存在的本性都只能按照它在创造活动中的含义来解释。只要有新变化,就可能有新的存在类型,服从以这种新的环境为转移的新的规律。换言之,材料、过程的形式,以及产生这个新材料

的结果,都以他们的时代以及他们这个时代中占统治地位的过程形式为转移。

比方说,我小时候,还是比较流行老师的"一言堂",老师"满堂灌";我们现在主张学生自己探究,教师给学生提供材料,我们采用什么样的教学的手段、整个课堂流程的设计,以及最后产生的结果,跟以前的流行的情况会有所不同。创造性活动发生了变化,这些因素都有变化调整。在不同时代,有不同的占据统治地位的过程形式,其他过程会随之变化。

7. 过程(换言之,欲望)与个性相辅相成

"过程和个体性相辅相成。在分离中,一切意义都消散了。过程(或换言之,欲望)的形式从所包含的个别事物中取得自己的特征。而个别事物也只有根据它们所包含于其中的过程才能被理解。"①怀特海自己做了这样的词义趋同,建立了过程和欲望的联系。

"欲望"一词在中国常常是贬义的,但在怀特海的话语体系中,欲望很多时候都是积极正向的。"欲望是直接性的事实,它本身包含着要实现未实现而可能实现东西的不息原则。"我们看得出怀特海给欲望的定义,那是一种生生不息的原则,把可能的转变为现实的,把未实现的转变为实现的。

怀特海在《教育的目的》中谈风格时提出,那些有风格的管理人员、设计师、工人,他们身上的那种避免浪费,他们实现与约束的双面美学特质,就可以理解那种不止息的欲望,是人类进步的要素。在《理性的功能》里,怀特海也一次次谈到理性的三重欲望:活着、好好活着、更好地活着。我们注意到这些欲望不是那种骄奢,不是沉湎,不是荒芜,而是理性的。**理性的人永不自满**,总是有着欲望。

怀特海说欲望与个性相辅相成,而每个人真正经历的过程,跟这个人自身的欲望也是相符合一致的。人的个性跟他的过程之间有相辅相成的关系。怀特海在存在范畴里第四点就在谈主体形式。人作为有机体,人的过程与主体性的欲望、目的,还有主体形式是一致的。范畴性要求里,怀特海也谈了主体的统一性范畴、主体性和谐范畴、主体性强度范畴。人的个性、人的欲望、人的过程都是主体形式内在决定的,最终会实现的是千差万别的人,千差万别的过程,跟千差万别的欲望相联系,然后跟千差万别的个性相联系,然后最后也会得到千差万别的这个结果。这种内在决断其实是人的自由。

---

① ［英］怀特海.思维方式［M］.刘放桐,译.北京:商务印书馆,2013:91.

8. 过程与空间、时间和潜在性理想

此处，怀特海借鉴了塞缪尔·亚历山大的《空间、时间与神》里面的思想。时间，是过程的转化。空间，说的是每一种相互交织存在形式的静止的联系，**神**，在此处被怀特海解读为作为直接事实之外的潜在性理想的目的。

"神"是一个好词，按照词源的说法，我们看"God"跟"good"非常一致。什么是善好呢？当一个人有如神一般立身行事，那就是好的。人按照神的标准来做事，这本身是一种推动人向善向好的观念。在人的身上，是可以如有神在的。诗人顾城有这样一句诗："人可以生如蚁而美如神。"所以，我们不要按照宗教意义的思路来理解神和上帝，我们就按照人所共有的这种情感理解神。

我们理解过程的时候，这三个因素是缺一不可的，那如果说我们每一个人都有自己的个性，我们每个人都有自己的欲望，也可以说我们每个人都有自己的神在，因为我们每个人都有自己潜在性的理想，"存在着关于理想（接受的理想、指向的理想、达到的理想、破灭的理想）的经验，这是关于宇宙中的神的经验。最后这种经验成败的相互交织是极其重要的"[①]。可能这个潜在性的理想我们自己都不很清楚，但是一定会有那样的一个潜在性的理想，它在引领着我们。

怀特海说："过程的形式并不完全决定于从过去引申出来。"这是怀特海哲学非常积极的部分。不管一个人原生家庭有多么糟糕，都有可能性从中走出来，过出一个非常精彩的人生——这不是必然，但是有这样的可能。生命的经验就是如此，在自己的生命当中重建新的秩序，想让自己活得更好。民族也是如此，随着时代在失去希望和遭到破坏中衰退，过程的形式就会获得包含了新秩序的其他理想，从想要实现温饱，到我们想要发展经济，再到我们既想要金山银山也要绿水青山，我们开始关注生态，想要活得更好的理想在指引我们。

三、文明的宇宙

在《观念的历险》中有一个篇章《从强制到劝导》，在其中怀特海说到："文明并不是纯自然的平均结果，它取决于选择作用长期效力。"[②]文明的宇宙并不是自然的结果，当然需要自然的参与，但同时需要人积极的思考和行动。一个文明的宇宙应该是什么样子呢？

---

① ［英］怀特海.思维方式［M］.刘放桐，译.北京：商务印书馆，2013：96.
② ［英］怀特海.观念的历险［M］.洪伟，译.上海：上海译文出版社，2013：73.

1. 不从明确的前提来论证，而是对前提做探索

如果说一个事物或事件都已经实现了，我们再去探讨它就失去了意义。哲学不是从明确的前提来论证，哲学不是检验，哲学是开创，哲学是对前提的探索。

我们只有在事物还没有完全实现之前，去探讨我们用什么样的前提来建构，讨论我们想要达到一个什么样的效果。

我们要怎么检验我们是否选对了出发点？演绎推理，用结论的论据来检验。

我们甚至不是从明确的前提来论证的。如果说，前提是按照它们在个别、孤立状态下的简单性被构想，当进入过程，每一个要素都会做出诸种调整，这些前提就无法像你事先明确地论证的那样去运行。我们要探索的是尚未明确的前提。

2. 演绎逻辑作为形而上学的工具能揭示自明性

在怀特海的时代，比较流行的方法是归纳法。归纳法是更适合实体思维的逻辑方式，人们相信那些看得见摸到到的实体。就好像一堆豆子，这是红豆，那一粒是红豆，再来一粒还是红豆，你归纳出这些是红豆。归纳法适合证明。

但是真理是不需证明也无法证明的。揭示自明性，怀特海选择演绎逻辑为工具。演绎法长于探索前提，用一个大胆的，谦逊的态度，做出合理的假设，或者怀有某种理想，符合逻辑，就能帮助我们从现有的状态，最后达到一个我们渴望去达到的那样的一个先在的和谐。

演绎逻辑是一种试验性的步骤。怀特海特意提及"变项"的作用，在逻辑推演中，"变项"是命题形式的，既是不确定的，又是同一的。一个关于 x 的函数，比如 $y=2(x)$，任意的一个 x，都符合这个命题，但是每一个不同的 x 都对应不同的 y。这就构成了模糊性和明确性的奇异的结合。这就是一个演绎逻辑方法应用的例子。就这样，"任一"的推理论证里既有同一性又有歧异。逻辑假定了形而上学，自明性使逻辑推理行之有效。

在我熟悉的初中物理领域一定是这样的，我可以使用天平和测力计来测量，并验证重力与质量成正比（$G=mg$）。我不能测量特别庞大的物体的质量和所受重力，但是我可以依据我前面所确认的公式来进行计算，知道物体质量就可以算出它受到的重力，知道物体受到的重力就可以算出它的质量，这样就可以扩大我认知的领域。

3. 道德、情感与合目的的经验使一切没有失之琐碎

狗耳朵很灵，鹰可以看得更远，但是它们的清晰的经验并不能作为我们清晰判断的依据。人们有一种错觉，想要得到清晰的经验就必须抓住细节，用细节来定义整体。

有时候,清晰的经验是解释性的,确实也能够补充定义。事实上,人们并不会渴望自己变成狗或鹰,哪怕它们在某个方面有更清晰的经验,但是它们的这些经验是破碎的,偶然的,它们都不是整体。

真正的整体定义是什么?是原生性的,模模糊糊的,隐隐约约的,是那样的一种经验。

道德、情感与合目的性的经验,却常常被看作是琐碎、偶然的东西。但是这些经验恰好是构成整体经验的不可或缺的部分。人类的情感往往是更为重要的,价值、道德、情感和合目的性的经验才是使一切经验没有失之于琐碎的原因。

最好的计算机、最好的程序,也不能直接设计出符合人性的产品,那些优质的产品往往是因为良知、对他人的关怀、对人的感受的共情而设计出来的。我们不能从整体经验中剥离价值,不能剥离道德感,不能剥离合目的性的经验,这些就是我们人整个存在的意义。

4. 人无须时时需要调动自己的意识

怀特海认为"占支配地位的是没有意识的物理性目的"。有人认为,人跟其他动物的区别是人具有理性。但是怀特海认为,**人并不经常有理性,人甚至不是经常有意识**。"意识是非常微弱的,即使在生动的命题性感觉中近于意识的情况也没有获得重要地位。"

人体提供了我们对自然界的现实事物的相互作用的最密切的经验。人体真的非常精妙。人的眼睛非常精巧,比最好的照相机还要好。人的前臂的结构十分精巧,做机械手臂的设计者也只能模仿人的前臂,而不能比真正的前臂做得更好。

为什么人不是一直都有意识的呢?时时刻刻都有意识不好吗?不好。

人之所以为人,并不是因为人有意识,而是因为人偶尔有意识。如果每一件事都能够调动起人的意识,会导致大量意识的无差别堆积,对人类的文明反而是没有贡献的。正是因为人的意识并不总是清楚地被唤起,人们处于混混沌沌之中,那些偶尔引起审美价值感的冲动,或者与原来的经验不相容的否定性的感觉,才会格外被关注到,某些实在成为具有"重要性"的实在。

怀特海描述的人类经验之海是忽明忽暗的,"在某些条件下闪耀着直接明确的要素,在另外条件下则退到明暗交错的阴影之中,在其他场合,则落入完全的黑暗"①。

---

① [英]怀特海. 过程与实在[M]. 李步楼,译. 北京:商务印书馆,2012:27.

《庄子·达生》中有这样一句话，"忘足，履之适也；忘腰，带之适也"。大概意思是，忘了自己有脚，因为鞋子舒服；忘记自己有腰，因为腰带舒服。当人很舒适时，不会有身体感觉。当一个人有了身体的感受时，常常是不舒服的身体信号。

"我们存在的基础是价值的感觉。"①"我们的经验是一种价值经验，它表示关于保持和抛弃的一种隐约的意义。"注意力是有广度的，注意力也是可以有机地分配的。人能够得心应手的事情，比方说弹钢琴，可以一边弹琴一边聊天，就是因为人们已经熟练地掌握了弹钢琴这件事情，他不再需要意识去协同陪伴。如果人像鹰看得那么远，像猎狗的听觉范围那么大，人的世界该是多么嘈杂和混乱。

在这种意义上，我不建议使用精细到特别夸张的课堂量表来进行课堂观察，我也不建议对一个学生做出过分聚焦的观察。如果一个学生只动用自己百分之六十的力量来学某一节课是他自己有成效而又最舒服的（他一天要上很多节课，他会累），课堂观察员希望学生全情投入的期待，就会使课堂观察的结果"变形"，更多负面地感受到学生不够专注的部分。人是关系性的存在，人不适合被其他人像观察静物那样端详，尤其是未成年的孩子。

5. 力和重要性是事实的两个方面

力（power）的概念可以在洛克和柏拉图那里找到，但是他们并未充分说明，只是倏忽一现地提及。"力"是关于种种实体概念的基础。怀特海对力的概念是这样解释的："力和重要性是这一事实的两个方面。它构成了宇宙的动力。它是保持它的生存力的动力因，它是在创造物中保持其创造欲望的目的因。"是重要性的感觉让经验开始，是重要性的感觉让过程推进，就像是有力量在开启和推进那样。怀特海从"经验开始于力的感觉"和"力是结构的推进力"两个方面总结，得出"最后的现实事物是力的统一性"。

在《教育的目的》里，怀特海也提到过"力"。"在风格之上，在知识之上，还存在着某种捉摸不清的东西，这个东西就是力。力在风格之上，知识之上，就好像命运在希腊众神之上。风格让力量成形，并对力进行约束。但是，实现理想目标所需要的力毕竟是极为重要的。"我认为最好结合"风格"来理解。怀特海谈到风格的作用：

① 风格帮助你直奔目标，使你无他顾之虞，避开细枝末节。有了风格，你可以实现你的目标。

---

① ［英］怀特海. 思维方式［M］. 刘放桐，译. 北京：商务印书馆，2013：102.

② 有了风格,你可以预见出行动的效果,这种预见的能力是神赐予人类的最后的礼物。

③ 风格会增添你的力量,因为你的大脑不会因枝节问题而分心,你将更可能实现自己的目的。

④ 风格使人成为专家。风格是专家独享的特权。谁听说过业余画家能有什么风格?谁听说过业余诗人的风格?

其中第一条和第三条看起来很相似,都是直扑目标,避开细枝末节。第一条,更偏于目的因。第三条,更偏于动力因。过程不仅需要有目的的引导,在过程当中还需要动力的不断地推进。

在《创造性的冲动》中,怀特海把"重要性"与"兴趣"等同起来,在《文明的宇宙》中又把"重要性"跟"力"等同起来。怀特海也推进了对"重要性"的阐释。"重要性发现它自身是情感的转化。我的重要性是我现在的情感价值,它在其自身中体现从整体和其他事实的推导,它在其自身中体现与未来的创造性关联。""'内在的重要性'一语指的是'自为的重要性'。"所以,在自我创造的过程中,重要性确实是力。

"力的本质在于推向自为的审美价值。一切力都是从达到自为的价值这个结构的事实中派生出来的。"①。要如何理解呢?力在推进重要性事物的实现,也是重要性在约束着力,重要性使力成形。在此意义上,力和重要性是一体两面。

"重要性的意义并不只是关系到经验着的自我。"人是关系中的人,所以人是会互相影响的。"融入自我的重要性中的是他者的重要性。现实事物是对重要性的自我享受,但是这种自我享受具有融入一个自我的享受中的他者的自我享受的特征。"②怀特海的这个说法应该有很多生动的例证。

6. 境域应该尊重绝对性的审美意义

我不希望因为太过谈怀特海的那种辩证、对人文情感和普通人经验的尊重,导致了人们对怀特海的误解,以为他是模棱两可、摇摆不定的哲学家。现实事物世界中,一个现实事物的外部实在的意义是由审美意义所赋予的。怀特海说:"如果在这种境域中未能自觉地分辨这种意义,那这种境域就太坏了。"③

《丑小鸭》故事里的丑小鸭小时候虽然被喊做丑小鸭,但是渐渐长大后成为本来应

---

① [英]怀特海. 思维方式[M]. 刘放桐,译. 北京:商务印书馆,2013:111.

② [英]怀特海. 思维方式[M]. 刘放桐,译. 北京:商务印书馆,2013:109.

③ [英]怀特海. 思维方式[M]. 刘放桐,译. 北京:商务印书馆,2013:112.

该的样子,大家认可它是一只美丽的白天鹅。我们不能把黑的说成白的,不能把臭的说成香的,不能把正确的说成是错误。

人们有一种正当性的直觉,能够揭示事物本性中的一种绝对性,比如,一块方糖是甜的。这种正当的绝对性适应所有大大小小的经验。在文明的宇宙中,这种正当的、绝对性的审美意义该被尊重。

5.3 怀特海的有生自然观

自然观是指对自然界的总的看法,是世界观的组成部分。我们的生存离不开自然,我们学习和教育也离不开自然。自然观对我们每个人的认知和实践而言,关系紧密、意义重大。在古代,在各民族的文化中,都将自然视为充满内在活力和生机的整体。到了十六世纪、十七世纪,把自然视为机械的无生自然论占据主流。经斯宾诺莎、莱布尼茨、康德、黑格尔等人的努力,仍未能重兴有机论的自然哲学传统。

直至怀特海,在总结柏格森等人的基础上,终于建立了以"事件""过程"为核心的有机哲学,重兴有生自然观。

日本的怀特海研究者田中裕先生,评价怀特海说:"从科学唯物论的'死的自然'向有机哲学的'活的自然'的转变,首先萌生于为物理学自身的变化确立基础的工作中。"从这个陈述中,我们不难发现,怀特海所做工作的伟大和重要,以及怀特海提出"有生自然"观念的这项工作的难度。这不是一个口头一说的任务,这项工作需要的勇气、艰辛的思考与付出,对个人能耐和心力而言,都是巨大的挑战。因此,更让人对怀特海涌起敬意。

一、批判以抽象为限的无生自然观

人类社会的演进离不开认识和实践,离不开对世界的认识和改造。教育教给人的是什么? 也就是关于认识世界和改造世界的智慧。我们如何认识和理解自然?

古人对自然的认识是朴素的,混沌、蒙昧,却富有想象力。东西方在认识世界时都有"万物本原是水"的观念:我国古代人认为"上善若水","水善利万物而不争,处众人之所恶。"这里面自然地涌现了道德的因素,说明我国古代的人们在面对自然时是反身自照。泰勒斯向埃及人学习观察洪水,仔细阅读尼罗河每一年涨潮退潮的记录,察看退潮后的现象,发现不仅留下了肥沃的淤泥,还在淤泥中留下无数微小的胚芽和幼虫。

泰勒斯把这个现象跟埃及人的神造宇宙的神话结合,得出了结论:"水生万物,万物复归于水。"他提出,水是世界初始的基本元素,"水是最好的"。

然而,人们不满足于粗浅、朦胧的朴素认识,不满足于只认识一个个具体而具有特殊性的事物,希望通过抽象的方式,认识更广泛更普遍的事物,渐渐走向了一条无生自然观的道路。

1. 把自然界设想为由不变而机械地运动的物质所构成

我们能从婴幼儿最初的认识探索看到非常粗浅的抽象——他们用圆表示太阳,用三角形表示山。我的女儿在十八个月,也就是刚刚会说话的时候,在动物园里把天上飞的都称为"鸟",不管是鹦鹉还是孔雀;水里游的都是"鱼",不管是海豹还是海狮;地上蹲坐的四脚动物都是"狗",不管是狮子还是老虎,诸如此类。这种简单的分类就像是把零散文件分门别类装进不同的文件夹,通过这样的方式人们就可以获得更大的空间去认识更广阔的世界。这样做的缺点是以抽象为限,使人类跌坠到了一个无生自然的领域。

我们看看自然,看山石草木,看犬马牛羊,看门窗桌椅,看日月星辰,似乎它们是一块块占据空间的物质,或静或动,自身同一。它们被我们看作是一个个单个的实在,也被我们看成一个被动的事实。空间本身是亘古不变的,物体占据着一定空间。它们在空间里,如果它们不在那里,那么空间就是空着的。以上就是我们机械地理解自然的方式,或者说,非生命的理解自然世界的方式。无生自然观把自然界设想为由不变而机械地运动的物质所构成。这样做符合人类的常识观察。

这些孤立的被动的事物与其他事物发生联系的唯一方式是运动,因此人们发明几何学来对机械的运动加以讨论。如果我们观察到物体运动了,空间的重要事实发生了变化,我们才能判定事物的变化。也就是说,我们需要意识到:虽然我们从小就学习,不要孤立、静止地看问题,但是我们并未学习区分宏观的外部联系和有机内在联系,并未区分机械运动和有机的流变。

物质的的确确是在运动,但仅把物质理解成运动着的是远远不够的。比如一个下班回家的人,他躯体的运动关联着他的智识和情感,他期待着回到家感受到暖洋洋的灯光、可以慵懒地蜷缩在里面的沙发、看到亲人的熟悉的脸、看到他柔软而粘人的宠物。这个运动的实质远远大于其机械的运动这个事实。我们探究真理不仅仅要寻求真理的准确和普遍,我们要的真理是根本性的。唯一的问题就在于,真理怎样成为根本性的。换言之,我们对物质怎样运动不能停留在机械的认识上,我们要更加刨根究底地去认识这种运动。

2. 第二性的质（颜色和声音等）被自然科学从自然界刨除了

在这里稍微要解释说明一下，什么叫做"第二性的质"。第二性的质，概念是由洛克提出的（《人类理智论》），是一个跟"第一性的质"相对应的概念。"第一性的质"是与物体不可分的性质，像大小、形状、组织、体积等；第二性的质并不是对象本身中的性质，而是第一性的质在我们身上产生颜色、声音、滋味等各种感觉的能力。洛克主张第二性的质在物体中有物理基础，物体是物体的观念的原因。洛克区别的是可被感知的性质和能力。洛克隐约地感到了知觉的混杂性。

虽然我们习惯于认为这些第二性的质存在于对象本身，但它们实际只是在我们身上产生观念的能力，而不是这些观念与之相似的实际属性。感性知觉在揭露事物本性上的全部实际作用是非常浅表的。有时，我们还会被感性知觉欺骗。例如，我们会看到几百万年以前就坠落了的星光，我们能够在镜子中看到虚幻的镜像。

所以，现代自然科学要刨除第二性的质，因为它们被视为知觉者的内部心理活动。为了更加精确，自然科学刨除了第二性的质。作为一名初中物理老师，我常常需要对学生说的话就是"感觉是不可靠的"，要相信科学测量、科学探究实验、科学的理性推导。但是，**我们真的不能相信感觉吗？我们要把自己那么强烈、那么真切的感受剥离掉吗？**其结果是，第二性的质的丧失限制了自然，自然剩下的就只有质量、空间关系以及这些关系的变化所规定的一块块的物质，造成了我们认识上的机械、静态、分离。

其后，休谟在《人性论》中明白地指出了知觉混杂性质。纯粹的感性知觉不提供解释它本身的材料，这个结论是休谟哲学体现出来的伟大发现。按照休谟的理解，当我们感知红玫瑰的时候，我们把我们从一个来源所得的关于红色的享有与从另一个来源所得的空间部位的享有给联想在一起。可是，玫瑰花真的是空间和颜色拆开来再相加吗？不仅仅是颜色、气味、触觉等感觉，还有拿到玫瑰花时的甜蜜的心情、送花的人，这都是一体的。如果不能有机地认识事物，机械地切分再组合，何异于盲人摸象。

3. 牛顿物理学体系的所有因素无原因地彼此分离

牛顿物理学的方法论是一个伟大的成就，牛顿的运动定律提出一个大体的架构，关于物体运动的内部联系的更特殊的规律可以嵌入这个架构当中。他还提出了万有引力定律。两个可看作质点的物体之间的万有引力，可以用以下公式计算：

$$F_{引} = G\frac{Mm}{r^2}$$

万有引力等于引力常量乘以两物体质量的乘积除以它们距离的平方。其中 G 代表引力常量，为英国科学家卡文迪许通过扭秤实验测得出，其值约为 6.67×10^{-11} N·m^2/kg^2。这个公式在运用的时候有一个诡谲之处，如果两个物体之间有这个引力，那么物体在这个力的作用下就会运动，两者之间的距离就会变化。也就是说，这个公式如果能够运用，必须前置一个孤立静止的理解，好像用力把两个物体按在某个位置不动来进行测量和计算那样。牛顿没有说明各种物体为什么会因为它们之间的某种压力联系起来，没说明为什么有应力。所以，他的定律描述的是随意运动物体间的随意应力，没有原因。在牛顿派看来，自然界不可能提供原因。

怀特海说："牛顿所留给经验研究的东西是现存的特殊应力的测定。在这种测定中，他把万有引力定律指出的各种应力都孤立起来，从而做出了一个宏伟的开端。但是他没有暗示究竟为什么事物本性中会有这种应力。"[1]牛顿在加重自然界的体系方面似乎使一切事物都联系起来了，但是他实际上使体系中所有要素（质量和应力）处于没有任何共存的分离。

1927 年，海森堡提出"不确定性"原理：不可能同时精确地确定一个基本粒子的位置和动量。"在位置被测定的一瞬，即当光子正被电子偏转时，电子的动量发生一个不连续的变化，因此，在确知电子位置的瞬间，关于它的动量我们就只能知道相应于其不连续变化的大小的程度。于是，位置测定得越准确，动量的测定就越不准确，反之亦然。"海森堡的发现显然是基于一种跟牛顿不同的思维方式。

怀特海指出，牛顿-休谟的贡献是有弱点，他们涉及的范围正确，但是他们忽略了经验到的宇宙和我们的经验方式的那些方面，忽视了我们的直觉的理解方式，而这些方面共同导致了一些更深刻的理解方法。

牛顿派的概念的片段十分顽强地保留下来，结果把现代物理学归结为一种对一个不可理解的宇宙的神秘的赞美诗——简直像是一种占星术式的迷信。直到今天，以牛顿的经典物理学为基础的哲学仍然在人们的头脑中占据统治地位。牛顿-休谟理论几乎是现代哲学思想的基本假定。牛顿和休谟结合起来，我们可以获得一个没有任何解释本身的材料的知觉领域，以及一个没有任何理由来说明其因素一致的解释性体系。而康德哲学呢？怀特海评价康德是以归谬法把牛顿和休谟结合起来的哲学家，他的三个批判是为了牛顿-休谟论点可以理解而做出的努力。

---

① ［英］怀特海.思维方式［M］.刘放桐，译.北京：商务印书馆，2013：125.

4. 对自然的无机讨论:尺度、基本模式、量度、模式的概念

在对自然界的讨论中,必须记住尺度的区别,起初人们往往以人为万物的尺度。"我们往往把人体可观察的活动方式当做绝对的尺度,把由观察所得的结论引申到限制着观察的量值尺度以外,这是极其轻率的。"①

这种被怀特海斥为轻率的态度,仍然存在。比如说,新冠疫情之初,人们发现有一种蝙蝠携带这种病毒,有的人建议杀掉所有蝙蝠,就是以这样一种思维方式。人是万物的尺度吗? 人类是否有权利为了自己的生存而去灭绝某个其他物种呢? 而且,就算杀掉了这些蝙蝠,人类就不再感染病毒吗? 后来,人们在电梯里、快递上也能检测出新冠病毒。以那种把人作为绝对尺度的人的思维,人们是不是要杀掉电梯? 人们能杀掉所有的电梯吗? 并且科学地说,我们并不能确定是不是有比蝙蝠更早地感染或传播了病毒的物质。对尺度概论的讨论可以更加广泛,很多时候我们都要面对尺度的问题,需要尽量避免武断,需要更多的讨论。

专门的科学都预先假定了一定的基本模式。人们因袭着亚里士多德的逻辑方法,把事物的类型看成是多种多样的,同时,某一指定条件下的类型是确定的。在建构宇宙论的时候,人们期待着从一个单称命题"这是绿色的",到一般命题"所有的都是绿色的",形成一种想把一切表达为"所有 S 是 P"这类的形式。这种先割裂再粘合的思维模式,必然导致想要建立一门对宇宙做出某种解释的宇宙论的指望落空。

人们力求获得量的确定,典型问题是:"有多少 S 是 P?""有多少 S 包含 P?"过分相信亚里士多德的命题形式,天真地对待那些概念,会误入歧途。

接下来的模式概念引入的阶段,模式的细则和尺度比例都是我们注意的。例如,如果我们不能解决模式问题,哪怕我们知道是由碳原子和氧原子组成,对混合物的属性仍然未知。混合物中有多少二氧化碳? 多么游离态的碳? 多少游离的氧?

所有这些基本的概念是我们经常采用的。它们的危险在于,我们往往不自觉地采用了这些概念。因为概念抽象而省略的因素仍然残留,而行为的改变或中断常常不在我们注意力范围内。而很多人,甚至是自然科学的头面人物仍然以这些已经废弃的关于自然界的概念为根基,激烈地反对有生自然的观念。

5. 伽利略、牛顿、笛卡尔的"过程"撇开绵延来设想瞬间

伽利略、牛顿、笛卡尔等人也把自然界看作是活动和过程。因为是过程,所以可以

---

① [英]怀特海.思维方式[M].刘放桐,译.北京:商务印书馆,2013:131.

分割，也因为分割再分割可以广袤。过程被看作活动及其各种不同因素之间内部的关系的复合，是可以撇开变化、撇开时间绵延、撇开自然界复杂性来谈的过程。

沿着这样一种非生命性的撇开绵延来谈过程的思路，人们也可以抛开生命概念谈论自然、谈论教育，我们能够得到一个个静态公式，或者是没有理由的连续公式，不考虑因果关系。这种简单性的事实令人着迷，可以满足于终极的非理性的状态。怀特海在《教育的目的》中谈教育节奏，他为什么要谈教育节奏呢？很多人觉得把孩子送进拉丁语文法学校，孩子就会匀速前进般掌握拉丁语，几岁送到学校一个儿童，十几岁孩子从学校出来就变成了精通拉丁语的少年——好像是一个机器人。

自然界充满着生命力。实在事实在不断地产生。我们以物理学公式和化学公式来描述常规，但是自然并不存在这样的简单事实，不存在"不需要进一步追问"的事实。我们应当把科学所研究的自然界看作是实在宇宙的实在事实之间的更稳定的相互关系的一种复合。

6. 不同领域思想新旧交织和补缀造成了混乱的局面

随着科学的发展，常识的解释性作用被破坏。16 世纪开始，人们的观念从物质和空间位置到过程活动。17 世纪以来，科学思想的进程呈现出两个特征：①原始的常识概念被逐出了自然科学；②常识在文学中至高无上，为一切人文科学所采纳，人类生活和人文科学仍然尊奉常识。就这样，自然科学和人文科学对立起来。当人们试图调和时，因为两种思想的残余影响，结果产生了补缀的做法。是整体的不调和，加上一点点非调和的神秘主义。

从 16 世纪进入当代，观念的变化差不多就是从空间与物质转化到了过程与活动。亚里士多德的形式行列概念被取消，代之以过程概念。现代科学抛弃了一些传统的概念，比如：空的空间概念，空间的相互联系的纯粹的媒介。整个空间宇宙被认为是一个力场，是一个不断活动的场。19 世纪初，人们认为物质的概念是广袤的东西，空的空间被认为充斥着以太。以太是一种普通物质，具有胶着物的性质，具有连续性、内聚性、柔顺性、惯性。常识的普通物质就是以太的纠缠，或者说以太中的结节。结节使空间中其他位置的以太稀薄。这些缠绕的结节，使整个类似胶状物的以太中具有压力和张力。普通物质的震动也通过以太而传递为压力和张力的震动。现代观念用能、活动和时空波动微分法来表达。任何局部的震动可能会动摇整个宇宙。在现代概念中，我们称之为物质的缠绕群已经融入环境中。按照怀特海所处时期的物理观念，基本的事实是："环境极其特性渗透入我们称之为物质的震动群中，而震动群又把它们的性质扩及于环境。"

新旧思想冲突，根据同一事实完全可以得出截然不同的结论。比如，就现代物理学而论，任何特征都可能或者不可能影响基因的变化，你可以说基因是先天的，不会后天改造的；你也可以说基因会为环境所改变，是非先天性。新与旧的不停交织，因为不可调和之后增添的仍然不可调和的补缀，让很多领域都形成了混乱的局面。

虽然人们知道爱因斯坦的力学观念，虽然人们知道非欧几里得几何学，但是人们的整体认知还是处于牛顿力学时代、欧几里得几何的时代，认知的基底没有变化。就像是一个擎起来的巨手，一根一根手指都掰断了，但是那个手还在。"现代思想的状况是：这个总的理论中每一个单个论点都被否定了，但是由作为一个整体的这个理论所得出的一般结论却顽强地保留下来了。结果就使科学思想、哲学宇宙论以及认识论陷于一片混乱。然而，任何没有隐含地以这种观点作为前提的理论却都被斥之为非理智的理论。"

我们有时会看到这样一种现象：接受教育新观念的妈妈，娴静时说起教育理论头头是道如数家珍，生气时拉过来把孩子先打一顿。就在那样的时刻，妈妈小时候受到的家庭教育涌起来，粗鄙荒蛮的基底涌出来，新的教育观念抛到脑子后面去。

课程设置也一样，一所学校想要生存和发展，必然要抓住生命线，发自内心的想要分数，但也要提示学生素质，而学生、老师生命的时间有限。现实就是这样撕裂，所以怎么办？考试的科目多一些课时，音乐、美术这种课也安排一点，就像补缀一点装饰，显得比较"生命化"。但是，从根本而言，补缀的部分没有调和。

二、融合"自然界"和"生命"的有生自然观

从混沌蒙昧的常识认识，走到近代的科学，再继续推进，认识论逐渐地走到了有机时代。这个时代虽然重新回复到有机，但曾经被理性训导过，不会回到绝对的原始的蒙昧状态。就好像心智发展的周期，经历了浪漫、精审，该走到有机的综合认识，此时因为贯通所产生的新的浪漫与原来的浪漫已经有了新发展。漫无目标的自由，经过理性的训导，对自由和训导有了一个节奏性的认识，不会彻底倒到某一头。人类的历史也是如此。

1. 把生命和自然界融合在一起

怀特海说："生命在自然界中的地位，既是现代哲学的问题，也是科学的问题。它

的确是一切体系化的思想倾向(人道主义、自然主义、哲学的)汇合的中心点。生命的真正意义是有疑问的。我们理解生命也应理解它在世界中的地位。"

怀特海认为,如果不把自然界和生命融合在一起,当作真正事物结构中的根本要素,自然界和生命二者都是不可理解的。自然界和生命不是两个要素,而是要真正融合在一起,作为一个根本要素。怀特海说:"我们要求用自然界和生命的融合来弥补我们关于物质自然界的概念中的缺陷。另一方面,我们还要求生命概念包含自然界概念。"

怀特海反思和批判了笛卡尔身心的灾难性二分造成的科学的无知。笛卡尔表达了关于精神和自然界的二元论,认为有物质实体和精神实体,忽略了那些植物和低等动物的生命形式本来想追求普遍真理,反而没有普遍性。这种自然界和生命的截然分裂损害了哲学,导致了自然界和生命没有办法真正融合,尽管没有彻底割裂——并列地提出来就是因为不融合。

怀特海也批判了近代一些思想派别,有的派别觉得自然是纯粹外表,精神是唯一实在;有的派别觉得自然界是唯一实在,精神是派生现象。

自然的流变只是存在的创造力的别名,它没有供其活动的具有明确瞬间现在的狭窄暗礁。"它的正推动自然向前的现在必须到整体中去寻找,到最遥远的过去以及在现在绵延的最狭窄的宽度上去寻找,也许还必须到未实现的将来去寻找,还必须到可能有的将来以及将出现的现实将来中去寻找。在人类智力的界限内,如果没有势不可挡的激情,我们就不能思考时间和自然的创造性流变的神秘。"

2. 生命概念蕴含自我享受,情境本质上都是创造性活动

怀特海的初步概述是,"生命概念蕴含着自我享受的某种确定的绝对性。这必然意味着某种确定的直接的个体性"。作为生命有机体,每个人的审美趣味各不相同。以读书为例,同样是读书人,喜好的读书类型各不相同。就算喜好同样的类别,具体书目又不同。就算喜欢读同一本书,带来自我享受的志趣也各不相同。读书是如此个性化的事情,跟自己的主体性目的极相关,每个人都在追寻着自己的伟大事物。

在怀特海的观念里,生命要看作蕴含着感摄过程的绝对的、个体的自我享受。"经验情境就其直接的自我享受来说是绝对的。"这是一种非常积极的观念,每一个时刻、每一个情境其实我们都面临自我享受的选择。是主体为着自我享受,根据主体性的目的去选择经验情境。在这个意义上来说,并不存在真正意义的走投无路。

按照怀特海的创造性理论,生命朝向未来的转化属于宇宙的本质。从潜能到现

实,这个转化的事实就包含着自我享受。

"生命的特征是绝对的自我享受、创造活动和目的。在此,目的显然包含了接受纯粹理想的东西,使之成为创造过程的指导。享受也属于过程,而不是任何一种静止的结果的特征。目的就是达到属于这种过程的享受。"①

3. 我们对世界的经验包含心灵本身的显示

怀特海发现,我们在强调一个人的同一性时,往往更加强调心灵而不是身体。

心灵概念是非常含混的。怀特海解释了两个原因:1."心灵的连续性(就其与意识相关而言)必须越过时间的间隔";2."在心灵的存在的连续情境中就会产生一种奇异程度不同的生动感","心灵的这些功能活动是歧异的、可辨的、不连续的"。

"我现在的经验正是现在的我。"

同样一朵花,有人看到花的美丽,有人看到花的悲伤。有的人在雨天里会心情低落想要哭泣,有的人在雨天会激动地冲进大雨里跳起舞来。就算在怀特海读书会上,我们在共读《教育的目的》,我们读同一个句子,我们的读书感受跟自己发生的事情有关,跟这一天的工作状态有关,跟身体是否疲劳有关,跟自己之前读过什么书、遇到什么人事有关,跟自己怀着什么目的来读书会有关,也跟自己在这个读书场域中的共同经验有关。

4. 考虑个人的经验对身体的依赖

我们是怎样观察自然界的呢? 什么是对于一种观察的正确分析?

如果我们按照感官的感知来感知自然界,"自然界就被描绘为由一块块没有内在价值而仅仅掠过空间的空虚的物质组成的"。而一旦某些感官功能退化或丧失,是否意味着我们就不能再"观察"自然界了呢?

众所周知,盲聋哑女作家海伦·凯勒,如果仅仅依靠感官,她没有视觉、听觉,如何成就她自己呢? 就连学习"水"这样的词汇,她都需要契机,需要家庭教师的教育智慧。何况是抽象的词汇呢? 但是,她还是获得了很多的知识,成为了受人尊敬的人,一个优秀的女性,而不是一个被囚禁在身体里无助绝望的"野兽"。当然,海伦凯勒是一个天赋独有的个例,她一定有着异于常人的感受力、求知的热望,还有生活的激情。

我们的经验不仅仅来自感官。以视觉为例,提供视觉经验的,主要是用我们的眼睛来看的。但是,我们视觉看到的并不仅仅是眼睛看到的,而是身体干预的结果。例

---

① ［英］怀特海.思维方式［M］.刘放桐,译.北京:商务印书馆,2013:140.

如,有一项研究说明,带小朋友去大型超市最好是抱起来,会让小朋友更有安全感。因为小孩子个子矮,他们看到的情景跟大人完全不同。大人看到的是琳琅满目的商品。而小朋友看到的是人们移动的腿和脚以及货架下面堆叠的物品。还有一项安全教育的研究表明,在遭遇歹徒抢劫时,如果蹲下身体可能就会把自己处于歹徒的视觉盲区,从而保护自己的生命安全。

"每一种严格的实验都证明,我们看见什么以及我们在何处看见什么,都完全以我们的身体的生理功能活动为转移。任何以特定方式使我们的身体内在地发挥了功能的方法都会向我们提供一种特定的视觉。比如说,一个人看清物体,需要健康的眼睛。一个人胃疼,胃部无法健康地执行功能使人无法健康地享受生命。这时候,这个人的眼睛哪怕还是视力正常,却无法自如地运用视觉。一切感性知觉都不过是我们的感性经验对身体活动的依赖的一种结果。

5. 生命源于过去,指向未来——可以超验地洞察

怀特海把生命看做是源于过去、指向未来的情感享受。也就是说,这种享受其实是有方向性特征的。每一种情境都不是独立自为的,而是一种有牵涉的活动,是超越性和内在性的会合。或许因为如此,我们的思维方式非常重要,我们如何理解生命、理解过程非常重要。过程永远是一种因无数的供给渠道和无数的质的方式的缘故而发生变更的过程。

"如果我们强调环境的作用,这个过程便是因果关系。如果我强调我的活动的享受的直接模式的作用,这个过程便是自我创造。如果我强调概念预测未来(未来的存在是现在本性中的必然性)的作用,则这个过程便是目的论上对于未来的某种理想的目的。不过,这种目的实际上并不在现在的过程之外。因为对于未来的目的乃是现在的一种享受,因此它有效地决定了新的创造物的直接的自我创造。"①

上述的不同的思维方式,在实际生活中,呈现出不同的认知模式和行为模式。有的人容易牢骚抱怨,在发生问题时"甩锅"别人;有的人遇到问题积极补救;有的人会在问题发生前就处理好。

三、基于有生自然的观念来理解哲学的目的

怀特海希望理性的思维以及文明的评价方式能够对创造未来发生影响。在创造

① ［英］怀特海. 思维方式［M］. 刘放桐,译. 北京:商务印书馆,2013:152.

未来的舞台上,哲学需要发挥作用。那么如何来理解哲学呢?

1. 哲学是对全知的否定,是不断探求

如果一个人认为自己全都了解,就会进入静态。在某种意义上,苏格拉底式的存在方式,承认自己无知,并因为感到自己无知而去努力求知是比较积极的学习态度。

《过程与实在》的前言中,怀特海谦卑地承认:我们在探求事物本性的深度上所做的努力还是多么的肤浅,多么的柔弱和不完善。怀特海极力主张承认有更大、更神秘的东西和更深的无知。过去和将来相遇,在不完全规定的现在混合在一起。哲学坚定不移地试图扩大理解,不满足于原始命题,哲学要不断追问、不断深入,刨根究底。

2. 哲学不相信“完美辞典”

人类思维和人类成就可以用语言来进行表达。但是怀特海认为需要否定的思想习惯之一就是“相信语言是对命题的充分表达”,我们的表达常常会因为语境缺失、词不达意而无法让对方正确理解。有些时候,我们为了让别人理解,努力地补足自己缺失的语境,可是补充的这些句子又需要新的语境来帮助理解。无论怎样努力,我们都不能做到让表达者和倾听者的信息是完全对等的。如果一些说法被认为是完美的表达,人们对此像对辞典上的词条那样,完全接纳不假思索,那么就会出现思想的谬误。

思辨学派哲学家冒险、思辨,寻求新观念。这也就意味着,根本不存在所谓的“完美辞典”。今天还契合的观念,可能在明天随着创新发展就被淘汰了。一个观念,除非永不更新,永不与生活反应,否则不可能是完美的。然而这样的完美,就意味着与世隔绝。哲学家们希望能够维护有实效的观念,以使这些观念不会慢慢地沦为惰性的观念。

3. 哲学力图表达我们以文明为名的终极良知

哲学是什么?哲学是使生活甜蜜的糖。历史的每一个时代,都有富于哲学思想的人孜孜以求,致力于创造普遍原则,对详细事实有浓烈兴趣,也同样倾心于抽象结论,构成世界的奇观。[①]

哲学是什么?哲学是观念先行的历险,是最富有成效的智识活动。人们不知觉自己的哲学,但是运用哲学,成为习惯,然后才意识到哲学的存在。“哲学的功用是缓慢的。思想往往要潜伏好几个世纪,然后人类几乎是突然间发现它们已经在习惯中体现出来。”[②]

---

① [英]怀特海.科学与近代世界[M].何钦,译.北京:商务印书馆,2012:6.
② [英]怀特海.科学与近代世界[M].何钦,译.北京:商务印书馆,2012:2.

哲学是什么？"哲学书把想象力和常识结合起来形成对专门家的限制，同时也扩大他们的想象力。哲学通过提供普遍性观念使人们更容易认识那些存在于自然界母腹中尚未实现的无限多样的特殊事例。"①

哲学是什么？怀特海认为哲学类似于诗，但是诗歌与韵律相关，哲学偏向数学。哲学和诗歌都涉及形成字句的直接意义以外的东西。

哲学是什么？哲学力图表达我们以文明为名的终极的良知②，让我们"活着，好好活着，更好地活着"。

---

① ［英］怀特海. 过程与实在［M］. 李步楼，译. 北京：商务印书馆，2012：30.
② ［英］怀特海. 思维方式［M］. 刘放桐，译. 北京：商务印书馆，2013：162.

第六章　怀特海教育箴言

【怀特海箴言 1】如果我们强调环境的作用，这个过程便是因果关系。如果我强调我的活动的享受的直接模式的作用，这个过程便是自我创造。如果我强调概念预测未来（未来的存在是现在本性中的必然性）的作用，则这个过程便是目的论上对于未来的某种理想的目的。不过，这种目的实际上并不在现在的过程之外。因为对于未来的目的乃是现在的一种享受，因此它有效地决定了新的创造物的直接的自我创造。（《思维方式》第 152 页）

【怀特海箴言 2】人们常说，"人是有理性的"。这句话明显是错的，因为人只是间或有理性——只是倾向于有理性。（《过程与实在》第 125 页）

【怀特海箴言 3】人作为生命有机体的最高范例，其重要性是毫无疑问的。（《观念的历险》第 24 页）

【怀特海箴言 4】相对（无用虚饰的文学）而言，希腊神话更中肯，普罗米修斯并没有带给人类新闻自由，他盗取火种，服从人类煮烧和取暖之愿望。事实上，行为的自由是人类主要的需求。在现代思想中，这一真理的表述方式是"用经济解释历史"。（《观念的历险》第 65 页）

【怀特海箴言 5】我们在探求事物本性的深度上所做的努力还是多么肤浅，多么的柔弱和不完善。在哲学的探讨中，对于终极性陈述即使是最细微的一点武断的确定，都是愚蠢的表现。（《过程与实在》第 6 页）

【怀特海箴言 6】英国中等教育的状况是，在那些应该柔韧而富有弹性的地方僵化刻板，而在那些应该严格精确的地方却松散不严谨。（《教育的目的》第 17 页）

【怀特海箴言 7】我们把命题的用语叫做"因省略太多而不易理解的"（elliptical）。在日常交流中，几乎所有命题的用语都是因省略太多而不易理解的。（《自然的概念》

第 6 页）

【怀特海箴言 8】允许外界批评是对专业工作最好的保护。（《观念的历险》第
60 页）

【怀特海箴言 9】首先，我们如果没有一种本能的信念，相信事物之中存在着一定
的秩序，尤其相信自然界中存在着秩序，那么，现代科学就不可能存在。（《科学与近代
世界》第 7 页）

【怀特海箴言 10】正是在这种"顽强的事实"方面，现代哲学理论是最软弱无力的。
哲学家们担心的总是遥远的后果以及科学的种种归纳陈述。他们应当把注意力限定
在奔涌而来的直接转变上。那样一来就会看出他们的解释所固有的荒谬性。（《过程
与实在》第 202 页）

【怀特海箴言 11】我们制定的现代计划只顾追求高效率 它的危害使人想起马修·
阿诺德的诗句："严厉的教师，夺走了我的青春。"可怜的青春！如果我们不倍加小心，
我们将会戕害天才。天才无论大小，它是每个人合法的遗产。（《怀特海文录》第 137
页 诗句引自马修·阿诺德《大修道院》）

【怀特海箴言 12】哲学的用途就是维护说明社会制度的基本观念的有实际作用的
新东西。它使普遍接受的思想不再慢性地堕落为没有实际作用的俗套。（《思维方式》
第 161 页）

【怀特海箴言 13】理性主义的信念认为，只有把解释推进到最终的极限才能达到
清楚明晰。（《过程与实在》第 240 页）

【怀特海箴言 14】对于高级生命来说，符号使用是根本的；而符号使用的错误也绝
不可能完全避免。（《过程与实在》第 286 页）

【怀特海箴言 15】在半个世纪中，在大西洋两岸，我曾多次聘任教师。如何区分大
声喧哗和精力充沛，如何区分滔滔不绝和戛戛独造，如何区分智力不稳和才华冠世，如
何区分偌大书本和真才实学——再没有什么比这更困难了。（《怀特海文录》第
160 页）

【怀特海箴言 16】在从一个时代到另一个时代的明显过渡中，你通常能找到蒸汽
机和民主相类似的东西——或者你愿意的话——能找到与蛮族人和基督徒相类似的
东西。无情感的力量与深思熟虑的愿望联合起来驱使人类离开其原有的家园。有时
这种变化时期是一个充满希望的时代，有时则是绝望的时代。当人类这艘航船摆脱锚
链起航的时候，有时它是面对着发现新大陆的希望，有时因远处隐隐传来碎浪冲击礁

石的声音而提心吊胆。(《观念的历险》第 6 页)

【怀特海箴言 17】青春过于多变，而说不上是幸福岁月，它是生动的，而不是幸福的。对青春的回忆要比青春本身更好地历久弥新。除了极端的例子，回忆倾向于阳光明媚的时光。在任何一般意义上说，青春并不和平。(《观念的历险》第 273 页)

【怀特海箴言 18】"完美的辞典的谬误"把哲学家分成了两个学派，即摒弃思辨哲学的"批判学派"和包含了思辨哲学的"思辨学派"。(《思维方式》第 161 页)

【怀特海箴言 19】理性以仲裁者的角色介入，但带着一种更深入的思辨操作。科学被修改，宇宙论的观点被修改，新的概念被修改。(《教育与科学　理性的功能》第 171 页)

【怀特海箴言 20】我们从诗人那里获知了这样一种理论：自然哲学至少与这五种概念有关：变化、价值、永恒客体、持续、机体和融合。(《怀特海文录》第 207 页)

【怀特海箴言 21】人们从思辨的思想中得到的满足是阐明事实。正是因为这个理由，事实高于思想。事实的这种至上性是权威的基础。我们环顾这个世界为阐明事实的一种力量寻找证据。(《教育与科学　理性的功能》第 167 页)

【怀特海箴言 22】我的意思是这样的：你必须下决心在善意帮助他人的关系中找到你幸福中最美好的部分。我们的抱负是，留给我们生活的那个世界角落比原来多一点整洁和多一点快乐。我充分意识到，这是一种老套的说法。但老套的说法有时是真实的，并且，这就是全世界最大的真理。温暖亲切的情感是快乐的情感。(《教育与科学　理性的功能》第 36 页)

【怀特海箴言 23】一旦我们增加自明性，抽象就会减少，我们的理解就会渗透到具体事实。因此，知识的增加迟早要证明包含在区别中的对抗。(《思维方式》第 57 页)

【怀特海箴言 24】世界历史的每一个时代，都有注重实际的人致力于"无情而不以人的意志为转移的事实"。世界历史的每一个时代，也有富于哲学头脑的人在孜孜不倦地致力于创造普遍原则。对详细事实的这种热烈兴趣，以及对抽象结论的同样倾心，就构成了现代世界的新奇观。以往这种现象只是零星地出现，似乎完全出于偶然。但现在这种思想上的发展却变成有素养的思想家中一种盛极一时的传统习惯。这是使生活甜蜜的糖。(《科学与近代世界》第 6 页)

【怀特海箴言 25】我极力主张的理论承认有更大、更神秘的东西和更深的无知。过去和将来相遇，在不完全规定的现在混合在一起。自然的流变只是存在的创造力的别名，它没有供其活动的具有明确瞬间现在的狭窄暗礁。它的正推动自然向前的现在必须到整体中去寻找,到最遥远的过去以及在现在绵延的最狭窄的宽度上去寻找,也许还必须到未实现的将来去寻找,还必须到可能有的将来以及将出现的现实将来中去寻找。在人类智力的界限内,没有势不可挡的激情,我们就不能思考时间和自然的创造性流变的神秘。(《自然的概念》第61页)

【怀特海箴言26】你们必须度过漫长而暗淡的苦学岁月,必须忍受着疲惫的煎熬和失望的痛苦,如果既不勇敢,又怕挫折,你们就不可能学业有成。(《怀特海文录》第111、112页)

【怀特海箴言27】无限制的自由意味着完全没有任何强制性的协调。没有任何强制的社会凭借的是每个个体的情绪、目的、情感和行为的快乐和谐。文明只能存在于那些从整体上幸运地呈现出这种互相适应的人群中。当少数反对者不受约束时,便足以扰乱社会结构。(《观念的历险》第55、56页)

【怀特海箴言28】世界的创造——柏拉图说——是劝导对强力的胜利,人的价值在于其劝导的能力。文明使社会秩序得以维持,并通过其内在的劝导性展示较好的选择。(《观念的历险》第80页)

【怀特海箴言29】在事物本质的中心,总是有青春的梦想和悲剧的结果。宇宙的冒险以梦想开始,获得的是悲剧性的美,这是和平与热忱结合的秘密——那种苦难在和谐之和谐中到达其目的地。这一终极事实的直接经验,连同青春和悲剧的结合,就是和平的感受。以此,世界取得趋向完善的信念,这种完善对各个不同的个别事态而言是可能的。(《观念的历险》第282页)

【怀特海箴言30】调整就是世界的理性。(《宗教的形成 符号的意义及效果》第52页)

【怀特海箴言31】一切秩序都是审美秩序,道德秩序不过是审美秩序的某些方面而已。(《宗教的形成 符号的意义及效果》第52页)

【怀特海箴言32】预见取决于理解,在实际事务中它是一种习惯,但是预见的习惯由理解的习惯导出。从很大程度上讲,理解力可以通过有意识的努力而得到,它是可以教会的。这样的预见的训练便可以通过理解这一中介。预见是洞察的产物。(《观念的历险》第85页)

【怀特海箴言33】一种进入纯粹重复的回归原状的生活倾向,甚至几乎没有朝向更好活着的任何努力。这种静态的生活阶段从没真实地达到稳定状态。它代表了一种缓慢的、延长的衰退,其中机体的复杂性逐渐地朝向更简单的形式下降。(《教育与

科学 理性的功能》第 141 页)

【怀特海箴言 34】一切的麻烦就在于第一章上,甚至于就在第一页上。(《科学与近代世界》第 31 页)

【怀特海箴言 35】自然是一场戏,每件东西都在扮演自己的角色。(《科学与近代世界》第 12 页)

【怀特海箴言 36】世界历史的每一个时代,也有富于哲学头脑的人在孜孜不倦地致力于创造普遍原则。对详细事实的这种热烈兴趣,以及对抽象结论的同样倾心就构成了现代世界的新奇观。(《科学与近代世界》第 6 页)

【怀特海箴言 37】有机哲学则试图通过最低限度的批判性调整而回到“普通人”的见解。(《过程与实在》第 114 页)

【怀特海箴言 38】自然的秩序不能单凭对自然的观察来确定。(《科学与近代世界》第 59 页)

【怀特海箴言 39】他(华兹华斯)的理论认为自然是一个整体。换句话说,他认为不论我们把任何分离的要素作为单个自为的个体来确定,周围事物都会神秘地出现在其中。(《科学与近代世界》第 95 页)

【怀特海箴言 40】人身这种机体的状况,调节着我们对世界的认识。(《科学与近代世界》第 104 页)

【怀特海箴言 41】坚持在不恰当的时节使新颖的事物产生便是恶的诡计。(《过程与实在》第 343 页)

【怀特海箴言 42】过去,人们是生活在牛车上。将来,人们会生活在飞机上。速度的变化简直达到质变的程度了。(《科学与近代世界》第 111 页)

【怀特海箴言 43】进化机构的另一面是创生,这是被人忽略的一面。机体可以创生它自己的环境。(《科学与近代世界》第 127 页)

【怀特海箴言 44】在现阶段,因最受忽略而最富成果的起点是那个我们称之为“美学”的价值理论部分。我们对于人类艺术或自然美的价值的欣赏,我们对于强加于我们之上的明显的粗俗和毁损的厌恶,所有这些经验模式都被充分地抽象,从而成为相对明显的东西。而它们显然揭示了事物的真正意义。(《怀特海文录》第 278 页)

【怀特海箴言 45】我们不能陷入假设我们正在将一个给定的世界与给定的知觉进行比较的谬论中。(《教育的目的》第 193 页)

【怀特海箴言 46】语言有局限性,而哲学则致力于表达宇宙的无限性。(《怀特海

文录》第 16 页）

【怀特海箴言 47】这种训练（思辨理性的训练）的目标不是稳定性而是进步性。我们在这些书页上劝人信服的道理是：不存在真正的稳定性。外表特征为稳定性的东西则是一个相对缓慢的萎缩衰退的过程。这个稳定的宇宙在我们眼皮底下滑去，而我们的目标是向上的。（《教育与科学 理性的功能》第 168 页）

【怀特海箴言 48】智慧大于智术，它包含着崇敬与同情，并承认那些不以人的意志为转移的外在制约。（《怀特海文录》第 107 页）

【怀特海箴言 49】我确实质疑光速不变这一性质，其部分论据系由爱因斯坦自己后来的研究所提供。（《怀特海文录》第 211 页）

【怀特海箴言 50】生活依赖于这样的客观事实，所有重要的美学标准都是来自这些客观事实，并由这些客观事实来改变。（《怀特海文录》第 17 页）

【怀特海箴言 51】我们按一般原则思考，但是我们的生活充满细节。（《怀特海文录》第 33 页）

【怀特海箴言 52】我们相信，英国与其分布在群岛和陆地的各个民族及共同体一起代表了无限宝贵的生活方式，一种人性的生活方式，一种自由的生活方式，一种自治的生活方式。我们将发现这场斗争的最终胜负决定于世界上的工场之中。结果在你们手里，政治家和帝王只不过是登记了你们取得的结果。你们的武器是技能、活力和知识。你们将需要对自己的权利的一种健全的理解，一种对权利和其他阶级困难的健全理解。（《教育与科学 理性的功能》第 40 页）

【怀特海箴言 53】当一种哲学具有某种新奇的魅力时，它在融贯性上的错误便会得到完全的宽容；但是，当一个体系获得了正统地位并且凭借权威加以传授后，它便受到更加尖锐的批评——它对事实的否定和它的不融贯变得令人不可容忍。（《过程与实在》第 14 页）

【怀特海箴言 54】人类精神活动和人类的语言彼此创造。（《思维方式》第 40 页）

【怀特海箴言 55】如果这个人完全服从于公共生活，他就会显得矮小，他的整个本性就会闲散，枯槁。（《怀特海文录》第 76、77 页）

【怀特海箴言 56】哲学的功用是缓慢的。思想往往要潜伏好几个世纪，然后人类几乎是突然之间发现它们已经在习惯中体现出来了。（《科学与近代世界》第 2 页）

【怀特海箴言 57】真正的理性主义必须经常超越自身，回复到具体事实以求得灵感。自给自足的理性主义实际上就是反理性主义。（《科学与近代世界》第 221 页）

【怀特海箴言58】美学享受的强烈程度是为各自不同的性格力量所支撑的。因此,它产生于个人的审美情趣,而审美情趣又总是要变一致性为多样化的。一旦抹杀了个性,就无美感可言。(《怀特海文录》第99页)

【怀特海箴言59】逻辑谐和在宇宙中作为一种无可变易的必然性而存在,但审美的谐和则在宇宙间作为一种生动的理想而存在着,并把宇宙走向更细腻、更微妙的事物所经历的残缺过程融合起来。(《科学与近代世界》第25页)

【怀特海箴言60】"第一推动者"一词提醒我们,亚里士多德的思想已经陷入错误的物理学与宇宙观的迷津中去了。(《科学与近代世界》第192页)

【怀特海箴言61】这些(对比、意象,情绪的转变)都有自己的周期,不能超过时限。你们可以看看世界上最崇高的诗歌,如果你以蜗牛的速度慢慢地阅读它,那么,美丽的诗歌将不再是艺术作品,而变成了一堆垃圾。假想有一个孩子,他专心阅读他的功课时大脑的活动:读到"当……",他停下来查字典;他再接着继续读下去,"一只鹰",又停下来查字典;接着,他还会对句子的结构好奇吗? 如此这般,这般如此,这会帮助他认识罗马吗?(《教育的目的》第88页)

【怀特海箴言62】语言处于直觉之后。哲学的困难在于表达自明的东西。(《思维方式》第47页)

【怀特海箴言63】哲学中的一切推论都标志着一种不完满,而这种不完满与人的一切努力相伴随。(《思维方式》第47页)

【怀特海箴言64】间接衍生的思想有一个很大的原初领域,也就是按照类型给出的、感觉表象的最初思想的领域。这就是我们思考事物的方式,据我们所知,并非完全出于抽象的需要,而是我们承袭了环境中的方法。这就是我们发现自己思考的方式,一种只有通过巨大的努力才能从根本上搁置的方式,而且只能在很短的时间内搁置。这就是我所说的"常识思维的整体装置"。(《教育的目的》第146页)

【怀特海箴言65】存在着关于理想(接受的理想、指向的理想、达到的理想、破灭的理想)的经验。(《思维方式》第96页)

【怀特海箴言66】利顿·斯特雷奇写到,大自然最显著的两个特征是可爱和力量。人类首先理解的是自然的力量,然后才是自然的美。同样,在思想的早期阶段,自然力量成了大自然的精神——这心灵是残忍无情的,但又是宽厚仁慈的。(《观念的历险》第11页)

【怀特海箴言67】在阅读哲学文献时,对于表达连接的每一个词都必须仔细加以思考。如果它在同一个句子中用了两次,我们能不能肯定这两次运用体现了至少足以进行讨论的同样的意义呢?(《思维方式》第 51 页)

【怀特海箴言 68】在美学中,存在着一种显示出其结构部分的整体。(《思维方式》第 59 页)

【怀特海箴言 69】大自然总是为智慧颖异的人打开它的秘密,对温文尔雅的人赐以热情和力量。(《怀特海文录》第 107 页)

【怀特海箴言 70】看着老天的分儿上,你们可要一边阅读一边思考啊!可要极力思考全部的含义啊!学而不思则罔,要是学而不思,可就差不多跟酗酒一样糟糕了。(《怀特海文录》第 112 页)

【怀特海箴言 71】任何教育改革都难于取得成效。但是如果理想真正起效,大家持续的努力会有一种联合的效力,最终会带来令人惊讶的转变。(《教育的目的》第 108 页)

【怀特海箴言 72】将来要经过许多世纪,顽固的事实才会被理智驯化。(《科学与近代世界》第 14 页)

【怀特海箴言 73】他们追求的与其说是笨重地抡动大锤,毋宁说是灵敏地挥舞轻剑。(《怀特海文录》第 146 页)

【怀特海箴言 74】互相关联的真理应作为整体一起加以运用,各种不同的命题可按任何顺序反复使用。从理论科目中选择一些重要的适用知识,同时给出系统的理论阐述来研究它。理论阐述须短小而简单,但应严谨精确。理论阐述不能太长,太长的阐述使人们反而不容易透彻准确地理解。(《教育的目的》第 5 页)

【怀特海箴言 75】道德教育离不开对伟大的习惯性的耳濡目染。如果我们不伟大,我们做什么或结果怎么样就无关紧要。对伟大崇高的判断力是一种即刻的直觉感知,而不是一种争辩的结论。(《教育的目的》第 86 页)

【怀特海箴言 76】哲学是从惊异开始的。到最后,当哲学思维做了力所能及的一切以后,惊异仍然存在。(《思维方式》第 154 页)

【怀特海箴言 77】常用的思想方式,就是点的方式,把"整体与部分"变换为"全部与某些",也就是说,一个客体的一部分占据了整个客体所占据的一些点。(《教育的目的》第 160 页)

【怀特海箴言 78】所谓"活力论"实际上是一种调和的说法。它主张在无生物界完全应用机械论,而在生物体中则认为机械论要有若干改变。我认为这理论是一种不成

功的调和。有生界和无生界之间的差别非常模糊。(《怀特海文录》第195页)

【怀特海箴言79】让必要之书实际成为手边之书。(《教育的目的》第100页)

【怀特海箴言80】求是务实的中学校长会告诉你们,成功的教育主要是取决于准确地完成一系列琐碎细小的任务。讨论伊始,我们就需要强调指出这点并且把它始终牢记在心,因为那些热情洋溢的改革家们总是情不自禁地大谈特谈我们可以称之为"教育修辞术"的玩意儿。(《怀特海文录》第129、130页)

【怀特海箴言81】牛顿物理学的命运提醒我们,科学的第一原理是有所发展的,只有通过解释它们的意义,限定其使用范围才能保留这些原理的原有形式——在其成功运用的最初时期,原本无需这种解释和限定。文化史发展的一个重要方面就是有关各种普遍性概念的增长过程,在这样的过程中我们可以看到,旧的普遍概念,如同古老的山峰一样,会受到剥蚀,减损其高度,并被新的对峙的山峰所超越。(《过程与实在》第20页)

【怀特海箴言82】有意识的、理性的生活的最终事实绝不是把自己看作只是一种片刻的欢乐、瞬间的作用。物理世界中秩序的作用就在于引入新颖性。但是,正如物理性感觉中经常出现对因果性要求的模糊坚持,因而在更高级的理智性感觉中也经常出现对另一种秩序的模糊要求。哪里没有奔腾不息的波涛,没有航行,没有海难,"哪里也就不再有海洋"。(《过程与实在》第516页)

【怀特海箴言83】我们谈谈如何循循善诱才能使你们的聪明才智增长起来,发挥出来。让我们想想,大自然通常是用什么方法诱导世界万物生长的。如果你们不晓得整个生长的基本动因在你们内部,你们就无法了解大自然的方法。在外部,你们能够得到的充其量不过是某些用以构建肌体的物质粮食和精神营养,以及促使你们生龙活虎、蓬勃向上的某些激励和鞭策。实际上,在你们的成长过程中至关重要的一切,必须由你们自己去身体之、力行之。(《怀特海文录》第109、110页)

【怀特海箴言84】"人的不朽"——这个短语的意义是什么?考虑一下"不朽"这个术语,并设法通过参考它的对立面"必朽"来了解它。这两个词指的是宇宙的两面,这两面都作为预设存在于我们的经验之中。(《怀特海文录》第225页)

【怀特海箴言85】真正的发现方法如同飞机的航行。它从特殊观察的基地起飞,在有想象力的普遍性的稀薄空气中飞行。为了更新观察点而降落在一个新的基地上,这种新的观察由于合理的解释而变得更为敏锐了。这种富有想象力的合理化的方法取得成功的主要原因就是,当差异法失败时,经常出现的因素还能够在富于想象力的思想影响下被观察到。这种思想提供了直接观察所缺少的差异,它甚至能够巧妙地运用不一致性。它把经验中自洽的和持久的因素得到阐明,这种否定性判断是精神的顶峰。(《过程与实在》第 12 页)

【怀特海箴言 86】大脑活动的环境必须经过精心的挑选。当然,选择的环境必须适合孩子的成长阶段,必须适应个人的需要。从某种意义上说,这是无中生有的过分要求。但是从更深一层意义上说,这是对儿童发出的生命呼唤的回应。在教师的观念里,儿童是被送到望远镜前去看星星。但是,在那个儿童看来,他被给予了那一片灿烂星空的自由通道。(《教育的目的》第 43 页)

【怀特海箴言 87】价值也同活动世界中的实现的过程有关。因此存在着判断的进一步的侵入,这里把它叫做赋值(evaluation)。这个术语用来指谓活动世界中分析特殊事实以决定价值的实现和价值的排除。活动世界中的每个事实都具有同整个价值世界的积极的联系。赋值同样涉及忽略和允许。(《怀特海文录》第 227 页)

【怀特海箴言 88】强调必朽事物的复杂性的这个世界是活动世界。它是创新的世界,它是创造的世界。它通过改造过去和预期未来创造现在。(《怀特海文录》第 225 页)

【怀特海箴言 89】掌握教育真谛的,是那些希望他们的新保姆和蔼可亲的孩子们。教师进教室时,首先要使全班学生高高兴兴。(《怀特海文录》第 110 页)

【怀特海箴言 90】力在风格之上、知识之上,就好像命运在希腊众神之上。风格让力量成形,并对力进行约束。但是,实现理想目标所需要的力毕竟是极为重要的。达到目标才是第一位的事。不要为你的风格而烦恼,先去解决你的问题,去向人们证明上帝的做法是正义的,去履行你的天职,或者去完成摆在你面前的其他任何任务。(《教育的目的》第 16 页)

【怀特海箴言 91】一个长期执教的人,只要稍具识见,就不可能不发现,举凡成功的教学无不与学生获得一定量正确知识密切相关——例如,分析一个拉丁句子的语法、解一个二次方程、精确找出铅的比热容。概念不清,比无用更糟。如果我们只是用简明公式来表述抽象概念,学生们只能但闻其声,不解其意,死记硬背。(《怀特海文录》第 116、117 页)

【怀特海箴言 92】我想把我系列演讲阐述的理论称之为机体机械论。这一理论认为,分子可以按照普遍规律无规则地运动。但是,由于各种分子所处部位的一般机体结构的原因,它们内在特征是千差万别的。(《怀特海文录》第 196 页)

【怀特海箴言93】即使在雅典,也没有一个人达到典型的雅典人的理想境界。柏拉图清楚地知道:一个典型人物的理想在尘世间是永远无法具体化的。在这里,我们又一次在更广泛的意义上碰到了"模仿"这一概念。"模仿"这个用语是柏拉图为那个立志完善其典型的人们创造出来的。(《怀特海文录》第147页)

【怀特海箴言94】技术教育的优点在于,它遵循我们内心深处的自然本能,将思想转化为手工技艺,将手工活动转化为思想。(《教育的目的》第64页)

【怀特海箴言95】博学世界的这种二手货品性正是它的平庸的秘密所在。(《教育的目的》第64页)

【怀特海箴言96】奥卡姆剃刀,"如无必要,勿增实体",并不是基于逻辑上的优雅而产生的一种独断的规则。它的应用也不完全被限制于形而上学的思辨。我不知道其形而上学有效性的精确原因,但其明显具有科学的有效性。(《教育的目的》第170页)

【怀特海箴言97】发现的逻辑在于权衡概率。抛弃我们认为无关的细节,根据发生的事件来把一般原理进行分类,通过设计合适的实验来检测假设是否成立。这就是归纳的逻辑。(《教育的目的》第65页)

【怀特海箴言98】被发现的逻辑是对特殊事件的演绎。(《教育的目的》第65页)

【怀特海箴言99】伟大人物的这种符号象征功能是难以获得公正历史评价的原因之一。人们或则情绪偏激,失之于贬;或则相反,失之于褒,将英雄不视为人任意拔高。很难做到既表现其伟大,又不至于失其真人。虽然如此,至少我们还知道,我们自己是人。当我们忘记了他们(英雄)是人时,他们那激励人心的作用便丧失了一半。(《宗教的形成　符号的意义及效果》第134页)

【怀特海箴言100】命题能引人兴趣比命题的真更为重要。(《观念的历险》第232页)

【怀特海箴言101】平和使心灵有个性的超越,有一种相对价值的倒置。它首要的是对美的功效的相信,它是这样一种道理,即完成任务的手段就像是打开与事物本性相隔遥远的宝藏的钥匙。(《观念的历险》第271页)

【怀特海箴言102】就拿划船来说吧,没有人会因为划得十分卖力和独具一格而受到赞扬。(《怀特海文录》第159页)

【怀特海箴言103】对他(雪莱)来说,科学是欢乐的象征、和平的象征、光明的象征。(《怀特海文录》第202页)

【怀特海箴言104】文化是关于至善之言和至善之行的知识。(《怀特海文录》第141页)

【怀特海箴言105】一个不断前进的社会所依靠的人包括三种:学者、发现者和发明者。社会的进步还取决于这样一个事实:社会里受过教育的大众的应该具备某种学识水平,以及某种发现和发明创造的能力。在这里,我所说的"发现",是指在具有高度一般性真理方面的知识进步;我所说的"发明",是指一般原理以特定方式应用于当前需要方面的知识进步。很显然,这三种人是融合在一起的。而且,就他们对社会进步所作的贡献而言,那些参与日常事务的人也可以称为发明者。但是,每一个人都有自己能力的局限,每一个人都有自己的特殊需要。(《教育的目的》第117页)

【怀特海箴言106】让我们想一想,在基础课程结束的时候,最后复习时,怎么引导那些天资聪颖的学生。在一定程度上,毫无疑问,需要对所完成的全部工作进行全面监督,而不必考虑过多的细节,以便强调那些用到的一般观念,以及这些观念在进一步学习中重要的可能性。(《教育的目的》第99页)

【怀特海箴言107】在复杂的教育实践中,把难点放在后面并不是解决问题的可靠顺序。(《教育的目的》第21页)

【怀特海箴言108】"活动"一词是自生的别名。(《宗教的形成　符号的意义及效果》第92页)

【怀特海箴言109】数学是人类头脑所能达到的最完美的抽象境界。(《科学与近代世界》第42页)

【怀特海箴言110】拥有财富的好处出自一种对人类特定的习惯的稳定性的信念。(《观念的历险》第68页)

【怀特海箴言111】人的生命的价值,它的重要性,是通过未实现的理想借以使其目的具体化并使其行动具有色彩的那种方式取得的。(《思维方式》第28页)

【怀特海箴言112】人体之显示出表达一个人内心的感受(情感的和有目的的)活动,是出于个体性的表达和接受。(《思维方式》第29页)

【怀特海箴言113】我并不是在谈论艺术家的培养,而是说作为健康生活的一个条件,要运用艺术。在身体的世界里,艺术就好像阳光一样。(《教育的目的》第72页)

【怀特海箴言114】人类身上有这样一种苦难,无论是在神话故事里还是在现实里,那就是:想要生存,就要流汗。但是理性和道德的直觉在这种苦难中看到了人类前进的基础。本笃会的僧侣们在劳动中是愉悦的,因为她们相信这样做可以与上帝同在。去掉神学的衣饰,其本质的思想是:工作应该伴随理智和道德的想象,这样工作就会转换成为一种乐趣,克服工作本身的疲惫和痛苦。我们每个人都可以把这个抽象的观念,按照个体的世界观,用更具体的形式来重述。按照你喜欢的方式,在细节上不要遗漏主要观点。不管你怎么表达,它始终是艰辛人间的唯一的真实的希望。(《教育的目的》第 55 页)

【怀特海箴言 115】遥远的理想是哲学研究的原动力,即使你驱逐了它也要忠诚于它。(《自然的概念》第 1 页)

【怀特海箴言 116】文明并不是纯自然的平均结果,它取决于选择作用的长期效力。(《观念的历险》第 73 页)

【怀特海箴言 117】理性的信念就是相信事物的终极本质是聚集于一种没有任何武断情形的谐和状态中。(《科学与近代世界》第 24 页)

【怀特海箴言 118】人类冒险的热忱以一种超越单个事态的价值,为冒险的内容预设了事物的格局。(《观念的历险》第 274 页)

【怀特海箴言 119】人类基于真理性要求的所有言论都必须诉诸事实。(《过程与实在》第 63 页)

【怀特海箴言 120】成功的教师有一个秘诀:在他头脑里有清晰的规则,他知道学生必须以精确的方式掌握什么,因此,他不用勉强让学生为熟记许多无关紧要的知识而烦恼。(《教育的目的》第 47 页)

【怀特海箴言 121】不要为那些似乎不能克服的困难而气馁,塑造我们的各种生活条件全都被我们的意志、力量和纯粹意图改变了。(《教育与科学　理性的功能》第 36 页)

【怀特海箴言 122】根本的动力是对价值的鉴赏,是对重要性的认识,在科学、道德和宗教中都是如此。把个性融入超越自身的事物之中,需要各种形式的疑惑、好奇、尊敬或崇拜,以及各种形式的强烈欲望。这种对价值的鉴赏为生活增加了不可思议的力量。若没有这种鉴赏,生活将回复到比较低级的消极状态中。(《教育的目的》第 51 页)

【怀特海箴言 123】凡有经验的教师都知道,教育是一种掌握种种细节的过程,需要耐心,一分钟又一分钟,一小时又一小时,一天又一天。学习没有捷径,不可能通过虚幻之路获得高明概括。(《教育的目的》第 8 页)

【怀特海箴言 124】人的大脑从来不是消极被动地接受知识;它处于一种永恒的活动中,精细而敏锐,接受外界的刺激并做出反应。你不能延迟大脑的生命,把大脑像工具一样先磨好然后再使用它。不管你的学生对主题有什么兴趣,必须此时此境就被激起;不管你要加强学生什么样的能力,必须此时此境就进行;不管你想带给学生的精神生活什么可能性,你必须此时此境就展现——这是教育的金规则,也很难遵守。(《教育的目的》第 38 页)

【怀特海箴言 125】在教学这一专业领域,年幼的学生不该受制于作为个体的教师的莫名其妙的个性。在这个意义上说,主张教学的自由是一派胡言。但是,通常社会共同体无法决定教什么课程或允许存在什么教学上的分歧,无法决定教师的能力。这时可能只有一种求助方法,即求助于合乎标准的机构在实践中所表现出的一般性的专业意见,这种求助方法是被普遍采纳的。(《观念的历险》第 60 页)

【怀特海箴言 126】在一定程度上,每一个获得的技巧都为发挥想象力打开新的道路。但是对每一个个体来说,合乎程式的训练的有用性都有一定限度。超出这个限度,就会发生蜕化。"野地的百合,既不会耕耘,也不会纺织。"(《过程与实在》第 514 页)

【怀特海箴言 127】众多的美、众多的英勇行为、众多的冒险掠过世间,和平成为持久的直觉,它保持对悲剧的清晰的敏感,它将悲剧视为一种活生生的原动力,这个原动力促使世界超越周围衰败的事实而追求美好。每一个悲剧都是对理想的启示——本来应该成为什么而没有成为,什么是可以成为的。悲剧并不是白费力。在推动力中留存的力量,由于对美的留存有所诉求,所以区分出悲剧性的恶和不可原谅之恶。(《观念的历险》第 272 页)

【怀特海箴言 128】人类首先理解的是自然的力量,然后才是自然的美。(《观念的历险》第 11 页)

【怀特海箴言 129】人的价值在于其劝导的能力。通过展示较好的和较差的不同选择,人们可以劝导别人或被别人劝导。(《观念的历险》第 80 页)

【怀特海箴言 130】长远地看来,人的品格、人如何驾驭生命,都取决于其内心的信仰。生命,首先是一桩基于自身的内在事实,然后才是外在事实,将己身与它物相联系。如何驾驭外在生命,要受到环境的限制。但人的终极性质(那是其价值的基础)却来自其内在生命,是其对存在的自我实现。(《宗教的形成　符号的意义及效果》第 6 页)

【怀特海箴言 131】无论你做什么,都应该抱有一种尽善尽美的理想。(《教育与科学　理性的功能》第 39 页)

【怀特海箴言132】我强烈地相信——以往的教育之所以如此的失败,就是因为没有认真研究浪漫应有的地位。没有浪漫的冒险,最好的情况是你得到了缺乏创新的惰性知识,而最坏的情况是你没能得到知识而受到了观念的轻蔑。(《教育的目的》第43页)

【怀特海箴言133】当可习得的知识能够改变结局时,无知即罪恶。(《教育的目的》第18页)

【怀特海箴言134】毋庸置疑,痛苦也是促使有机体行动的一种方式,但这只是次要的,是在缺乏欢乐之后才发生的;快乐才是激励生命的自然、健康的方式。我并不是说我们可以安然无事地沉溺于肤浅的快乐中。我的意思是,我们应该寻找一种自然地活动的方式,而它本身又是令人愉快的。(《教育的目的》第40页)

【怀特海箴言135】知识的科目太多了,各自都充分具备存在的理由。这种知识的过剩对我们而言或许是一种幸运。对重要原理处于一种愉快的无知状态,这使世界变得有趣了。(《教育的目的》第38页)

【怀特海箴言136】青春的特征是全身心地关注个人的愉快和不愉快,忽而快乐,忽而痛苦,忽而欢笑,忽而落泪,忽而缺乏顾忌,忽而缺乏自信,忽而勇敢,忽而害怕。这是青春的共同特征,换言之,他们会立即沉迷于自己所介入的事物之中。(《观念的历险》第273页)

【怀特海箴言137】我所说的理论家不是指一个在云端的人,而是这样一个人,他的思想动机是:根据发生的事件,渴望规划正确的规则。(《教育的目的》第124页)

【怀特海箴言138】深奥并不等同于问题很难,而是相关观念的运用是高度专业化的,没能影响到人们的思想。(《教育的目的》第95页)

【怀特海箴言139】我们的目标不是简单性,而是连续性和规律性。从某种意义上说,规律性就是一种简单性。但它是具有稳定相互关系的简单性,而不是缺失内部结构类型或关系类型的简单性。(《教育的目的》第175页)

【怀特海箴言140】想象力不能脱离现实,但想象力能照亮现实。想象力是这样运作的:它总结出适用于现实的一般原理,然后对符合这些一般原理的其他可能性作出理智的审视。想象力让人能构筑出一个富有才智的全新的视界,它也能通过提出满足目标的建议而使人保持生活的热情。(《教育的目的》第111、112页)

【怀特海箴言141】维持放松的快乐不需要外部条件,只要停止工作就行了。某些这样纯粹的放松是保持健康的必要条件,它的危险臭名昭著。在人们需要放松休息的大部分时间里,我们淹没在睡眠状态,而不是愉悦。(《教育的目的》第71页)

【怀特海箴言142】科学的目标之一是思想的和谐,也就是,确保我们有意识的思想表述不会作出逻辑相反的判断。另一个目标是这种和谐思想的扩展。(《教育的目的》第145页)

【怀特海箴言143】我听到了许多抱怨,他们抱怨现在的家长那种追名逐利的倾向。但是我不相信今天的父母比他们的前辈更唯利是图。过去,古典文学艺术是通向成功的道路,那时候大家普遍地学习它。时过境迁了,古典处于危机之中。"丰厚的收入是有教养的人的生活附加物。一个受过教养的生命应该获得更好的收入",这话不就是亚里士多德说的吗?(《教育的目的》第75、76页)

【怀特海箴言144】我们的生活则是在关于发现的经验中度过的。一当我们失去了这种发现感,我们就会失去心灵所是的那种活动方式。(《思维方式》第59页)

【怀特海箴言145】我们每个人都最有资格,把想象重建的世界称之为现实世界。(《教育的目的》第188页)

【怀特海箴言146】人的本能和理性的酵素完成其使命后,产生一个结果,这一结果决定了本能和理性的结合方式,我们将这一因素称之为智慧。(《观念的历险》第46页)

【怀特海箴言147】美作为一种目标,它以自己的本性证明其合理性。(《观念的历险》第253页)

怀特海教育箴言文献出处

1. 怀特海. 教育的目的[M]. 严中慧,译. 上海:华东师范大学出版社,2020.

2. 怀特海. 怀特海文录[M]. 陈养正,等,译. 杭州:浙江文艺出版社,1999.

3. 怀特海. 教育与科学　理性的功能[M]. 黄铭,译. 郑州:大象出版社,2008.

4. 怀特海. 过程与实在[M]. 李步楼,译. 北京:商务印书馆,2012.

5. 怀特海. 观念的历险[M]. 洪伟,译. 上海:上海译文出版社,2013.

6. 怀特海. 思维方式[M]. 刘放桐,译. 北京:商务印书馆,2013.

7. 怀特海. 科学与近代世界[M]. 何钦,译. 北京:商务印书馆,2012.

8. 怀特海. 自然的概念[M]. 张桂权,译. 南京:译林出版社,2011.

9. 怀特海. 宗教的形成　符号的意义及效果[M]. 周邦宪,译. 南京:译林出版社,2012.